南宋不忍细看

晏建怀 著

中国友谊出版公司

图书在版编目（CIP）数据

南宋不忍细看/晏建怀著.—北京：中国友谊出版公司，2021.8

ISBN 978-7-5057-5263-4

Ⅰ.①南… Ⅱ.①晏… Ⅲ.①中国历史－南宋－通俗读物 Ⅳ.① K245.09

中国版本图书馆 CIP 数据核字 (2021) 第 138779 号

书名	南宋不忍细看
作者	晏建怀
出版	中国友谊出版公司
发行	中国友谊出版公司
经销	新华书店
印刷	天津中印联印务有限公司
规格	710×1000 毫米　16 开 15 印张　233 千字
版次	2021 年 8 月第 1 版
印次	2021 年 8 月第 1 次印刷
书号	ISBN 978-7-5057-5263-4
定价	49.00 元
地址	北京市朝阳区西坝河南里 17 号楼
邮编	100028
电话	(010) 64678009

前　言

宋朝，以其登峰造极的文化辉煌屹立于历史之巅，人才辈出，星光灿烂。历代读书人都歆慕感叹不已，著名历史学家陈寅恪先生便由衷赞叹道："华夏民族之文化，历数千载之演进，造极于赵宋之世！"

宋朝文化的繁荣兴盛，与北宋之初"与士大夫治天下"国策的确立息息相关，与宋朝从上到下对读书人的重视和优待密不可分。而宋朝之所以优待读书人，却是源于宋初皇帝对"五代之乱"和武将篡位的忧惧。

立国之初，宋太祖在与时任兵部侍郎、枢密副使的赵普交谈中表达了这种深深的忧虑，他说："天下自唐季以来，数十年间，帝王凡易八姓，战斗不息，生民涂地，其故何也？"

赵普回答说："此非他故，方镇太重，君弱臣强而已。"（南宋李焘《续资治通鉴长编》卷二）

唐末五代以来，五十年间换了八姓十二个皇帝，连年战乱，生灵涂炭，最关键的是帝位不稳，朝不保夕，其原因便是赵普所谓"方镇太重，君弱臣强"。武将坐大，皇权旁落，因而埋下了武夫乱国、篡权夺位的祸端，这让同样是通过兵变上位的宋太祖心有余悸。

为息兵戈、稳权位，使自己的赵宋江山固若金汤，宋太祖采取了"偃武修文"之法，甚至"扬文抑武"，重用文人，压制武将。这样做的好处是文气盛而血气淡，经济繁荣，文化发达；弊端是将帅弱而军力虚，军事水平低下。

北宋从太祖"黄袍加身"到徽宗"靖康之变"，前后历一百六十七年，其间先有西夏之扰、辽朝之侵，后有金兵南下，屠戮中原。"扬文"并非不好，但"扬文"伴随着"抑武"，甚而通过"扬文"来"抑武"，后果就非常不妙了。长期的"扬文抑武"，导致了文化的极度繁荣，也导致了军事的极度孱弱，

I

北宋亡于金，正是这种政策和风气发酵到极致所酿成的悲惨结果。

宋钦宗靖康元年冬（1127年1月），金人攻破了北宋首都汴京（今河南开封，其首府为开封府），金兵的铁蹄踏破了汴京的每一寸土地，对汴京进行了四个多月的烧杀抢掠后，立北宋原宰相张邦昌为傀儡皇帝，代治中原，随后分两路北归，一路押解徽宗一行，一路押解钦宗一行，其中还包括宗室、后宫、大臣、教坊乐工、技艺工匠等数千人，以及抢掠的无数文籍舆图、金银珍宝。汴京这座当时世界上最繁华的都市，一夜之间成了"鬼城"，史称"靖康之变"。

金国二太子完颜宗望监押徽宗一行，沿滑州（今河南滑县）、尧山（今河北隆尧）、真定（今河北正定）向燕京（今北京）行进。最终到达东北三姓府（今黑龙江依兰）坐井观天。一路上，金人羞辱皇帝、凌辱妃嫔、折磨大臣、处死俘虏的事情不胜枚举，折磨致死者难以计数，另一路钦宗的朱皇后就是因为不堪凌辱而投水自尽的。

大队人马到达真定，金人在歇息时玩击球游戏，宗望看得起劲，命令徽宗赋诗助兴，徽宗不敢违，依命作《赋击球》曰："锦裘骏马晓棚分，一点星驰百骑奔。夺得头筹须正过，无令绰拨入斜门。"世事的轮回真是诡异，当年在球场上评头品足、吆喝别人作诗助兴的徽宗皇帝，如今却沦为为别人助兴的俘虏，国破家亡，前路渺渺，其内心当五味杂陈、肝肠寸断吧。

北行途中，徽宗还写有《燕山亭·北行见杏花》一词：

裁剪冰绡，打叠数重，冷淡燕脂匀注。新样靓妆，艳溢香融，羞杀蕊珠宫女。易得凋零，更多少，无情风雨。愁苦。闲院落凄凉，几番春暮。

凭寄离恨重重，这双燕，何曾会人言语。天遥地远，万水千山，知他故宫何处。怎不思量，除梦里，有时曾去。无据。和梦也，有时不做。

杏花开时娇艳无比，风雨一过即凋残、败落，与徽宗此时的境遇何其相似。昔日荣贵无比，如今无枝可栖，无家可归，只在梦里可归。但问题是，有时连归去的梦都做不成啊！这种切肤之痛已不能用"泣"去形容了，王国维在《人间词话》中便借用德国哲学家尼采的话谓之"以血书者"。然而，从"至尊帝"到"阶下囚"，其惨痛教训仅仅几首诗词又怎能总结得了呢？

就在徽、钦二帝被俘北去之时，徽宗第九个儿子赵构因以"大元帅"身份在河北组军勤王，成了金兵破城后的"漏网之鱼"，于1127年五月一日在南京应天府（今河南商丘）称帝，改元建炎，是为南宋高宗。张邦昌到底不敢做金人的傀儡，率众归附高宗。金人获悉，又一次举兵南侵，欲以排山倒海之势将南宋政权消灭在萌芽状态，从而再次拉开了宋金交兵的序幕。

高宗登基之初，除了一个皇室的身份和自命的招牌之外，一无银钱二无军队，无力与兵强马壮勇悍凶猛的金兵抗衡，只得带领那些拥立他的少量朝臣和部众匆匆南逃，一逃就是十余年。面对追兵，高宗连招架之功都似有若无，遑论还手，保命成了他唯一的祈祷。那么，作为宋朝新主的高宗，又会将这个曾经繁荣富庶的国家和让无数读书人引以为傲的朝廷带向何方呢？

南宋，一个匆匆成立于败军之际的国家，一个从成立之初皇帝和大臣就仓皇奔窜的政府，一个成立之后却始终没有首都而只有"行在"（临时都城）的朝廷。这样一个如同海中孤帆的朝廷，注定了它的漂泊，更注定了它的屈辱。它是独立的国家，还是外族的藩属？它的臣民，是国民，还是遗民？自建炎南渡以来，这些问题就像伤痕一样深深烙印在人们的内心深处，挥之不去，且隐隐作痛。

从"靖康之难"到"崖山覆亡"，南宋经历了艰苦卓绝的生死图存。在那外有强敌、内有忧患的一百五十二年时间里，上至居庙堂之高的股肱之臣，下至处江湖之远的忠义之士，他们或大声疾呼、公心谋国，或百折不挠、浴血奋战，无一例外，都在寻找国家的出路和心灵的家园。虽然其中不乏甘当卖国贼和亡国奴的无耻之徒，屈膝求和，一隅偏安，但更多慷慨悲歌的贤臣良将、志士仁人，则在为尊严和国格而誓死抗争，用自己的思想、智慧、理想、信念、勇气和鲜血，谱写了一曲曲忠肝义胆铁骨铮铮的"正气歌"，至今荡气回肠。

目 录

- 001 ◎ "靖康"士气
- 003 ◎ 宋高宗的"最美乞降书"
- 008 ◎ 皇帝靠不住
- 010 ◎ 张孝祥是一个爱国者吗
- 014 ◎ 叶梦得的器识
- 018 ◎ "双面间谍"宇文虚中
- 024 ◎ 乱世才子汪藻
- 027 ◎ 以身殉国的南宋外交官王伦
- 034 ◎ 李清照:凤凰台上忆吹箫
- 044 ◎ 赵鼎:千古高名屹泰山
- 051 ◎ 朱弁:誓死不降金
- 055 ◎ 张俊:被宋高宗玩于股掌之上的将军
- 062 ◎ 牛皋这个牛人
- 065 ◎ 虽苏武不能过——南宋外交使节洪皓的坎坷人生

071 ◎ 韩世忠：一世英名被酒污

073 ◎ 时势造奸臣

081 ◎ 禁野史与奏祥瑞

084 ◎ 状元张九成逸事

087 ◎ 他为何缺位"中兴四将"

092 ◎ 张浚：用一生去抗金的民族英雄

102 ◎ 力挽狂澜的抗金名相陈康伯

108 ◎ 叶义问："吃羊肉"不及"吃糟糠"

111 ◎ 胡铨贬官名天下

114 ◎ 岳飞案背后的世道人心

116 ◎ "莫须有"与"必须有"

118 ◎ 赵雄的气节

120 ◎ 这只"老虎"好厉害

123 ◎ 盗亦有"道"

125 ◎ 不知有怨，只知有才

127 ◎ 带刀皇后是贤妻

130 ◎ 宋朝名人当"枪手"

132 ◎ 汤思退之难

135 ◎ 古君子赵善应

- 137 ◎ 杨万里：文章盖一世，清节励万世
- 143 ◎ 罪及风月话陆游
- 152 ◎ 范成大：事业文章两足尊
- 158 ◎ 太上皇是个什么官
- 160 ◎ 帝王家的烦心事
- 163 ◎ 朱熹：在辞官的道路上奔跑
- 169 ◎ 张栻：经世济民的政治家
- 177 ◎ 韩彦古行雅贿
- 181 ◎ 官员与官妓
- 183 ◎ 头可取，乐不可闻
- 185 ◎ 辛弃疾：男儿到死心如铁
- 192 ◎ 狂士陈亮
- 198 ◎ 儒将赵方
- 201 ◎ 你自归家我自归
- 203 ◎ "奸臣谱"上的北伐宰相
- 217 ◎ 刘克庄为何饱受争议
- 221 ◎ "蟋蟀"玩垮了南宋最后半壁江山

"靖康"士气

国家兴旺，士气必盛；国家颓败，士气必衰——这是历代兴亡的一种规律。也可以说，士气盛，则国家旺；士气衰，则国家败。北宋自宋太祖建国，到宋仁宗中兴，士大夫逐渐形成一股蓬勃向上的士气，范仲淹、王安石、司马光、韩琦、富弼、文彦博、寇准、包拯、苏轼这些大儒巨擘，纷纷登上历史舞台，可谓群星灿烂，名臣迭出。而自宋哲宗大兴党争，到宋徽宗昏庸无道、沉迷享乐，士大夫皆以投机取巧讨好皇帝而升上高位，蔡京、高俅、童贯、王黼、朱勔，提拔的原因个个相似，士气一蹶不振。国家外无良将，内无贤臣，"靖康之变"便不可阻挡地酿成了。

士气与君王作为是一脉相承的，有什么样的皇帝，就有什么样的大臣，正如有什么样的将军，就有什么样的士兵一样。宣和七年（1125）冬，金军第一次南下伐宋，围太原、破燕京，所向披靡，直抵开封。作为大宋王朝当家人的宋徽宗，大难临头，却撂担子，推责任，在四十三岁年富力强之时，匆匆禅位于长子赵桓（宋钦宗），自号"教主道君太上皇帝"，一旁休息去了。不仅如此，宋徽宗还在开封军民加强防守、抵御金军之际，借口敬香还愿，抱头鼠窜，东躲西藏，直至开封解围，才若无其事地溜回京城，毫无大国君主的担当。

皇帝如此，大臣可想而知。平日那些所谓"股肱之臣"，此时也利用各种理由，纷纷加入逃亡队伍，蔡攸、高俅，先后扈从。作为朝廷最高军事长官的领枢密院事童贯，更是荒诞到最基本的纪律都不遵守：宋钦宗临危受命，安排童贯以领枢密院事留守东京，负责京城防务，童贯竟然拒绝受命，兀自随宋徽宗一路南逃。可笑、可悲、可叹。

而宋钦宗领导的新政权，以议和为政策主导，不思备战。靖康元年（1126）秋，金军见有机可乘，又兵分两路，南下伐宋，于十一月（1127年1月）抵达京城下，随后城破，徽、钦二帝旦暮之间成了阶下囚。国家分崩离析之际，一些平日里"忠义"常挂嘴边的士大夫，旋即来了一个一百八十度的华丽转身，改事新主的积极与当年效忠宋朝的殷勤一样，丝毫没有心理障碍。当宋徽宗以下数千人被押解出城，前往金营时，号啕痛哭者有之，咒骂连天者有之，拉扯不前者有之，垂死挣扎者有之，那凄然惨状，笔墨难书。然而，作为金人安排负责押送的宋朝京城四壁都巡检使范琼，因嫌队伍行进太慢，挥刀立斩数人，还大声做大家的思想政治工作说："自家懑只是少个主人，东也是吃饭，西也是吃饭。譬如营里长行健儿，姓张的来管着是张司空，姓李的来管着是李司空。"意思是改朝换代，不必过于较真，咱们不过是换了个主人而已，如同军营里的士兵，姓张的来管是张长官，姓李的来管是李长官，如此而已。范琼这毫无廉耻的话语让人感到震惊，不但反映了当时的人心之乱，更反映了士大夫阶层价值观之乱，伦理颠倒，节操丧失，士气也就江河日下了。

当然，保持节操、固守士气者不是没有。当金人扣留前来金营谈判的宋钦宗，要求他脱下帝服，逼他退位时，随行的吏部侍郎李若水抱住宋钦宗不放手，怒斥金将完颜宗翰不讲信义，咒骂金人为狗辈。暴怒之下，金人毒打李若水，直到其遍体鳞伤，当场昏厥。苏醒后，李若水毫不示弱，绝食抗争。完颜宗翰（粘罕）见李若水忠勇可嘉，想收买利用，许以高官厚禄招降他。李若水却说："天无二日，若水宁有二主哉！"不仅严词拒绝，而且骂声不断。金人又打破了他的嘴唇，他喷血痛骂，愈加激愤。最后，李若水被金人割颈断舌，英勇牺牲，其节义令人动容。

然而，李若水不过一侍郎而已，朝廷二府三司那些峨冠博带的大臣们，皆是蔡京、童贯这种投机取巧、贪生怕死之徒，纵然有一个尽忠报国的机会，其表现恐怕与范琼所谓"自家懑只是少个主人"没有什么区别。当时，宋钦宗让童贯留守开封，他不是公然抗旨，跑得比兔子还快吗？所以，李若水就义时，金人就曾说："辽亡国时，慷慨就义者十几人，宋朝却只有李侍郎一人而已。"金将完颜宗望（斡离不）闻之甚至叹息道："如果宋人都像李若水，怎会有今日灭亡之事啊！"

北宋到"靖康"之际，已经再也不见当年司马光"众人皆以奢靡为荣，吾心独以俭素为美"的高贵品德，再也不见范仲淹"先天下之忧而忧，后天下之乐而乐"的担当精神，更不见王安石"天变不足畏，祖宗不足法，人言不足恤"的创新胆识。每当国家危亡，士气便成了力挽狂澜于既倒的最后那根稻草，而当这根最后的稻草也没有根植和生长的土壤时，国家灭亡就为期不远了。

宋高宗的"最美乞降书"

1127年,金人攻破开封,将这个"括天下之美,藏古今之胜"的帝都洗劫一空,并房劫了徽、钦二帝和后妃、宗戚等三千余人及无数金银宝器后北去。至此,曾经辉煌于世的北宋王朝寿终正寝,走向了灭亡。

北去之前,金人决定"以汉治汉",册立北宋原宰相张邦昌为大楚皇帝,让他以附庸的形式,代金统治黄河以南广大地区。张邦昌到底担心人家骂他祖宗,加上能力上也不足以驾驭群臣,无奈之下,仅仅做了一个月皇帝的他,不得不匆匆退位。

金人破开封时,宋徽宗第九子赵构因受命在外而幸免被捕,于1127年五月在应天府(今河南商丘)称帝,改元建炎,成为南宋第一位皇帝,是为宋高宗。但是,金人灭宋的态度是一贯而坚决的,当听说张邦昌退位、赵构称帝的消息后,他们又迅速集结军队,渡过黄河,发动了第三次南侵,一路势如破竹,甚至深入江南腹地,欲剪除刚刚成立的南宋政权而后快。

宋高宗

国家危亡之时,赵构却毫无担当。他非但不主动联络各地宋军和沦陷区的义军,积极组织抗金行动,反而从即位之日起,就开始如一介草民一样亡命天涯,从应天、镇江、扬州、杭州、江宁(今江苏南京)、杭州、越州(今浙江绍兴)、明州(今浙江宁波)到昌国(今舟山定海区),又从昌国窜至海上,再至温州,一路南逃,忙忙似丧家之犬,急急如漏网之鱼。直到金熙宗天眷元年底(1139年1月)宋金达成《天眷和议》,宋向金纳贡称臣后,他才疲惫不堪地逃回杭州,将其升为临安府,定都于此,总算喘过一口气来。

赵构南逃期间,金人发动了名为"搜山检海"的"斩首行动",赵构逃向哪儿,金人就追向哪儿。他很快就患上了"恐金症",如同惊弓之鸟,惶惶不可终日,甚至从此丧失了男性功能（后来确未再生育）。

1129年秋，被追杀得惊恐万状的赵构，在奔逃至江宁府时，曾经给当时的金军左副元师完颜宗翰（粘罕）写过一封信，特委派杜时亮为正使、宋汝为为副使，专程送至金营。现据南宋李心传《建炎以来系年要录》卷二十六所载《与元帅书》，全文摘录如下，奇文共赏：

八月日，谨书于国相元帅阁下，某昨遣洪皓摅恳切之诚，惧道途梗塞，或不时布闻，则又令崔纵（特安排干办审计司崔纵以朝请大夫、右文殿修撰、试工部尚书的身份送信）进书御者。既遣使者于庭，君臣相聚，泣而言曰：

古之有国家而迫于危亡者，不过守与奔而已。今大国之征小邦，譬孟贲之搏僬侥耳。以中原全大之时，犹不能抗，况方军兵挠败，盗贼交侵，财赇日脧，土疆日蹙。若偏师一来，则束手听命而已，守奚为哉？自汴城而迁南京，自南京而迁扬州，自扬州而迁江宁，建炎三年之间，无虑三徙。今越在荆蛮之域矣，所行益穷，所投日狭，天网恢恢，将安之耶？是某以守则无人，以奔则无地，一身彷徨，踽天踏地，而无所容厝，此所以朝夕愬愬[1]然，惟冀阁下之见哀而赦已也。恭维元帅阁下，以宗英之重，行吊伐之师，谋略如神，威权不世。其用兵之妙，与黄帝争驱。遂北平契丹，南取中国，极天所覆，混为一区。此岂载籍所有哉！顾（缺十二字）愿削去旧号，自此一（缺三字）者，盖知天命有归，而欲仰以成（缺二字）一尊之人也。如此则（缺十三字）金珠玉帛者，大金之外府也；学士大夫者，大金之陪隶也。是天地之间，皆大金之国，而无有二上矣。亦何必劳师远涉，然后为快哉？昔秦并天下，可谓强矣，而不废卫角之事；汉高祖成帝业，可谓大矣，而不灭尉佗之国；周武帝兼南北朝，可谓广矣，而许留萧詧以为附庸。故曰：竭山而畋者也，非善畋者也；竭泽而渔者也，非善渔者也。伏望元帅阁下，恢宏远之图，念孤危之国，回师偃甲，赐以余年，（缺十六字）倘异时奉事之诚，不足以当保持之意，则移师问罪，（缺六字）何难之有？某亦将何辞？呜呼！中天而立，至威也；相时而动，至明也；存人之血祀，至信也；全人之肝胆，至仁也。

---

1. 古同"葸"（xǐ），害怕。

兼是四者，在阁下德为何如，在某之感为何如。不宁惟是而已，大军一回，则数百万之生灵，永保室家；数万里之山河，永成井邑，亦大国之利也。孰与夫皇皇称兵，而自残其一统之内哉？今（缺六字）社稷存亡，在阁下一言，某之受赐，有若登天之难，而阁下之垂恩，不啻转圜之易，伏惟留神，而特加矜察焉。谨再遣使资政殿学士、朝请大夫、文安县开国子、食邑五百户、赐紫金鱼袋杜时亮，副使武功大夫、开州刺使、武功县开国男、食邑三百户宋汝为特诣行府。傥蒙许使参见，而受约束，幸甚！素秋将杪，德履冀慎寝食，永绥寿祉。

这是一封"文辞优美、感情真挚"的信，饱含了赵构的满腔情意和槃槃大才。在信里，赵构肯定了金国的"大国"地位，说明了"以守则无人，以奔则无地"的现实情况，表达了"惟冀阁下之见哀而赦已"和"回师偃甲，赐以余年"的恳切希望，真是如怨如慕，如泣如诉，其穷途末路之感、仓皇失措之态、摇尾乞怜之状，以及欲投降金国、做奴隶而不可得的迫切心情，表达得淋漓尽致，堪称中国外交史上的"最美乞降书"。若不以动机和节操论，选入《古文观止》之类合辑选本，供后辈学子反复吟诵以资学养也是绰绰有余。但遗憾的是，这样的才华，不是挥洒在同仇敌忾抵抗强敌入侵的檄文中，而是挥霍在一封向外族摇尾乞怜的求饶信中，就不免贻笑大方了。

从这封信里，我们还能得出三个方面的信息：一是金人几乎是被赵构逃跑的仓皇之态吸引而来的；二是赵构从此铁了心投靠到"金"门之下，成了金人指东不向西、指西不向东的"金狗"；三是赵构在这封信中的基本态度，主导了南宋以后数十年间的内政外交。

为什么如此说呢？

正因为赵构"软骨病"的严重性，反倒给金人深入南侵增添了信心。金国以"披发左衽"的落后状态侵略无论文化还是经济都远胜于己的北宋，靠的不过是人高马大的蛮力和杀人不眨眼的残忍，烧杀抢掠才是他们的强项，至于要统治文明程度处于世界领先地位的民族，就颇有些眼高手低、力不从心了。"靖康之变"后，北中国一片凋零，金人不但没有让锋镝余生的北方人民休养生息，发展生产，反而横征暴敛，掠夺良田，把华北地区的肥沃农田夺归官有，又把曾经拥有这些田地的农民"并籍入官"，使之沦为奴隶，而且刺字于耳，标价出卖，甚至随意杀戮,其残酷统治,真是罄竹难书。因此,农民生产积极性受到极大挫伤,农业生产力也受到极大破坏。

一方面残酷压榨,另一方面又大开历史倒车。他们禁止汉服,强迫汉人剃头辫发(剃掉前脑头发,将后脑头发辫成辫子),留发不留头。他们强行签发汉人壮丁入伍,充当伪军,名曰"剃头签军",实则是将其作为打头阵的"炮灰"。金人的糟糕统治,逼得成千上万的北方人民倾家荡产,他们不得不揭竿而起,啸聚山林,抗金斗争风起云涌。

在民族落后、统治乏力的情况下,金人是有自知之明的,他们的侵略预期,最初也只限于秦岭淮河以北,对于南方尤其江南地区,是没有"非分之想"的。他们先后不遗余力地扶持张邦昌和刘豫(伪齐)政权以缓冲,也是这种缺乏底气和信心的表现。然而,赵构太没骨气,丢城弃地,落荒而逃,让金人觉得南方的战斗,比当年他们在北方的战斗更加轻松,掳掠也更容易。他们便沿着赵构的逃跑路线,一路烧杀抢掠,如入无人之境。

赵构不敢得罪金国,铁心投靠金国,主要有两个方面的原因:一者,如前文所述,从金人"搜山检海"开始,他就患了严重的"恐金症",闻"金"便心惊肉跳,彻底地怕;二者,他有一隐忧,担心金人把宋钦宗送回,那样的话,自己的帝位不保。因为在废除伪齐政权不久,金人的确曾向开封老百姓放出流言说:"请汝旧主人少帝(宋钦宗)来坐此位。"而这,则是他最害怕的。故郑板桥《绍兴》诗曰:"丞相纷纷诏敕多,绍兴天子只酣歌。金人欲送徽钦返,其奈中原不要何!"

秦桧于1127年被金人俘获,1130年忽然携家而还,十分吊诡。秦桧归来后,赵构随即任用他为宰相,虽然在位一年就被朝臣论罢,但从1138年重新任相开始,赵构一任他主导朝廷的内政外交,特别是主导对金乞和。之后,秦桧在位专权近二十年。

1141年,赵构与秦桧合谋,解除了抗金英雄岳飞的兵权,将其投入大理寺治罪,取得向金和谈资格,与金签订了《绍兴和议》,其主要条款规定:金人把宋徽宗的棺材交宋,把宋高宗的母亲韦氏送还;宋向金称臣,并且"世世子孙谨守臣节",金册封宋康王赵构为皇帝;宋金两国,东以淮河中流为界,西以大散关(陕西宝鸡西南)为界,中间的唐(今河南唐河)、邓(今河南邓州)

二州皆属金国；宋每年向金纳贡银和绢各二十五万两匹。

1142年1月，岳飞以"莫须有"的谋反罪名，被赵构杀害于大理寺狱中，年仅三十九岁。金人所惧宋将唯有岳飞，当岳飞被杀的消息传到金国后，他们心里的一块石头终于落了地，纷纷举杯相庆。

而作为南宋当家人的赵构，岳飞之死，使他增加了向金献媚的筹码，坚定了金人对他的信任。于是，赵构实现了多年的梦想，最终坐稳了金人奴才的位置。从此，死心塌地。

皇帝靠不住

宋高宗赵构喜欢养鸽子，经常亲手侍弄它们，收放它们。有个儒生听说这件事后，写了一首诗："鹁鸽飞腾绕帝都，暮收朝放费工夫。何如养个南飞雁，沙漠能传二帝书。"意思是皇帝天天侍弄的鸽子，只能在京城附近绕绕圈子而已，倒不如养大雁，因为大雁善飞，驰骋万里，南归之时，说不定还能带回被金人囚禁在北漠的徽宗、钦宗二位皇帝的音讯呢。诗歌讽刺了赵构不理国事、偏安享乐的态度，无异于在他头上敲了一记闷棍。这首诗辗转到了赵构手里，大家都以为这位酸书生的人头准是岌岌可危了，谁知赵构不仅没有生气，反而召见了他，还封了他一个不大不小的官职。

皇宫里有个厨师，一次给皇帝煮馄饨，思想开了小差，结果没煮熟，赵构吃了半生不熟的馄饨，哇地吐了出来，盛怒之下，让人把厨师拿到大理寺问罪。几个以逗乐为业的宫中艺人，以这件事为题材，编了一段相声。一上台，互问年庚，一个说甲子生，一个答丙子生，旁边一人插话说："你二位皆合下大理寺问罪。"二人问其故，对方说："饺子生、饼子生，与馄饨不熟同罪。"赵构听到这里，先一愣，接着便哈哈大笑起来，马上命令手下将那个厨师从大理寺给放了出来。

书生以诗讽刺皇帝沉迷享乐、不思进取，反被封官；宫廷艺人旁敲侧击，讽谏皇帝不要滥用职权，结果救了厨师。从这两件小事看来，赵构似乎是一位宽厚仁慈、善于接受逆耳忠言的明君。如果这样以为，那就足以让人讥笑为幼稚了。当时，一位名叫沈才之的人，因为棋下得好，深得赵构的宠爱，被封官做了御前侍臣。一天，沈才之与另一侍臣在皇宫里下棋，杀得难解难分之际，赵构踱步过来看棋，见一着对沈才之不利的险棋，随口对他说："你可仔细了。"沈才之引用一句古文回答说："念兹在兹。"赵构一听，立刻火冒三丈道："技艺之徒竟敢在朕面前弄经语！"立马叫人拿来"批头棍"（一种用竹片扎成的刑具），铺天盖地打了沈才之二十几棍，打得沈才之"一佛出世，二佛涅槃"，最后还把皮开肉绽的他赶出了皇宫，贬为庶民。

仅仅因为一句话，而且还谈不上冲撞、犯上的话，就把自己的宠臣乱棍打倒，扫地出门，这是先前那个仁慈宽厚、善于纳谏的皇帝吗？这不是前后不一、判若两人吗？其实，一点也不要奇怪，因为皇帝是靠不住的，权力的至高无上，造就了他们苍黄反复、喜怒无常的性格，千万别指望他们做人讲感情、做事讲原则，他们既没感情也没原则，只有自己的心情。心情好时，片刻对坐，整日春风，什么意见都听得进，什么出格的事情都容忍得下；但心情不好时，再亲近的人都可能成为他们的"出气筒""替罪羊"，以致许多人身首异处还不明白犯了什么过失。

张孝祥是一个爱国者吗

元朝脱脱在《宋史·张孝祥传》中评价南宋张孝祥说:"渡江初,大议惟和战,张浚主复仇,汤思退祖秦桧之说力主和,孝祥出入二人之门而两持其说,议者惜之。"南宋初,国策在战、和间摇摆,张孝祥既是主和派汤思退的门生,又是主战派张浚极力推荐的对象,两人先后出任宰相,脱脱此语的意思是,张孝祥出入其门,骑墙两顾,为时人所诟病。那么,张孝祥到底是一根风吹两边倒的墙头草,还是一位坚定的爱国者呢?

张孝祥(1132—1170),字安国,历阳乌江(今安徽和县)人。他出身于仕宦诗书之族,传说他是唐朝诗人张籍的七世孙,其父张祁,曾任直秘阁、淮南转运判官等职。张孝祥自幼聪慧,有神童之誉,读书过目不忘,著文下笔千言。宋高宗绍兴二十四年(1154),他以殿试第一的好成绩高中状元。不过,说起他这个中状元的过程,还有一番曲折。

张孝祥

这年,张孝祥与宰相秦桧的孙子秦埙同科参加殿试角逐,秦桧作为宰相,其影响自不待言,那些考官几乎全是他的门生故吏,特别是会试主考官魏师逊和汤思退,更是秦桧党羽,唯其马首是瞻。所以,在乡试、会试中,秦埙皆列第一。殿试前,魏师逊和汤思退想给宰相一个其孙"连中三元"的绝佳喜讯,将秦埙列为第一名、张孝祥第二、另一考生曹冠第三的结果呈报宋高宗审核。谁知,宋高宗看完考卷后,对张孝祥的文采和一笔颜体字惊叹不已,以"张孝祥词翰俱美"为由,将张孝祥拔为第一,钦点状元,曹冠为探花,秦埙为榜眼。这让秦桧非常不爽。

后来,张孝祥按惯例拜见宰相秦桧,秦桧在接见他时说:"皇上不单喜欢你的策论,还喜欢你的诗和字,状元郎的策、诗、字可谓三绝啊。"又问学谁的诗、习谁的字，张孝祥如实回答道："本杜（甫）诗，法颜（真卿）字。"秦桧哈哈一笑说："天下好事，状元尽占啊。"其羡慕妒恨之情，溢于言表。从此，秦桧对他再无好感。

在政见上，汤思退与秦桧相同，秦桧去世后，他出任宰相，走的是秦桧的老路，怯战主和。任相期间，汤思退对张孝祥格外眷顾，屡屡重用，先任秘书省正字、校书郎，不久出任地方大员抚州（今江西抚州）知州，此时，张孝祥三十岁还不到。

宋孝宗继位后，颇有抗敌振兴之意，大胆起用主战人士，罢免了汤思退，以主战派张浚为相。张浚非常欣赏张孝祥的胆识和才情，向宋孝宗多次荐举张孝祥，说他可大用。张孝祥先以集英殿修撰知平江府（今江苏苏州），随后被重用为中书舍人，又任直学士院兼都督府参赞军事，再兼领建康（今江苏南京）留守。当时，沿江一线的重镇都是宋、金军事斗争的前线，地位相当重要，非靠得住的重臣，是不可任为主要职务的，建康更是重中之重，可见朝廷以及张浚对他的信任。

从张孝祥后来的表现来看，他也的确没有辜负朝廷和张浚。他年纪虽轻，却担任过江浙、荆湖、广南等地六个州府的一把手；他资历虽浅，但在任上办事干练，雷厉风行，政声不俗。在抚州，他曾单枪匹马平定过兵乱；在建康，他治理水患，为民请命，帮助百姓平稳度过灾年；在荆州，他组织修筑寸金堤，"自是荆州无水患"；在平江、在潭州（今湖南长沙），他断案如流，"庭无滞讼"。按照他的才华和能力，加上不俗的政绩，出将入相指日可待。然而，天有不测风云，乾道六年（1170），张孝祥因病去世，这一年，他才三十八岁，真可谓英年早逝，令人扼腕。宋孝宗听说后，亦有"用才不尽之叹"。

脱脱评价张孝祥在主和与主战间骑墙两顾，不知来源于何事，或是不实之词。张孝祥与汤思退的关系，其实也仅止于那次科考，彼时老规矩，考生对主考官皆以门生相称，张孝祥作为宋高宗钦点的状元，汤思退当然也会主动拉拢。但即便如此，张孝祥与汤思退之间，还是因政见不同产生了矛盾和冲突。隆兴元年（1163），宋孝宗以张浚为枢密使牵头发动了恢复故土的"隆兴北伐"，北伐失败后，宋孝宗信心尽失，从此主和，再次任汤思退为相。汤思退上台后，马上指使御史弹劾主张北伐并与张浚关系亲密的张孝祥，罢免了张孝祥的建康留守职务。倘张孝祥与汤思退是一丘之貉，他非但不会被罢官，反而会随汤思退的重用而扶摇直上，这是显而易见的。

还有，张孝祥登第不久，曾为岳飞喊冤，请求朝廷为其平反。据张孝祥《于湖居士文集》附录的《宣城张氏信谱传》记载："先是，岳飞卒于狱，时廷臣畏祸，莫敢有言者。公（张孝祥）方第，即上疏言：'岳飞忠勇，天下共闻，一朝被谤，不旬日而亡，则敌国庆幸，而将士解体，非国家之福也……今朝廷冤之，天下冤之，陛下不知也。当亟复其爵，厚恤其家，表其忠义，播告中外，俾忠魂瞑目于九泉，公道昭明于天下。'"当时，秦桧还在世任相，此时上书要求为岳飞平反昭雪，无异于往秦桧脸上打耳光，内心若无坚定的政治主见，是不会冒这样的风险的。

其实，要认识一个人的主观世界，或说了解他的政见，最好的办法就是读他的文学作品，文如其人，文以载道，内心的表白是最不易伪装的。绍兴三十一年（1161），虞允文在采石矶大胜金兵，时任抚州知州的张孝祥得知后欣喜若狂，挥笔写下《水调歌头》一词：

雪洗虏尘静，风约楚云留。何人为写悲壮，吹角古城楼。湖海平生豪气，关塞如今风景，剪烛看吴钩。剩喜然犀处，骇浪与天浮。

忆当年，周与谢，富春秋。小乔初嫁，香囊未解，勋业故优游。赤壁矶头落照，肥水桥边衰草，渺渺唤人愁。我欲乘风去，击楫誓中流。

"我欲乘风去，击楫誓中流"，这是多么激昂的斗志和爱国豪情啊！

"隆兴北伐"失败后，朝廷主和，张孝祥痛心疾首。当时在建康府，张孝祥宴请张浚等人，悲愤之际，即席写下《六州歌头》一词：

长淮望断，关塞莽然平。征尘暗，霜风劲，悄边声。黯销凝。追想当年事，殆天数，非人力，洙泗上，弦歌地，亦膻腥。隔水毡乡，落日牛羊下，区脱纵横。看名王宵猎，骑火一川明。笳鼓悲鸣。遣人惊。

念腰间箭，匣中剑，空埃蠹，竟何成。时易失，心徒壮，岁将零。渺神京。干羽方怀远，静烽燧，且休兵。冠盖使，纷驰骛，若为情。闻道中原遗老，常南望、翠葆霓旌。使行人到此，忠愤气填膺。有泪如倾。

他在词中严厉地批评了朝廷的苟安政策,表达了不能杀敌报国的悲愤之情。据说,张浚读至一半,便再无法继续下去,竟至"罢席而入"。

这样一位坚定的爱国志士,可惜过早地去世了,对国家和民族,亦不啻是一种损失,无怪乎宋孝宗有"用才不尽之叹"。

叶梦得的器识

在北宋末南宋初,朝野公认最有才气者有二人:一个是汪藻,另一个就是叶梦得。

汪、叶二人年龄相仿,汪小叶二岁;才华相当,汪藻以诗著称,他的七律《春日》家喻户晓,叶梦得以词名世,《全宋词》收录其词达百阕;经历相似,都担任过皇帝的大秘,翰林学士,笔杆子。不过,汪藻在北宋徽宗朝长期遭到压制,直到南宋高

叶梦得

宗朝才升迁至翰林学士、知制诰等职,不久又被同僚弹劾罢官,一直投闲置散。而叶梦得在徽宗朝即已是显宦,官居中书舍人、翰林学士,累迁吏部尚书、龙图阁直学士、帅杭州。在南宋高宗朝又官拜尚书左丞、资政殿大学士、江东安抚大使兼知建康府等职,一直处于权力核心,参与国家大事的决策与措置。

要说汪、叶二人在才学上的区别,汪藻长于文采,叶梦得在文采之外,还长于议论,也就是说,叶梦得在器识上略胜一筹。何谓器识?即器量与见识。北宋刘挚曾说:"士当以器识为先。"唐代裴行俭说:"士之致远者,当先器识而后才艺。"可见器识对于一个知识分子的重要性,也可说是其安身立命之本。

叶梦得(1077—1148),字少蕴,苏州吴县人,二十岁中进士,历任丹徒县尉、婺州教授等职。宋徽宗继位后,叶梦得出任议礼武选编修官。宋徽宗是北宋九帝中的第八位,倒数第二位。北宋是曾经辉煌于世的一个朝代,文化灿烂,经济繁荣。据说,北宋首都汴京人口最多时达到一百四十多万,是当时世界上人口最多的城市,没有之一。人口的聚集带来了经济的繁荣,张择端的《清明上河图》给我们留下了最真实的历史记忆。

然而,当这个辉煌国家的权力棒交到宋徽宗赵佶手上的时候,宋朝已经经历了一个半世纪的发展和繁荣,承平日久,奢靡享乐之风便如雨后的野草般滋

生蔓延。特别是皇帝宋徽宗，更是一个最擅长奢靡享乐的主，他成立专门机构杭州"造作局"和苏州"应奉局"，为自己的一己之欲而搜罗天下珍奇，连运输工作都取了一个十分文雅的名字"花石纲"，实际上是专门为宋徽宗运送珍贵文物、奇花异石的船队，横征暴敛，大肆搜刮，结果闹得民怨沸腾。当时的形势其实已经非常严峻了，北方强族虎视眈眈，南方的农民起义此起彼伏。然而，宋徽宗依然享乐至上，大臣们又皆以吹牛拍马为能事，大家如同坐在即将燃起的柴薪上而浑然不觉。

对于这种形势，年纪轻轻的叶梦得看在眼里，急在心头。后来，叶梦得被蔡京推荐为礼部祠部郎官，在宋徽宗召见时，他便对时政慷慨陈词道："自古帝王为治，广狭大小，规模各不同，然必自先治其心者始。今国势有安危，法度有利害，人材有邪正，民情有休戚，四者，治之大也。若不先治其心，或诱之以货利，或陷之以声色，则所谓安危、利害、邪正、休戚者，未尝不颠倒易位，而况求其功乎？"（《宋史·叶梦得传》）他强调，治国当自民心始，民心淳，天下安。如不安抚民心，则国势、法度、人才、民情等治国四要将会受到不良影响，最后可波及政权稳定。对时政，叶梦得是有自己的洞察和识见的。不过，宋徽宗听后，并无反省。

宋徽宗不但沉迷奢侈享乐，而且大用太监。宋朝自太祖建国开始，就一直避免武人干政、后宫干政、太监干政。宋徽宗上台以前，宋朝基本没出现过影响较大的太监干政事件。但到了宋徽宗时，他却大张旗鼓地把幕后的太监推到了前台，后来太学生陈东所言宋徽宗时期"六贼"之中，梁师成、李彦、童贯三人都是太监。梁师成官至检校太傅，童贯领枢密院事，掌兵权二十年，时称"媪相"。宋徽宗给太监大封其官，特别是授予军政大权，这种危害性不亚于一颗定时炸弹，将直接影响政局稳定。

叶梦得敏锐地看到了这一点。大观二年（1108），叶梦得时任翰林学士，负责给皇帝起草诏书。当时，宋朝与西夏时有战事，宋徽宗接受蔡京的推荐，拟任童贯为陕西宣抚使，出任西北军事统帅。太监领军，后患无穷，而且，还要考虑罢使之后的任命，按照宋朝的习惯，宣抚使履行完职责后，很多都安排为宰相，太监任相，那可是滑天下之大稽的笑话啊。因此，叶梦得听到这一传闻后，马上找到蔡京，当面质问："祖宗时，宣抚使都差不多是见任执政（宰相），文彦博、韩绛等都因此军中拜相，所以祖宗从未以宦官为宣抚使。以前任童贯为节度使，本已违背祖制，如今又授以如此要职，于理于法于祖制都是讲不通的啊。"他建议蔡京劝说宋徽宗收回成命。

只是，当时得势的都是陪皇帝写字、画画、赏石的蔡京之流，都是为其搜刮天下民财的童贯、梁师成之辈，不说宋徽宗，即便宰相蔡京，叶梦得的这种话也都是听不进去的。所以，童贯不仅照样出任宣抚使，后来又领九镇节度使，还以太尉领枢密院事，掌全国兵权，甚至被封为广阳郡王，成为史上第一个被册封王爵的太监，至于人臣之极。然而，恰恰是童贯之流，导致了北宋的灭亡。为何？因为童贯的建议，好大喜功的宋徽宗与金国签订了《海上之盟》，约金灭辽，结果引狼入室，自取其祸。倘无童贯的推波助澜，金国灭辽没那么简单，灭宋就更不容易了。叶梦得的器识，在此事上得到充分显现。

然而，宋徽宗玩心太重，榨取民脂民膏不顾百姓死活，对于国家大事好大喜功而又没有掌控大局之能，叶梦得之类有胆有识之臣的话过耳即忘，不得大用，大用的都是那些只知道琴棋书画声色犬马的弄臣，国家怎么会治理得好呢？结果，北宋一百六十多年的基业，没几年就被他败光了、玩完了、葬送了，直至国破家亡，生灵涂炭。

一个人的器识，不仅要有远大的识见，更要有才干和担当。南宋高宗登基，从建炎年至绍兴年的十多年间，金国始终不断地对南宋发动侵略战争，从黄河流域到长江流域，大片国土沦丧，百姓流离失所，农业生产受到极大破坏，而战争所需要的军需，都是建立在一片废墟和破败上的盘剥，更加重了农民的痛苦。叶梦得作为南宋朝廷的一员，他没有过多的哀叹和牢骚，而是关心百姓，主动干事，干成了很多事，体现了一个士大夫的器识和担当。

比如，在绍兴初年，金人南侵，越过黄、淮，打到了长江流域，宋高宗赵构被金兵追得东奔西跑。在国家有难、皇帝逃跑的危急关头，叶梦得以江东安抚大使知建康府（今江苏南京）、兼寿春等六州宣抚使，担起了保卫江东、抵御金人跨过长江的重任。当时，建康城池荒废，兵不满三千，不但金人虎视眈眈，金国扶持的刘豫伪齐政权也时来侵扰，试图消灭南宋。在这种势单力薄的情况下，叶梦得毫无惧色，他安排江东安抚大使司都统制韩世清屯兵建康，崔培屯兵采石矶，阁皋分守其他要害之地。后来，刘豫果然领大军来侵，叶梦得调兵遣将，果断而且成功招降刘豫的部将王才,将他的兵马分配给诸将统领,还及时稳住了从刘豫政权投降过来又态度摇摆的濠州知州寇宏和寿春知府陈卞,使他们坚定追随南宋。通过这些举措,加上将士们众志成城,最后终于打得入侵的刘豫军队仓皇逃跑,保卫了建康府。

与此同时,他着眼长远,研究确定了江防工作八事:即申饬边备、分布地分、把截要害、约束舟船、团结乡社、明审斥堠、措置积聚、责官吏死守。又建议朝廷在建康、太平、池州等地紧要隘口以及江北可以渡江去处共一十九处,调集民兵巡逻把守,严阵以待,严防死守。他还在金兵入寇之时,及时请求大将张俊率军支援,使得金兵无法打过长江,为阻挡金人南侵、缓解朝廷压力,立下了汗马功劳。

一个有责任意识和担当精神的人,才真正称得上"器识闳伟"(《宋史》评苏东坡语),叶梦得又何尝不是这样一位超拔卓越之才?他遭逢乱世,但忠肝义胆,努力一生,对于国家和民族,是有一定贡献的。绍兴十八年(1148),叶梦得在湖州去世,享年七十一岁。

"双面间谍"宇文虚中

自北宋亡国至南宋与金国达成《绍兴和议》这十余年间，南宋与金互派使者的现象十分频繁，特别是南宋，一支支求和的队伍奔波于使金之途，一个个南宋官员冒险出使，前赴后继，络绎不绝。其中，宇文虚中就是比较知名的一个。宇文虚中在南宋以资政殿大学士、祈请使身份使金，结果被扣押。金人以高官厚禄招降，宇文虚中遂变节投降，为金廷服务达十七年之久。在金期间，他以才华和能力效忠于金廷，获得高度肯定，官至礼部尚书，被尊称为"国师"。然而，这样一位变节的"贰臣"，在南宋朝廷不但一直未受到追究，反而在死后不断追赠官爵，还赐国姓赵氏，备受殊荣。在把忠君忠国当成伦常之首的封建时代，一个叛国忘君的臣子却受到如此礼遇，这难道不是一件特别反常而又奇怪的事情吗？

一、一个引狼入室的盟约

宇文虚中（1079—1146），字叔通，成都华阳（今成都双流县）人。宋徽宗大观三年（1109），宇文虚中高中进士，他本名黄中，进士及第后，宋徽宗赐名虚中，以后，他就以宇文虚中之名行世。

入仕后，宇文虚中在多地任过地方官，后来入京做官，历任起居舍人、国史编修官、同知贡举、中书舍人。宇文虚中天资聪慧，加上经多岗位锻炼，熟谙国事民情，特别是在京期间，有机会在皇帝身边工作，使他眼界更宽，拿事更准，对朝内外大事洞若观火。

两宋三百余年的历史，最大的历史败笔恐怕就是北宋末年与金国所订的所谓《海上之盟》。何谓《海上之盟》？简单地说，就是宋、金联合夹攻辽国的军事合作盟约。燕云地区（今北京、天津，以及山西、河北北部）一直是中原王朝的故地，也是对付北方游牧民族侵扰的屏障。自五代十国时期后晋皇帝石敬瑭割让给辽国后，收复燕云地区便成了中原王朝的梦想，北宋在建国初就曾为此与辽国多次兵戎相见，但最终未能收复。宋真宗景德元年（1004），北宋与辽缔结《澶渊之盟》，虽然盟约规定宋向辽每年纳贡，但从此宋辽友好，再未发生大规模战争。北宋末，辽国日衰，金国日强，宋徽宗在太尉童贯、宰相王黼的鼓动下，再次把收复燕云地区提上了重要议事日程。当时，金国正攻打辽国，宋朝设法与金国取得联系，于宣和二年（1120）商定：宋、金夹攻辽国，宋军负责攻取辽国长城以南的燕云地区，金军负责攻取长城以北地区，辽灭亡后，燕云之地归宋，宋将原给辽国的岁币转纳于金国。因为宋、金陆路不接壤，接洽需要绕道渤海，故这一盟约又称《海上之盟》。

看似一个完美的计划，宇文虚中却洞察出其中的危险性。当时，作为参议官的宇文虚中向宋徽宗上了一道奏章说："用兵之策，必先计强弱，策虚实，知彼知己，当图万全。今边圉无应敌之具，府库无数月之储，安危存亡，系兹一举，岂可轻议？且中国与契丹讲和，今逾百年，自遭女真侵削以来，向慕本朝，一切恭顺。今舍恭顺之契丹，不羁縻封殖，为我蕃篱，而远逾海外，引强悍之女真以为邻域。女真藉百胜之势，虚喝骄矜，不可以礼义服，不可以言说诱，持下庄两斗之计，引兵逾境。以百年怠惰之兵，当新锐难抗之敌；以寡谋安逸之将，角逐于血肉之林。臣恐中国之祸未有宁息之期也。"（《宋史·宇文虚中传》）

宇文虚中在奏章中至少表达了这几点：一是目前宋朝军备不足，国库空虚，没有开战的基础；二是宋、辽百年友好，没有战争，特别是金国侵辽之后，辽对宋更加友好，堪称友好邻邦；三是金国正扩军备战，四处侵略，如同虎狼。辽国不灭，宋、金之间则有缓冲之地，边境无事，倘辽国一灭，金国就成了新邻，无异于引狼入室。故他有"臣恐中国之祸未有宁息之期也"之叹，还断言"将有纳侮自焚之祸"。

然而，宋徽宗被收复燕云地区的梦想所迷惑，非但不为宇文虚中的奏章所动，反而在王黼的谗言建议下，把宇文虚中降职为集英殿修撰。同时，一意孤行，轻易开启了与金夹攻辽国的战争。

二、奉命于危难之间

在金国的疯狂进攻下，辽国步步败退。北宋宣和七年（1125）二月，辽国天祚帝在应州被金人俘虏，辽国灭亡。辽国一灭，金与宋就由只能海上相通变为陆路直接交界，金国此时又拥有精锐的兵力和贪婪的野心，战事一触即发。于是，在辽国灭亡后仅仅几个月时间，即当年十月，金国便撕毁盟约，兵分两路南下侵宋，一路自西进攻太原，一路自东进攻燕京（今北京），宋朝黄河以北地区，顿时陷入一片战火之中，百姓遭殃，生灵涂炭。这一结果，正印证了宇文虚中所断言的"将有纳侮自焚之祸"。所以说，《海上之盟》，既是一个引狼入室的盟约，更是一个国破家亡的盟约。

宋徽宗听到金人南侵，特别是听到城池不断失守、国土不断沦陷、金人直逼京城开封的消息后，顿时忧惧惊慌，茫然不知所措。他非常后悔当初没听宇文虚中的建议，他召来宇文虚中说："王黼不用卿言，今金人两路并进，事势若此，奈何？"但事已至此，如同病入膏肓，宇文虚中纵是良医，也无药方可开了。最后，宇文虚中建议宋徽宗下一道"罪己诏"，收拾一下人心，然后广开言路，加强战备。然而，这也不过是治表之策，至于治本，时机已过，无力回天啊。所以，宋徽宗虽然听从了宇文虚中的建议，下了一道"罪己诏"，但一道"罪己诏"又怎能抵挡住金国南侵的铁蹄呢？于是，知道无力回天的宋徽宗随后就将帝位传给太子赵桓（宋钦宗），自己竟然带领一班人以"南狩"之名，逃之夭夭了。事到临头只知道撂担子，一走了之，这就是一代帝王的担当！不亡才怪。

在金国步步进逼的重要关头，北宋以宋钦宗为首的皇帝大臣们却在关于战与和的问题上争执不休，结果延误战机。靖康元年（1126）正月，金国南征副帅完颜宗望所率东路军便在攻破檀州、蓟州和北宋刚刚收回的燕京后，迅速进逼到汴京（今河南开封）城下，满朝文武顿时慌作一团。宋钦宗看到京城兵力不足，赶快任命宇文虚中为资政殿大学士、军前宣谕使，让他与部分人一起，分头去各地调集军队进京勤王。此时，在京城四壁守御使李纲的主持下，闭城坚守，金人暂时攻城不下。不久，老将种师道和被喻为"小太尉"的姚平仲等将领，率泾原路、秦凤路大军前来勤王。

在这种情况下，宋钦宗派人到金营与完颜宗望谈判，希望金军退兵。完颜宗望却给出堪称"天价"的撤军条件，不但索要巨额金银，要求宋朝皇帝尊金国皇帝为伯父，还要求宋割让河北太原、中山、河间等三镇给金国，并派亲王和宰相到金国为人质，如此等等。软弱的宋钦宗几乎答应了金人的全部条件，还把弟弟康王赵构、宰相吕颐浩等送往金营做人质。这时，宋朝开赴汴京的勤王军队越来越多，金人的条件又大都获得了满足，于是，完颜宗望准备撤军。

但此时又出现了一个意外插曲。李纲因反对和议，不但扣下了宋钦宗割让河北三镇的诏书，还安排姚平仲率军出城突袭金营，结果姚平仲全军覆没。准备撤军的完颜宗望因此震怒，又开始攻打汴京。在此情况下，宋钦宗又只得派人前去金营解释、乞求，但金人震怒之下，出使如同赴死，谁都不敢去。这时，宇文虚中挺身而出，主动请求出使金营。此后，他多次前往金营，与金将谈判，一方面做了一些补救工作，让金人答应退军；另一方面，他与金人反复协商，把扣押在金营的康王赵构换了回来。事后，宋钦宗任命他为签枢密院事。因宇文虚中向金人履行了宋钦宗答应的割让河北三镇的有关手续，朝中反对议和的大臣便给他扣了一顶"卖国"的帽子，多次弹劾他。结果，宇文虚中被逐出朝廷，罢为青州知州，随后落职奉祠，不久还贬往韶州，流放到岭南去了。说到底，这不过是代宋钦宗受过罢了。

三、金人的"国师"

1127年，金人攻破开封，北宋灭亡。赵氏宗族上至皇帝、下至亲王，大都被金人俘虏北去，唯独康王赵构当时不在汴京而幸免。不久，赵构在南京应天府（今河南商丘）称帝，改元建炎，是为宋高宗。金人听说赵构登基，立马又挥师南下，想把南宋朝廷消灭在刚刚草创之时，而且，沿着宋高宗逃跑的方向，一路紧追，直逼得宋高宗东躲西藏，慌乱如丧家之犬。

在这种情况下，建炎二年（1128），宋高宗下诏征聘出使金国的"祈请使"，名为祈请徽、钦二帝南归，实则是向金乞和。流放外地的宇文虚中听到这个消息后，主动应征，慷慨请行。于是，宋高宗恢复了宇文虚中资政殿大学士一职，任命他为祈请使，杨可辅为副使，一同赴金。当时，宋金还处于战争状态，出使是非常危险的，之前之后有去无回的使臣并不少见。第二年春，这群出使金国的南宋使臣虽然受尽金人的嘲弄和侮辱，但幸好未被金人扣留或处决，金人意外地遣送他们回国。其他人如释重负，赶快就道，只有宇文虚中拒绝南归，他说："我奉命北来请归二帝，如今二帝未还，虚中不可归。"从此，他留在了金国。

金国侵占了大面积的北宋领土，这些土地上的人民大部分都是汉人，要想更好地统治他们，需要许多熟谙汉族文化和民族特点的官员，能用南宋官员，特别是学问深厚、口碑良好的南宋官员，则是再好不过的事情。于是，凡有南来使臣，他们总是有选择性地将其扣留在金国，然后许之以高官厚禄招降。比如，后来曾经四次使金的王伦，就多次被金国扣留，多次遭到金人的威逼利诱，王伦却始终不投降、不变节，金人最后恼羞成怒，竟然将他缢杀而死。宇文虚中诗词好，文章好，尤其是制词，即皇帝的诏书起草得好，这就是金人需要的人才，而且是凤毛麟角的人才。宇文虚中不如王伦刚烈，在金人的劝说下，他稍做思考就答应了，从此，他成了金国的大臣。

从南宋建炎三年（1129）降金开始，宇文虚中就再也没离开过金国，一直为金廷服务，历任翰林学士、知制诰兼太常卿，后封为河内郡开国公，又进阶金紫光禄大夫。作为南宋降臣，宇文虚中在金廷可以说是拥有了极高的政治地位，享受到了极高的政治待遇，金人甚至还尊称他为"国师"，堪称人臣之极。金人为稳住宇文虚中，还于南宋绍兴十二年（1142）向南宋当局索要宇文虚中的家属，将他的家人全部接到了金国。

然而，位高人愈妒，许多金国大臣的位置还低于一个战败国的降臣，他们便有了一些想法。加上宇文虚中恃才傲物，与金朝大臣们之间的协调工作亦未做得尽如人意，一些"羡慕忌妒恨"的金人便联合起来，伪造材料，罗织罪名，弹劾宇文虚中。南宋绍兴十六年（1146）六月，宇文虚中以谋反罪被杀，家属百余人全部被活活烧死。从降金开始，宇文虚中为金廷服务达十七年之久，最后落得焚死灭族的悲惨结局，倘他地下有知，不知会做何感想。

四、原来是位"双面间谍"

宇文虚中虽然为金国服务了十七年，但奇怪的是，在《宋史》本传中，既未将他列入《奸臣传》，也未将他列入《叛臣传》，而是把他列入了正常的人物列传中，甚至还给予了很高的评价。而更奇怪的是，宇文虚中死后，南宋当局不但未追究他的叛国之罪，反而追赠他为开府仪同三司，赠谥号肃愍，庙号仁勇，后来又加赠少保，赐姓赵氏。这可是只有为朝廷立过大功的大忠臣才能享受的政治待遇啊。同时，宇文虚中全家被杀，后继无人，南宋当局还将他同族后人宇文绍节过继给他的儿子，为他"续香火"。

从这一系列的安排可以看出，在南宋赵氏当家人的眼里，宇文虚中不仅是

"身在曹营心在汉的"忠臣,而且是有贡献于南宋朝廷的大功臣。倘若他是投降金国的"贰臣",其他不说,赐其国姓是万万不可能的。所以,可以肯定地说,他对南宋的忠心是得到了南宋几代皇帝认可的。

而这种对南宋朝廷和赵氏皇族的忠贞,从正史列传和一些野史笔记中,还是能够得出一些印证的。《宋史·宇文虚中传》载:"(宇文虚中)知东北之士皆愤恨陷北,遂密以信义结约,金人不觉也。"意思是他利用职务上的便利,曾经秘密联络沦陷区的义士,准备联合反金。明代钱士升《南宋书》载:"宇文虚中为太上祈请使,遂留金……虽仕金,乃心不忘王室,以蜡丸密奏不一事。"这段记载说明宇文虚中在仕金期间,心系南宋,多次与南宋当局秘密联络,做了很多谍报工作。

清代袁枚在《随园随笔》中转载南宋施德操《北窗炙輠录》的话说:"宇文诗有'人生一死浑闲事,裂眦穿胸不汝忘'。绍兴十五年,谋挟渊圣(宋钦宗)南归,为人告变。虚中急发兵直至金主帐下,金主几不能脱,事不成而诛。"意思是宇文虚中于绍兴十五年(1145)计划偷偷把宋钦宗送回南宋,被人告发,他见事情泄密,最后孤注一掷,带领一班人冲进金主完颜亶帐中刺杀金主,最后失败被杀。袁枚还在随后的文字中说:"淳熙间,赠(宇文虚中)开府,谥肃愍,又赐姓赵。则《北窗炙輠》之言,必非虚妄。"

这段记载为我们揭开了事情的真相。宇文虚中表面为金廷服务,暗地里却一直在计划着如何把宋钦宗接回故国,而且与南宋当局多有密信联络和奏请商议。可以说,虽然他为金廷服务长达十数年,但他一直是一位忠于南宋的"双面间谍"。

不过,宇文虚中一片舍生忘死的努力中,却有些一厢情愿,因为在宋高宗赵构的心里,是非常不愿意看到兄长宋钦宗归国的,宋钦宗归来,如何安置呢?对自己的帝位必然构成威胁嘛。所以,宋高宗给予宇文虚中的,便不可能有实质性的帮助了,但他又不可能明确否定宇文虚中的忠勇,于是表面不反对,暗地却并无支持,或许还曾经有过阻止,甚至出卖。清代全祖望在《鲒埼亭集》中就说:"虚中伪受金官,志图挟渊圣南归,事已垂成。秦桧以其蜡丸泄之金,遂与同谋高士谈阖门受害。"宇文虚中救宋钦宗归国,事情快成功了,结果秦桧向金国泄密,致使宇文虚中一家和同谋高士谈被害。所以,宇文虚中唯有忠勇,却不懂政治。最后横尸金廷的他,知道自己是被自己人出卖的吗?

乱世才子汪藻

《宋史》将汪藻划归了《文苑》人物列传，与北宋的梅尧臣、黄庭坚、秦观以及南宋的周邦彦等家喻户晓的名家并列在一起。

钱钟书先生在《宋诗选注》中说："他（汪藻）早年蒙江西派的徐俯、洪炎等人的赏识，据说还向徐俯请教过'作诗法门'，他中年以后写信给韩驹说愿意拜他为老师，可是从他的作品看来，主要是受苏轼的影响。北宋末南宋初的诗坛差不多是黄庭坚的世界，苏轼的儿子苏过以外，像孙觌、叶梦得等不卷入江西派的风气里而倾向于苏轼的名家，寥寥可数，汪藻是其中最出色的。"

钱先生选了汪藻三首诗，其中《春日》诗云："一春略无十日晴，处处浮云将雨行。野田春水碧于镜，人影渡傍鸥不惊。桃花嫣然出篱笑，似开未开最有情。茅茨烟暝客衣湿，破梦午鸡啼一声。"这首诗语言浅显，通俗易懂，但他用简单的语言描绘了别人不易捕捉的春日胜景，加上清词丽句，信手拈来，物我欣然，妙趣横生，汪藻一诗成名。

汪藻（1079—1154），字彦章，饶州德兴（今江西上饶德兴）人，崇宁二年（1103）进士，初任婺州观察推官、江西提举学事司干当公事等职。宋徽宗曾作《君臣庆会阁诗》，群臣纷纷凑趣，和诗雪片般飞向皇帝的案头，在那堆积如山的和诗中，唯汪藻的诗出类拔萃，引得宋徽宗赞不绝口。当时，与婺州相邻的徽州才子胡伸也很有名，故朝野有"江左二宝，胡伸汪藻"之说。

汪藻虽然才华在当时屈指可数，但在宋徽宗一代，他却始终在小官末吏的职位上徘徊，未得重用，究其原因，与当朝宰相王黼有关。汪藻与王黼太学同学，又同室，因王黼外表帅气，才学一般，汪藻曾戏称他"花木瓜"，讥笑他外表好看，其实无用。汪藻的比喻虽然有损人之嫌，倒也与《宋史》对王黼的评价"为人美风姿，目睛如金，有口辩，才疏隽而寡学术，然多智善佞"不谋而合。人家给自己取如此不雅的外号，王黼当然不乐意，所以，汪藻一句玩笑，让王黼记住了一辈子，也记恨了一辈子。后来，王黼因善于迎合蔡京和宋徽宗当上了宰相，手握干部升降之权，一朝权在手，便把仇来报，不仅处处压制汪藻，有一次汪藻贬官，王黼甚至刻意将他贬至宣州（今安徽宣城）。为何？原来宣州以产花木瓜著称。

汪藻不单诗才出众，写制书的才华更是当世一绝。所谓制书，就是代替皇帝说话的文书，也即诏书。两宋期间的皇帝，特别讲究诏书的准确、生动和优美，而诏书拟得好的翰林学士或知制诰，常常暴得大名。例如，宋真宗时代的知制诰杨亿就曾以诏书拟得好而受到士大夫的热烈追捧，寇准被宋真宗提拔为宰相，杨亿起草诏书，其中"能断大事，不拘小节。有干将之器，不露锋芒；怀照物之明，而能包纳"异常精彩，一时洛阳纸贵，寇准也特别高兴，惊叹"正得我胸中事"。

两宋三百余年间，公认诏书拟得最好的人就是汪藻。诏书在作用上是传达皇帝的命令，在体裁上大都是骈文，因其常用四字、六字句，也称"四六文"。汪藻因其诏书作得好，也被认为是两宋最重要的骈文作家。陈寅恪在《寒柳堂集·论再生缘》中说："中国之文学与其他世界诸国之文学，不同之处甚多，其最特异之点，则为骈词俪语与音韵平仄之配合。就吾国数千年文学史言之，骈俪之文以六朝及赵宋一代为最佳。"他认为，六朝第一骈文是庾信的《哀江南赋》，宋朝第一骈文是汪藻的《皇太后告天下人书》（又称《隆裕太后告天下手书》）。当时，宋徽宗、钦宗二帝被金人掳去，隆裕太后命康王即位，让汪藻起草诏书，昭告天下。汪藻此文篇幅虽不甚长，但内容丰富，文气贯通，尤其"汉家之厄十世，宜光武之中兴；献公之子九人，惟重耳之尚在。兹惟天意，夫岂人谋？"一句，用典贴切、对仗工整、文采斐然、感情深沉，被当时及后世广为传诵。

北宋灭亡后，宋高宗在战乱中登基，随后被金军追剿，东躲西藏，惶惶似丧家之犬。在这多事之秋，措置国家大事的诏书频频发往各地，对起草诏书的速度和质量便有了更高的要求。当时，汪藻任翰林学士，这一时期宋高宗的诏书，大都出自他之手，"属时多事，诏令类出其手"（《宋史·汪藻传》）。宋高宗还曾在自己用过的白团扇上，挥笔写下"紫诰仍兼绾，黄麻似六经"十字赠予汪藻，表彰他的诏书拟得好。

汪藻不但才华卓绝，还洁身自好，非常珍惜自己的"羽毛"。宋徽宗时代，宦官梁师成因善于逢迎而深得宋徽宗宠幸，身兼数职，官至检校太傅，百官任免升降，他可随意处之，权力比宰相有过之而无不及，时人称为"隐相"。梁师成一手遮天，那些文官武将纷纷拜倒其门下，极尽攀附之能事。有个武官叫吴可，着实无才，梁师成在他的"糖衣炮弹"下，竟然高度评价吴可"能诗"，引为亲信。当时，汪藻正因得罪了王黼而仕途不畅，梁师成知道汪藻有才，也想拉拢，他让吴可向汪藻转达自己的意思说："你汪藻是有才华的人，我早听说过你的大名，你来见我，我可设法提拔你到皇上身边出任翰林学士之类的文学侍从官。"

对于一个仕途落魄的士大夫来说，这岂不是天大的好事？可汪藻并未去拜见梁师成。同僚奇怪地问他："我们登'隐相'之门，如同登天，他召你都不去，这是为什么呢？"汪藻呵呵一笑说："让我与吴可辈为伍吗？"对此不屑一顾。不过，他其实还有一句潜台词可能没说，那就是："让我与梁师成辈为伍吗？"头巾气重，爱惜自己的羽毛，这就是才子汪藻的人格与品性。

汪藻生于北宋元丰二年（1079），卒于南宋绍兴二十四年（1154），历北宋神宗、哲宗、徽宗、钦宗和南宋高宗五朝。他二十四岁中进士，青年时期在基层任小官，又受王黼压制，颇不得志。中年以后，经历"靖康之难"，金人南侵，北宋灭亡，频遭战乱之苦。南宋建立后，他虽然曾经任过兵部侍郎、翰林学士之类的高官，备受皇帝青睐，但也只是仕途上的昙花一现。宋朝的那些文官武将，似乎从没一个意见统一的时候，总是吵吵闹闹，争权斗气，和平年代如此，战争年代更是如此，加上汪藻头巾气重，不能屈从与苟且，因此经常遭到同僚弹劾，在仕途上沉浮不定。后来，又有同僚以他曾攀附蔡京、王黼为由弹劾他，以致"夺职居永州，累赦不宥"，从此投闲置散，再未进入权力核心，最后抑郁而终。

在南宋高宗时弹劾汪藻攀附北宋徽宗时的宰相蔡京、王黼，这理由倒十分荒唐可笑。不说曾受尽了王黼公报私仇的鸟气，就是与他无仇的一品宰相蔡京，他这七品芝麻官，怎么能攀附得上人家呢？他在宋徽宗一朝始终未能显赫就是明证。不过，相对于山河破碎、生灵涂炭的民族大痛，相对于一个时代的覆亡和中华文明所受的洗劫与摧残，汪藻个人这点荣辱得失又算得了什么呢？

以身殉国的南宋外交官王伦

由于宋朝重文抑武,导致军备薄弱,常吃败仗。俗话说:"弱国无外交",宋朝无论是在和平年代还是战争时期,在外交上可圈可点的成效不多,可歌可泣的事迹也少,而真正称得上卓越外交家的更是寥寥无几。其中,屈指可数者只有曾瓦解辽、夏联盟的富弼,使辽过程中"舌战群儒"的沈括,使金被拘十五年不变节而被宋高宋称为"虽苏武不能过"的洪皓等二三人而已。但除了这三位科举正途出身的博学鸿儒之外,还有一位非科举出身的官僚落魄子弟,他以一己之力,满腔豪情,在南宋对金的弱势外交中慷慨请行,在许多高官大吏战战兢兢之际冒死出使,在金国盛气凌人的危险境地据理力争,在金国威逼利诱下断然拒绝,保持了士大夫的高尚气节,最后横尸金廷,以身殉国,他就是南宋外交官王伦。

一、遭逢乱世,初露奇才

王伦(1084—1144),字正道,大名府莘县(今山东聊城莘县)人,他是北宋名相王旦弟弟王勖的玄孙,算得上世家子弟。不过,这个世家到王伦这辈已经家道中落,他年轻时家贫无业,浪荡于开封、洛阳一带。王伦为人侠义,锄强济弱,好打抱不平,因此多次犯法,许是因为名门出身,抑或情有可原,终于侥幸过关。王伦一直以祖上王旦宰相为荣,有着重振家声的理想,无奈时辰未到,机遇不来,年过四十还一事无成。

王伦

靖康元年闰十一月(1127年1月),北宋首都汴京失守,就在刚刚就任皇帝的宋钦宗不断派人到金营求情的过程中,京城百姓对当朝御敌不力致国都城破义愤填膺,纷纷拥到皇宫宣德门前聚集,大吵大闹,乱作一团。面对成堆的百姓，宋钦宗张皇失措，身边的大臣亦面露惊慌，君臣们你望我、我望你，平日里满嘴江山社稷的士大夫，不但怕金人的铁骑，还怕百姓的咒骂，竟然无人敢前去安抚百姓。正在大家不知如何是好之际，当时无官无职还不名一文的王伦，毫不犹豫地挤到宋钦宗跟前大声说："臣能处理好此事。"

宋钦宗在这群情愤愤、无人能用之际，见有人主动请缨，大喜过望，赶忙解下随身所佩宝剑赐给王伦，剑到如同皇帝到，让他携剑前去平息事态。王伦接剑后却说："臣虽有剑，但无官职，人家怎么能信服？"宋钦宗听后，让左右取纸笔写下"王伦可除兵部侍郎"字样，交给王伦。王伦接过皇帝书写的纸片，如同护身符，小心收好后，带领一班弟兄们，走到那群上访的百姓中间，动之以情，晓之以理，一会儿工夫，老百姓的思想竟然被他做通了，也不吵，也不闹，不久就散了，宋钦宗也感到惊奇。

然而，当王伦拿着皇帝的手书向朝廷请职要官时，状元出身的宰相何栗却认为，王伦不是科举出身，功劳也不大，骤升为兵部侍郎这样一个从三品要职，太不符合朝规了，所以只同意给他修职郎——一个从八品而又没有具体职务的虚衔散官。王伦虽然心中有气，但也只能忍了，因为他心怀重振家族声望的信念，总想找机会出头，如今既然有了一个做官的机会，顺利进入了体制内，他决定好好珍惜。

二、初使金国，有惊无险

靖康二年（1127）正月，破城金军先后把宋徽宗、宋钦宗拘留在金营，金国随后下诏废宋徽宗、宋钦宗为庶人，另以原北宋宰相张邦昌为皇帝，成立了伪楚政权，管理黄河以南的广大中原地区。四月，金军俘虏徽、钦二帝和后妃、皇子、宗室、贵戚等三千多人北去，北宋灭亡。

当年五月，宋徽宗第九子赵构在应天府（今河南商丘）称帝，改元建炎，是为南宋高宗。宋高宗登基后，金人便迅速集结军队再次南侵，欲把这个刚刚草创的王朝消灭在萌芽中。宋高宗一面仓皇逃窜，一面派出一支支求和的队伍，北上金国求和。当时，金宋敌对，剑拔弩张，去求和的不是被扣押就是被处决，求和如同去赴死，谁愿意蹚这种有去无回的浑水？所以，宋高宗许以高官厚禄，招募赴金使者，名为探问两宫（徽、钦二帝）起居，实为屈膝求和。

不过，在刚刚成立的南宋小朝廷里，王伦尽管只是一介末吏小官，但他胆大心细，勇于担当，是个难得的人才，别人视为畏途险境，他却偏向虎山行，主动请求出使金国。建炎元年（1127）十一月，王伦被宋高宗任为朝奉郎、假刑部侍郎，充当大金通问使。南宋徐梦莘《三朝北盟会编》载有王伦此次出使制词说："以尔胄出公侯，胸兼勇智，言念主忧而臣辱，何有于生；如皆已佚而人劳，孰当其责？虽淹回之未试，独慷慨以请行。"可见王伦使金，的确是他主动请缨，其忠勇可嘉。

王伦到达金国后，见到了金国开国大将、左副元帅完颜宗翰。然而，此时金国是大赢家，对宋朝连皇帝都瞧不起，遑论小小使臣，对待他们如同对待阶下囚，没什么好脸色。因此，王伦一行不但没有启动谈判，反而被完颜宗翰全部扣押为人质，一扣就是五年之久。在这漫长的五年时间内，王伦没有后悔自己的选择，也没有天天唉声叹气，而是创造性地开展了一些工作。比如，他结识了一个金国商人陈忠，陈忠告诉他徽、钦二帝被软禁在黄龙府。王伦得到这一消息后，便给了陈忠一大笔钱，请他前往黄龙府，设法向二位皇帝传递一些南宋信息，徽、钦二帝这才知道了赵构已经登上帝位的消息。又比如，在这五年间，他有机会多次与金国大臣、大将交流，他利用这种机会，一方面当面斡旋，争取朝廷权益；另一方面建立了人脉关系，还了解了金国国情和民情，做到知己知彼。这些，都为他后来更好地开展外交工作奠定了坚实的基础。

随着宋金战争形势的变化，金国对南宋的态度也时有转变。绍兴二年（1132），完颜宗翰主动找来王伦，说金国打算与南宋议和，让王伦立即启程南归，向南宋朝廷转奏。当年秋，王伦终于回到临安，回到阔别五年的祖国。王伦向朝廷报告了金人议和的意愿，但当时南宋朝廷关于和、战之争晓晓不休，又忙于抵挡刘豫伪齐政权的南侵，加上有些情况瞬息万变，所以，朝廷竟然将这一信息的对接工作搁置。不过，王伦去国五年，没有功劳也有苦劳，朝廷提拔他为右朝奉大夫、右文殿修撰，主管万寿观。

三、巧妙周旋，初见成效

绍兴五年（1135），对于金国和南宋来说，都是一个比较特殊的年份。这一年，金太宗完颜晟去世,完颜亶继位为帝,是为金熙宗。这一年,被俘北去的宋徽宗在思乡和病痛的双重折磨下,逝于五国城(今黑龙江依兰县)。

当宋徽宗逝世的消息传来,南宋上下关于迎回他灵柩的呼声就从未断过。同时,宋高宗生母韦氏也被拘于金国,宋高宗更把迎回母亲当成了头等大事。但在当时,韦太后以及宋徽宗的灵柩不是说迎回就能回的。不仅对于在生的韦太后,就连宋徽宗的灵柩,金国都把它当成了谈判的筹码,以此要挟,不但要付出真金白银,而且还要满足其他许多附属条件,贪得无厌。

也是在绍兴五年(1135)前后,完颜昌升为左副元帅,他与金太祖第六子完颜宗隽、金太宗长子完颜宗磐等主和派主导金国朝政,金与南宋关系开始缓和。绍兴七年(1137)底,宋高宗提拔王伦为徽猷阁直学士、提举醴泉观,假龙图阁学士、左中大夫、枢密都承旨,充金国军前迎奉梓宫使。宋高宗希望他不辱使命,把生母韦太后和父亲宋徽宗的灵柩迎回。临行前,宋高宗还交给他一个任务,让王伦转告金左副元帅完颜昌说:"河南地,上国既不有,与其付刘豫,曷若见归?"(《宋史·王伦传》)要求他争取金国把占领的河南、陕西之地交还南宋。

王伦出使金国,首先在涿州见到了完颜昌,除了提出迎还韦太后及宋徽宗灵柩的要求外,还在完颜昌面前反复说刘豫的坏话,最后甚至说:"刘豫既忍心背叛自己的祖国,难道他日不会背叛金国吗?"加上当时刘豫与南宋作战,屡战屡败,金国开始对他丧失信心,便生废除之意。王伦此行,在刘豫被废问题上,起到了推波助澜的作用。当年,金国即取消了伪齐政权,废刘豫为蜀王。

这次出使金国,在完颜昌的安排下,王伦还面见了金主完颜亶,完颜亶初步承诺开启和谈,并安排太原少尹乌棱思谋、太常少卿石庆来南宋商议和议具体事宜。

绍兴八年(1138)秋,王伦第三次出使金国,到金之后,完颜亶为王伦设宴三日,南宋到金使者无人受过如此礼遇。这次出使,金国同意了南宋的三个条件:一是归还宋徽宗灵柩,二是放还宋高宗生母韦太后,三是同意将河南、陕西之地归还南宋。谈判取得重要进展。

四、功败垂成,以身殉国

如果按照王伦第三次出使与金国达成的意向施行,南宋历史可能要改写。

然而，历史有必然性，但也有很多偶然性，在这个当口，偶然性便决定了宋金历史的走向。

王伦三次出使金国，取得的外交成果是有目共睹的，宋高宗对他更加器重和欣赏。绍兴九年（1139）春，宋高宗特赐王伦进士出身，授他端明殿学士、签书枢密院事，安排他再次出使金国，负责迎回韦太后和灵柩，以及交割地界等工作。王伦首先到达开封，与金右副元帅完颜宗弼（兀术）接洽，履行交割地界手续。接着，南宋朝廷任命王伦为东京留守兼开封府尹，完颜宗弼随即北归燕京。

然而，金国关于与南宋是战是和也一直存在严重分歧，争执亦从未停歇。在朝中，一派以完颜宗磐、完颜宗隽、完颜昌为主，力推和谈；一派以完颜宗弼、完颜宗干、完颜希尹为主，力主消灭南宋。就在双方履行交割事宜的过程中，双方博弈达到白热化。完颜宗弼北归后，当面向金熙宗完颜亶告阴状说："河南、陕西之地，是完颜宗磐、完颜昌等人主谋归还南宋的，他们一定与南宋当局暗有勾结，其罪不可赦。"又说："南宋使者已经到达开封，建议立即扣留，不要放他们出境。"完颜亶听信了完颜宗弼的一面之词，随后以谋反罪杀死了完颜宗磐、完颜宗隽和完颜昌，又安排中山府拘捕王伦等南宋使臣，王伦遂成阶下囚。

经过一番努力，王伦于当年十月设法见到了金主完颜亶，再次向金主重申自己的使命。完颜亶听完后，漠无表情，一声不吭。完颜亶安排翰林待制耶律绍文为宣勘官，代表他当面质问王伦道："你知道完颜昌的罪行吗？"王伦回答说："不知道。"耶律绍文呵斥道："没有一句话说到岁币，反来索取土地，你但知有元帅，岂知有上国邪？"意思是你眼里只有完颜昌，不知有我这个皇帝。王伦忍气说："近来萧哲持国书来，答应归还灵柩、太后及河南之地，贵国遵守《海上之盟》，与民休息，使人通好两国，这是天下人共知的事情啊。"耶律绍文无言以答。后来，完颜亶又安排耶律绍文到王伦所住驿馆，对王伦宣布说："你就留在云中（今山西大同）吧，不要企望归期，倘放你南归，你不仅没有回报，反而离间我大金君臣。"从此，王伦被扣押于金国云中，后来又迁到河间（今河北河间）。

绍兴十年（1140），完颜宗弼再次挥师南下，攻占河南诸地，至此，宋金和谈功亏一篑，广大中原乃至江南地区又陷入一片战火之中。不过，当金兵南下之时，南宋军事依然有相当实力，绍兴十一年（1141）初，金兵进攻淮西时，宋高宗就认为："中外议论纷然，以敌逼江为忧，殊不知今日之势，与建炎不同。建炎之间，我军皆退保江南，杜充书生，遣偏将轻与敌战，故敌得乘间猖獗。今韩世忠屯淮东，刘锜屯淮西，岳飞屯上流，张俊方自建康进兵，前渡江窥敌，则我兵皆乘其后。今虚镇江一路，以檄呼敌渡江，亦不敢来。"（南宋李心传《建炎以来系年要录》）加上这时，完颜宗弼又吃了几次败仗，金国转而又趋向议和。不过，这时的条件，那就是要求南宋朝廷罢兵并斩杀功臣岳飞了。

于是，宋高宗为取得和谈资格，解除了岳飞、韩世忠、刘锜、杨沂中等大将的兵权，召回了北伐的岳飞，将其投入大理寺治罪，取得向金和谈资格。绍兴十一年（1141）年底，宋金达成《绍兴和议》，内容大致是："金将韦太后和宋徽宗灵柩交还南宋；宋向金称臣，世世子孙谨守臣节，金册封宋康王赵构为皇帝；宋金两国，东以淮河中流为界，西以大散关为界；南宋每年向金纳贡银和绢各二十五万两匹。"当年除夕前夜，岳飞以"莫须有"的罪名被杀害于大理寺狱中，年仅三十九岁。当岳飞被杀的消息传到金国后，金国上下举杯相庆。绍兴十二年（1142）八月，韦太后携宋徽宗灵柩回到了南宋临安。

然而，尽管宋金达成了和议，但金国却始终不肯释放王伦，一方面是因为他既尚气节又很能干，其放归的危险性远大于继续扣押；另一方面正因为王伦的能干，金廷想以高官厚禄招降他，为金国服务。所以，宋金已和，王伦却一直被扣押于河间，受尽折磨，时间长达六年之久。其间，完颜亶多次派人找到王伦，许以高官招降，均遭拒绝。绍兴十四年（1144）七月，完颜亶再次派人到河间，请王伦担任河间、平、滦三路都转运使，王伦依旧严词拒绝，他说："我王伦奉使而来，非为投降而来！"完颜亶彻底死心，安排人缢杀王伦。临刑前，王伦整衣正冠，面向南方大拜三次，仰天痛哭道："先祖文正公（王旦）两朝为相，深沈有德，镇服天下，被誉为'平世之良相'，朝野共知。今天我出使被扣，金国想以伪职侮辱我，我怎能因爱惜自己的性命而有辱使命，有辱祖宗！"于是从容就义，时年六十一岁。

王伦曾被许多人攻击为奸臣卖国贼。当时的枢密院编修胡铨，就向宋高宗上过一篇有名的奏章《戊午上高宗封事》，他在奏章中说："王伦本一狎邪小人，市井无赖，顷缘宰相无识，遂举以使虏。专务诈诞，欺罔天听，骤得美官，天下之人切齿唾骂。"当然，也有许多人为王伦辩诬表功的，他们认为胡铨等人的攻击不过是那些不主和议者的一时诋毁而已。的确,王伦四次使金,次次如赴雷区,两度被扣押,险象环生中还争取收回了河南、陕西之地,虽然转瞬即为完颜宗弼所夺,但功不可没。清朝史学家赵翼说:"(王伦)奉使在建炎元年,是时金人方掳二帝北去,凶焰正炽,谁敢身入虎口?伦独慷慨请行,其胆勇已绝出流辈。"王伦最后一次出使,被扣六年,受尽威逼利诱而坚贞不屈,从容就义,其气节亦足以感天动地!王伦,不愧为南宋外交队伍里的民族英雄。

李清照：凤凰台上忆吹箫

李清照以诗见长，以词名世，以柔情而又健朗、细腻而又开阔的气质征服了文坛，征服了那个几乎只属于男人的时代，跻身范仲淹、晏殊、欧阳修、柳永、苏轼、秦观、辛弃疾那一群男神们创造的文学辉煌之中，非但丝毫不逊色，反而更显得清音悠长、光彩夺目，故成为不仅宋代，即便放之历代，也是满天繁星中极其耀眼的那一颗。明人杨慎说："宋人中填词，李易安亦称冠绝。"可见李清照在后人心目中的地位和影响。

李清照

关于李清照，我们在佩服其卓越才华的同时，也往往会羡慕她曾经拥有一个知心爱人赵明诚。李清照晚年为丈夫赵明诚整理遗著所撰《金石录后序》一文中，回忆夫妻二人合力收集金石拓本、旧籍和古器的经历时说："几案罗列，枕席枕藉，意会心谋，目往神授，乐在声色狗马之上。"又说："余性偶强记，每饭罢，坐归来堂烹茶，指堆积书史，言某事在某书某卷第几叶第几行，以中否角胜负，为饮茶先后。中，即举杯大笑，至茶倾覆怀中……"极言夫妻意气相近、爱好相投的美好和怡悦，尤其"以茶赌书"的记趣，竟成典故，令后人艳羡不已，清人纳兰性德将此典借用于自己的词中而成就了"赌书消得泼茶香，当时只道是寻常"的名句。

从李清照这篇等同晚年回忆文章的序言中，我深切地感受到了夫妻二人当年生活上的安贫乐道、兴趣上的同气相求、感情上的相濡以沫。多么美好的一对神仙伴侣啊！然而，当我一再流连于李清照仅存的数十首诗词，尤其是反复阅读她那首《凤凰台上忆吹箫》时，却丝毫也感受不到夫妻的温馨甜蜜恩爱，反倒是对丈夫无情的伤心、对婚姻不幸的失望。那泪落连珠的甚至不是那个年方二八的小姑娘，而是已经年近四十徐娘半老的李清照。为什么会这样呢？

一

李清照存世词不多，一般认为只有四十七首，另有存疑之作十余首。通过阅读唐圭璋《唐宋词简释》、沈祖棻《宋词赏析》以及王步高《唐宋词鉴赏讲演录》等唐宋著名词人作品赏析之类的书籍，我发现，这些选本选释李清照的词虽然仅仅只有四首或五首，篇目也不尽相同，却无一例外都选了李清照的《凤凰台上忆吹箫》。这种选择，我想是有其特定原因的：一方面自然因为这首《凤凰台上忆吹箫》是李清照的代表作之一；另一方面，也因为这首词寄托了李清照对丈夫刻骨铭心的感情，词背后又寓意深刻，其独特性、复杂性和隐秘性，在李清照词作中堪称独一无二。

任何传世佳作和艺术瑰宝，都不是无端想象折射出来的镜像，大抵是"物不得其平则鸣"，现实对心灵冲击不得不发的结果。历代以来的才子、才女，几乎没有不把自己感触最深的事件、最想表达的心情写进自己作品的，尤其是像李清照这样一个生性敏感而又才华横溢的词人。在那个女子"未嫁从父、既嫁从夫、夫死从子"的不平等的社会，作为一个有个性、有才气、有见地、有胆识的女词人，李清照的选择常常是：能明言的，在词中畅言；有禁锢的，在词中婉言；难以启齿的，在词中隐隐流露。可以说，李清照的词，没有一首不是写她自己，没有一首不是在写自己的人生际遇和内心感受，这首《凤凰台上忆吹箫》更是如此。

词曰：

香冷金猊，被翻红浪，起来慵自梳头。任宝奁尘满，日上帘钩。生怕离怀别苦，多少事，欲说还休。新来瘦，非干病酒，不是悲秋。

休休！这回去也，千万遍《阳关》，也则难留。念武陵人远，烟锁秦楼。惟有楼前流水，应念我，终日凝眸。凝眸处，从今又添，一段新愁。

据陈祖美在《李清照评传》中考证，此词为李清照写于"屏居青州"后期，丈夫赵明诚被朝廷重新起用而离开青州的赴任之际，是李清照为赵明诚写的送别词，是别夫的心情表达。词中的李清照，晨起之后，呆坐之中，香炉冷了，"被翻红浪"，不单单是红被掀开，呈波浪状，更是这种零乱下透露出来的心绪，睡则辗转反侧，起亦无聊。被子懒得叠，头也懒得梳，日已高升，照见梳妆台上灰尘满布，亦无意打扫。丈夫即将远行，将行未行之际，作为妻子的她茫然恨怅，心乱如麻，似乎有千言万语要诉说，却欲说还休。最近突然瘦了，不过既非饮酒过量而病瘦，又非伤春悲秋而愁瘦，那么，到底为什么呢？——"欲说还休"。

不说，比说更痛！

算了，算了。纵唱《阳关曲》千遍，又怎能挽回将行之人、要行之人、必行之人？去者执意要去，留之不过徒劳。

只是，心有不甘。"念武陵人远，烟锁秦楼"，透露出"一段新愁"背后深含的心灵密码，与她的"新来瘦"悄然暗合。那么，"一段新愁"背后的心灵密码究竟是什么呢？

要揭开谜底，必须弄清"武陵人远，烟锁秦楼"的具体所指和深刻含义。

所谓"武陵人"，我们一般会认为是陶渊明《桃花源记》中的武陵人，但"武陵人"在诗词、戏曲中却是一个"合典"，既指《桃花源记》的故事，也指南朝刘义庆《幽明录》中"刘阮入天台"的故事，后者说汉明帝永平五年（62），剡县人刘晨、阮肇入天台采谷皮，道迷粮绝，见水中有芜菁叶从山眼流出，乃浮水逆流而上，至一大溪，在溪边巧遇二仙女，随至其家，结为夫妇，遂结美好姻缘。李清照在此，便是借刘、阮艳遇的典故，含蓄表达对丈夫离家远行的"隐忧"。

"烟锁秦楼"取秦穆公女儿弄玉的故事。弄玉喜欢吹箫，后来嫁给了擅长吹箫的萧史，秦穆公为女儿、女婿筑了个天台，夫妻天天在天台上吹箫，引来了凤凰（所以天台又称凤凰台），将二人接到天上去了。李清照这首词的标题就是《凤凰台上忆吹箫》，实隐含着对赵明诚随凤凰而去的担心，和不再归来的痛苦。

从"也则难留"，到"武陵人远，烟锁秦楼"，再到"从今又添，一段新愁"，似乎能理出一条清晰的脉络来：因为"武陵人远，烟锁秦楼"，所以赵明诚"也则难留"；"又添一段新愁"，"新愁"的根子，又正是"武陵人远，烟锁秦楼"。

用意是如此之幽，用情是如此之深，真是千回百转，九曲回肠，痛苦至极。这种痛彻骨髓的感受，从一个侧面反映出李清照与赵明诚的婚姻生活并非那么幸福，并非《金石录后序》中回忆的那么美好，字里行间飘荡出来的，既有幽怨，亦有苦涩。

而"念武陵人远"以下那些表达别后孤寂状态和矛盾心理的句子里，甚至隐含着一种感化丈夫、劝夫回头的祈求，然则，祈求非但没能得到任何回应，反而"又添一段新愁"。同时，这种"新愁"，还可以从李清照同一时期所写《念奴娇·萧条庭院》中"征鸿过尽，万千心事难寄"等处找到相同的情绪流露。从这段时期的作品来看，李清照似乎对《金石录后序》中所谓"乐在声色狗马之上""甘心老是乡"那表面的夫妻恩爱产生了深深的怀疑和怨望。

二

历史上有很多门当户对的婚配，但门当户对之下，才子佳人少，你情我愿更少，而当初的李清照和赵明诚，却不仅是门当户对下的才子佳人，而且你情我愿，有着心心相印、天作之合的美好，让人羡煞。

李清照，齐州章丘县绣江（今山东济南章丘区明水镇）人。生于北宋神宗元丰七年（1084），约逝于南宋高宗绍兴二十五年（1155），享年七十三岁左右。"人生七十古来稀"，彼时来说，李清照算是高寿了。然而，从她仅有的数十首诗词里的情绪来说，在那漫长的岁月里，李清照除了青年时期曾洋溢着欢快和幸福之外，中年以后的诗词，散发出来的俨然都是浓得化不开的痛苦忧怨。那痛苦忧怨的根源，既关乎家国，更关乎情爱。

李清照的父亲李格非，满腹经纶，才华横溢，是一代文宗苏轼的学生，"以文章受知于苏轼"，"苏门后四学士"之一，著有《礼记说》《洛阳名园记》等，官至礼部员外郎、提点京东刑狱。因为与苏轼的师生关系，在党争中被划归"元祐党人"一类，屡遭贬官，六十一岁就在忧愤中去世了。而从《宋史·李格非传》来看，他不单博学多才，对女儿的教育也相当用心，教育观念十分超前。在那"女子无才便是德"的时代，李格非以"诗歌"教之而不是"女红"，女儿稍有妙句，每以"中郎有女堪传业"自诩，颇有得色。而且，李格非品格孤高，疾恶如仇，不仅对李清照的才华，对她性格的形成，也当有至深的影响。

赵明诚的父亲赵挺之，历任监察御史、吏部尚书、门下侍郎，官至宰相。

虽然赵挺之与李格非后来的政治立场不同，但在李格非因"党争"于宋徽宗崇宁元年（1102）被划归"元祐党人"之前，二人的关系应该还是不错的，所以，对于爱女李清照、爱子赵明诚，这两个同朝为官的显贵便有了门当户对的父母之命。

少女时代的李清照，一直生活在原籍地齐州章丘，十六岁左右，李格非才将她接到自己工作所在地北宋首都汴京（今河南开封）。而刚到京城不久的李清照，以妙龄之年、好胜之心、咏絮之才，写下了她那首《如梦令》："昨夜雨疏风骤，浓睡不消残酒。试问卷帘人，却道'海棠依旧'。知否，知否！应是绿肥红瘦。"

此词一出天下知，"当时文士莫不击节称赏"（蒋一葵《尧山堂外纪》）。这个刚从最东边进京的"外来妹"，因《如梦令》的横空出世而家喻户晓，让无数豪门贵族的大家闺秀瞬间失色，一时被目为"京城第一才女"。当时的太学作为朝廷最高学府，既是学问精研之地，亦是诗词传播之所，当大家在《如梦令》的吟诵中如痴如醉之时，太学生赵明诚被搅得寝食难安，于是，他杜撰了一个将做"词女之夫"的理由，请时为吏部侍郎的父亲向礼部员外郎李格非下聘提亲，为自己"圆梦"。赵父果然向李家提亲，后来便有了这段"才子佳人"的美好婚姻。可见，《如梦令》不仅是李清照的成名作，而且充当了自己婚姻里的媒人。

不过，从一些可以佐证的材料来看，李清照并非低眉顺眼的弱女子，她既有才气，又有主见，加上父亲的宠爱，她和赵明诚的结合，不可能没有她自己的意愿在里面。我猜，李清照在婚前对赵明诚应该有所了解，甚至可能还见过其人，否则，答应得不会那么爽快。陈祖美在《李清照评传》中分析《点绛唇》一词时即说："见客入来，袜刬金钗溜。和羞走，倚门回首，却把青梅嗅"中的"客"，很可能就是赵明诚。

1101年，十八岁的李清照与二十一岁的赵明诚在父母的撮合和你有情我有意的主动下，结成了夫妻。

三

婚后的日子，举案齐眉，温馨甜美，李清照此时的词也明快欢乐，语气下意识间还不乏得意，如《渔家傲》云：

雪里已知春信至，寒梅点缀琼枝腻。香脸半开娇旖旎，当庭际，玉人浴出新妆洗。

　　造化可能偏有意，故教明月玲珑地。共赏金尊沉绿蚁，莫辞醉，此花不与群花比。

　　好一句"造化可能偏有意"！这几乎可以看作是李清照出阁前欢快心情的写照。作为当时名士李格非的掌上明珠，轰动京城的词坛新秀，未婚夫又是出身名门的翩翩佳公子，可谓良辰、美景、掌心、乐事四美兼具，此时的李清照，满脸是"香脸半开娇旖旎"的欣喜，满心是"此花不与群花比"的得意，以梅花自况，以玉人自诩，活脱脱一个心花怒放的待嫁女。

　　根据李清照《金石录后序》记载，二人结婚两后年，赵明诚以"恩荫"入仕，出任鸿胪少卿，对于这个大家庭和李清照来说，真是喜上加喜。

　　倘若没有后来的变故，这已然是世界上最美满的婚姻了，夫复何求？然而，从李清照后来的词作中可见，夫妻二人婚后的关系也不完全是人们所羡慕的那样琴瑟和谐。据考证，李清照"《漱玉词》中题旨涉及伉俪暌违的至少占三分之一"（陈祖美语）篇幅。这反映出夫妻恩爱不过是人们的一厢情愿，或说李清照的一厢情愿。

　　他们关系的亲疏好坏，应分前后两个阶段：第一阶段为新婚之始到赵明诚任莱州（今山东莱州市）知州的1120年为止的二十年；第二阶段为1121年到1129年赵明诚病逝为止的九年。对于李清照来说，第一阶段是好中有忧，第二阶段是忧中有痛。

　　赵明诚与李清照关系之所以不很好，有以下几个原因：

　　一因性格。李清照虽然写了很多婉约缠绵的诗词，但她的性格中一直有男儿之概，不但极有主见，而且豪放刚烈，刚烈到眼里揉不得一粒沙子；她嗜酒常醉，留下的词作中几乎一半写到喝酒，"沉醉不知归路"乃生活常态；她好赌成性，其《打马图经》堪称中国第一部赌博专著，其《打马赋》简直是赌博宣言，她创造了那个时代的"赌术大全"和"游戏攻略"。所以，综合李清照的生活习惯和人生经历，我们完全可以得出一个"女汉子"形象。

　　这样一个可能窈窕但绝不淑女、才气逼人却又争强好胜的妻子，在那个可以三妻四妾的时代里，作为权臣公子的赵明诚恐怕不一定受用，侈望他对李清照自始至终爱情专一，也并非易事，故有人说李清照《金石录后序》里那些夫妻卿卿我我的所谓"实录"，不过是她的"自说自话"。何况，《金石录后序》里说赵明诚："绝笔而终，殊无分香卖履之意"这句话，可以作为解读他们夫妻情感秘密的一把钥匙。何谓"殊无分香卖履之意"？言下之意，便是赵明诚临死时，心里只有他的藏品而无"爱妻之念"，何其怨也！

赵明诚的性格，也有李清照非常不待见的一面，那就是在关键时刻毫无担当。赵明诚后来被朝廷起用，任过几个地方的知州、知府。据李心传《建炎以来系年要录》记载，1129年，在金兵凌厉的攻势下，长江沿线重镇人心惶惶，二月五日，江宁府（今江苏南京）发生兵变，作为江宁知府、第一责任人的赵明诚非但没有领头措置，及时稳控，反而置全城百姓和官属于不顾，带领两名属下"缒城宵遁"，让人用绳子绑住自己吊下城墙，逃之夭夭。这对于民族感情极强、性格极刚烈的李清照来说，无异于奇耻大辱。所以，有不少研究者指出李清照《夏日绝句》"生当作人杰，死亦为鬼雄。至今思项羽，不肯过江东"一诗中所针对的并非南宋朝廷，而是丈夫，是对丈夫懦弱卑劣的逃跑行径的愤愤之情、恨恨之意。后来，赵明诚去世，三年丧期一过，李清照立马改嫁，便可作为此处的注解，也是妻子对丈夫感情深浅、浓淡、厚薄最好的诠释。

二因生育。赵明诚与李清照结婚多年，却一直没生孩子，这是二人的隐痛，于赵明诚可能更甚。赵明诚的表外甥翟耆年在其《籀史》一书中便说："（赵明诚）无子能保其遗余，每为之叹息也。"可见，婚后不育，是夫妻关系由亲到疏的又一重要原因，也可能正是这个原因，赵明诚养成了出入风月场所、公开蓄妓养妾的习惯。这更加深了李清照的痛苦。

三因政治。其实，夫妻的裂痕在婚后第二年就开始显现了。1102年，李清照的父亲李格非在提点京东路刑狱任上被列入"元祐党人"序列，被朝廷罢去一切官职，李家顿时陷入困境。而此时李清照的公公赵挺之因靠"排击元祐诸人不遗力"而步步高升为尚书左丞、门下侍郎，位高权重。无助之际，李清照上书向公公求助，中有"何况人间父子情"之句。但是，赵挺之在自己官运亨通之际，在非黑即白的政治选择面前，他没有冒着牺牲前程的危险来声援亲家公，而是任由李格非这位自己曾经十分欣赏的同僚和亲家，在剥夺一切官职和荣誉后，屈辱而落寞地回到原籍地齐州章丘。这让李清照十分寒心，敢怒敢言的她竟向公公献诗"炙手可热心可寒"来表达自己的愤怒。公公的无情，落在儿媳的心头是冷彻骨髓的痛，但对于儿媳目无尊长的表达，代表着"政治正确"与家族威严的公公也一定会有雷霆之怒的回击，翁媳间的这次"正面交锋"无疑给刚刚缔结的婚姻蒙上了阴影。因此，李清照在这侯门大族中不仅无法感受到新婚的喜悦，连处境都堪忧。

然而祸不单行，在李清照深感人情凉薄的同时，党争不断加剧，命运再一次给了她无情打击。1103年秋，朝廷颁布了"诏禁元祐党人子弟居京"的禁令，这就意味着作为"元祐党人"李格非女儿的李清照，在京城成了被驱逐的对象。那个曾经寄托无数梦想、承载无数欢笑、获得无数掌声的汴京，已经没有了李清照的立锥之地，她不得不告别京都，告别丈夫，步父亲的后尘回到原籍，过上了"花自飘零水自流，一种相思，两处闲愁"的孤寂生活，而这首《一剪梅》，也确实是李清照写于受党争株连而离开汴京之后，字里行间全是浓得化不开的离愁，其中却又有一丝暗藏的隐痛游移其间，这自然是遭际的折射。

值得一提的是，后来赵挺之靠着蔡京的力荐当上了宰相，却并没有"笑到最后"，他上台后因为与蔡京发生矛盾而一度把蔡京推下台。不过，蔡京与徽宗的关系毕竟不是他赵挺之可以相比的，不久，蔡京复相，很快将赵挺之赶下了台。赵挺之罢相五天后就去世了，赵明诚因受牵连被剥夺官籍，还因此与两个哥哥一起被关进牢房数日。这样一个曾经香车宝马、门庭若市的豪门贵族，转眼"门前冷落鞍马稀"。赵明诚也由云端跌落，从富贵公子、仕宦官员而沦为一介平民。

四

1107年，作为罪臣之子的赵明诚，也不得不离开了人多嘴杂尔虞我诈的京都。夫妻二人选择到哪里定居，应该是经过了反复讨论和一段时间的安排料理的，最后，他们选择了青州（今山东青州市），因为这里有赵明诚父亲赵挺之营建的宅第（《宋宰辅编年录》载赵挺之自故乡密州徙居青州事）。于是，夫妻二人以平民身份在此隐居下来，一住就是十余年。

在这段时间里，李清照帮助赵明诚最终完成了他们新婚之初就开始创作的

《金石录》，这是二人真正有过的一段"红袖添香"经历，也是李清照在《金石录后序》里反复怀念吟哦的往事和情事，尽管最终有"殊无分香卖履之意"的感叹。

在夫妻二人结束"屏居"几年之前的北宋政和年间，党争没有了当初的剧烈，赵明诚的母亲数次上书请求为丈夫平反，获准后，朝廷恢复了赵挺之的司徒等荣誉职务。随着父亲的平反，赵明诚也因此而重入仕途，大约在宋徽宗宣和二年（1120），朝廷任命赵明诚为莱州知州，而恰恰是这个莱州之任，让夫妻感情出现了一次最明显的撕裂。

此时的赵明诚作为朝廷命官，本可携妻赴任，可赵明诚却没有，而是携了他新娶的小妾同行。此时的李清照，已年近四十。丈夫贪恋新欢的举动对她造成了很大的打击，夫妻感情遭遇了严重的"中年情感危机"，兼之李清照性情孤傲，细腻敏感，丈夫携妾赴任，落在她心里则恰似移情别恋。一首千回百转、九曲回肠、痛苦至极的《凤凰台上忆吹箫》便喷薄而出，字字如泪，伤心欲绝。

在此后的一段时光里，赵明诚随着仕途的上升和经济的好转，并没有重拾往日的温情爱恋，反而更热心于风月勾栏，蓄妓养妾不知收敛，在感情上似乎再没专一过，加上夫妻聚少离多，使本来已经够痛苦的李清照雪上加霜。李清照《声声慢》："寻寻觅觅，冷冷清清，凄凄惨惨戚戚……"，正是这段时期所写，也正是这段"感情危机"的真实写照。世界上任何打击，恐怕都没有感情上的一心一意却换来三心二意的打击来得凶猛，因而，李清照此后的词章越来越悲情，越来越沉重。我突然想起一次看余秀华接受采访的视频，记者谈及她的婚姻时说许多人会相信"日久生情"，触到痛处的余秀华马上抢白道："生屁的情，日久生怨，不是日久生情！"余秀华与李清照尽管生活的时代不同，婚姻情况也相差甚远，但因婚姻而生出的那种狂风骤雨似的"怨"，何其相似乃尔！

然而命途多舛，李清照一生遭遇的痛苦还远远不止这些。1127年初，金军攻陷汴京，四月，俘虏宋徽宗、钦宗二帝北去，北宋灭亡。金人的铁蹄，不仅踏破了北宋的江山，同时也踏破了包括李清照在内的很多家庭的美梦。1129年八月，赵明诚因病逝于江宁府。在北宋灭亡、故乡沦陷之际，李清照带着夫妻二人数十年间搜罗积存的大量文物、古董、字画，跟随被金兵追击下宋高宗赵构的逃跑队伍而一路南逃，历尽千辛万苦，金兵侵略浙东时，兵荒马乱颠沛流离间，那些金石书画终于遗落丢失殆尽。在遭遇亡国之痛、失夫之痛、离乱之痛这密集的伤痛之后，李清照又遭"渣男"张汝舟因觊觎昂贵收藏的玩弄骗婚。醒悟后，李清照不顾身败名裂，宁犯"不睦之罪"而"告夫"，打了一场自己毫无胜算且注定要受牢狱之灾的离婚官司。这简直是当时任何一个弱女子都不能承受之重，故有"物是人非事事休，欲语泪先流"（《武陵春》）之叹。这一切，李清照都以一介女流之身顽强地承担了，何其光明磊落，何其敢做敢当！之后，李清照依然没被苦难压垮，从从容容活到了七十三岁，留下了许多故事和许多弥足珍贵的文字，让人感叹与钦佩。

历史上的词人不计其数，才气如此卓绝、经历如此跌宕、性格如此刚烈、胸襟如此坦荡的女词人，李清照千古一人而已。清人李调元在《雨村词话》中评李清照说："不徒俯视巾帼，直欲压倒须眉"；清人沈曾植在《菌阁琐谈》中也说："易安倜傥，有丈夫气，乃闺阁中之苏（轼）、辛（弃疾），非秦（观）、柳（永）也。"

"有丈夫气"，应是对李清照最精准而传神的评价。读遍李清照词，留在我头脑里的她，大约就是这个样子。

赵鼎：千古高名屹泰山

南宋绍兴二十六年（1156），贬谪海南八年之久的胡铨遇赦北归，离岛之际，他不是为自己脱离羁押欢欣雀跃，而是怀着沉痛的心情，写了一首《哭赵鼎》，来怀念被秦桧构陷、与他一同落难海南、最后被步步紧逼至绝食自杀的宰相赵鼎，诗曰："以身去国故求死，抗议犯颜公独难。阁下大书三姓在，海南惟见两翁还。一丘孤冢留穷岛，千古高名屹泰山。天地只因悭一老，中原何日复三关！"当时，赵鼎、胡铨、李光三人差不多同时贬逐海南，如今只剩胡、李得还，所以说"惟见两翁还"。诗歌对赵鼎舍生取义的精神进行了讴歌，对秦桧清除异己的残酷手段进行了揭露，叹人才凋零，叹英雄早逝，叹满目疮痍，叹恢复无望，充满悲怆与激愤之情。从诗中，我们既能感受到赵鼎的刚烈性格，又能体会到他在士大夫眼中的崇高地位和深远影响，尤其一句"千古高名屹泰山"，给他悲壮的一生做了最好的注脚。

一、以言立朝，以贤辅政

自始皇帝建立帝制，特别是他首创"焚书坑儒"手段收拾不同声音以来，历朝历代的大臣们说话便如戴着镣铐的舞蹈一样，不敢轻易发出自己的声音，更遑论面折廷诤。但前较秦汉，后较明清，宋朝大臣们说话更有其耿介切直与忠贞勇敢的一面，而且许多人甚至是以敢说直话而连连升官的，赵鼎亦是如此。

赵鼎（1085—1147），字元镇，解州闻喜（今山西闻喜）人。四岁时，父亲因病去世，留下赵鼎孤苦伶仃。母亲樊氏，出身大家，是位才女，含辛茹苦的同时，还亲授他经史百家之书，使赵鼎从小受到良好的教育。

崇宁五年（1106），赵鼎中进士第，随后出任河南府洛阳县令、开封士曹等职。入仕初，他就显示出直率刚烈的性格。靖康年间，金人挥师南下，陷燕京、围开封，宋徽宗临阵脱逃，禅位于太子赵桓，是为宋钦宗。宋钦宗毫无主见，满朝大臣又莫衷一是，金人围开封后，要求宋廷赔钱、割地作为议和条件，特别要求割让太原（今山西太原）、中山（今河北定州）、河间（今河北沧州）等三个重镇之地予金。当朝廷讨论割地一事时，一介末吏的赵鼎却激愤地说："祖宗之地不可以与人，何必议？！"

开封沦陷后，金人扶持了以北宋原宰相张邦昌为傀儡皇帝的大楚政权，当那些见风使舵者忙着跪拜新主之时，赵鼎却与胡寅、张浚等人逃入太学，坚决不做贰臣，坚决不当汉奸，富贵不能淫，威武不能屈。

靖康二年（1127），那位有着"泥马渡康王"神话传说的赵构，在战乱中幸免于难，被一群劫后余生的朝臣在应天府（今河南商丘）拥立为帝，建立了南宋政权，改年号建炎，是为宋高宗。赵鼎听说朝廷后继有人，立即逃离开封，赶到应天，被任命为户部员外郎。

金国听说赵构称帝，马上又挥师南下，要把南宋消灭于萌芽之中。赵构位子未稳、都城未定，就仓皇出逃，由应天、镇江、扬州、杭州而至江宁（今江苏南京），如同惊弓之鸟。金人又发动了名为"搜山检海"的斩首行动，赵构逃向哪儿，金军就追向哪儿。奔逃中，赵构征求大臣们的意见，赵鼎上《陈防秋利害》奏折说："在此非常时期，宜以后宫所止之地为后宫，以车驾所止之地为行宫，选精兵护卫，其他兵将安置于江淮沿线，迷惑金兵，使他们无从知晓皇上的踪迹。"赵构认为可行，听从了他的建议，金兵围追堵截，果然无法奏效。不久，赵鼎以能言被提拔为右司谏。

"苗刘兵变"（苗傅、刘正彦发动的叛乱）被平定后，苗、刘出逃，刘光世所部王德受命随韩世忠追击，但王德不服韩世忠的指挥，又贪功冒进，韩世忠派部将陈彦章拦截王德，陈彦章反被王德所杀，韩世忠以擅杀之罪，状告王德。赵鼎认为应该严惩王德，他说："（王）德带兵在外，专杀无忌，如若不治，孰不可为？"赵构安排赵鼎审理此案，王德虽以军功免死罪，但也受到了严惩。同时，赵鼎又批评韩世忠部下管教不严，对其有责任的部下依法做出处理。于是，"诸将肃然"，军风军纪大为改观。

赵构有感于赵鼎的敢说敢做，曾不无感慨地对赵鼎说："唐肃宗即位于灵武，得到李勉的辅佐后，朝廷才众望所归，获得天下尊敬，如今我得到了爱卿你，也算在古人面前无愧了。"随即重用赵鼎为殿中侍御史。御史中丞范宗尹谏阻说，以前可从没有过自司谏而提拔为殿中侍御史的先例。赵构说:"赵鼎作为言官,既称职又尽职,他提出过的四十条建议,采用施行的已然达到三十六条。"是啊,建忠言、当高参如赵鼎者,又有什么不可破例的呢?

韩世忠在黄天荡大败金兀术,给连连败北的南宋王朝注入了一剂兴奋剂,朝野欢腾。宰相吕颐浩渐生轻敌冒进思想,他建议赵构乘胜追击,督军前线,御驾亲征。而赵鼎则认为目前形势还不明朗,不宜轻举妄动。吕颐浩是资深宰相,而赵鼎是初出茅庐的后生,赵鼎不但不附和自己,还唱反调,让吕颐浩很不高兴。因此,手握士大夫任免之权的吕颐浩公报私仇,改任赵鼎为翰林学士,表面看似重用,实际是剥夺他的话语权,颇有些排除异己的味道。所以,任命一下,赵鼎不去就职。又改任吏部尚书,赵鼎还是死活不去。他对赵构说:"陛下有从谏如流的诚意,而宰相却坚持拒谏的态度;陛下重视言官,而宰相却屡屡压制。"因此,赵鼎称病在家,坚卧不出,又上书批评吕颐浩的过失。结果,赵构免去了吕颐浩的宰相职务,提拔赵鼎为御史中丞,还表扬赵鼎说:"朕每闻前朝那些忠谏大臣的感人事迹,恨不能识,如今在爱卿身上看到了。"不久升任赵鼎为端明殿学士、签书枢密院事。

二、国家栋梁,中兴名相

金人在张邦昌之后,又扶持了刘豫伪齐政权,以制衡南宋。金国与刘豫政权经常联合一起,进攻南宋,对其构成极大威胁。绍兴三年(1133),京西招抚使李横冒进,打算以他那京西杂牌军收复开封,结果开封没能收复,重镇襄阳却为金齐联军所破,朝野震惊。

赵鼎虽是文臣出身,但在战火中成长起来的他,也颇知军事。当时,他已经被赵构重用为参知政事(副宰相),参与国家重要军事行动的研究和策划。襄阳失守,如同河流上游的水闸为敌军所操控,极其被动,所以,襄阳不得不收复。在商议收复襄阳将帅人选时,赵鼎极力荐举岳飞,他说:"知上流(襄阳)利害无如飞者。"主管军事的签枢密院事徐俯却不以为然,认为岳飞不是最佳人选,赵鼎力争,后来岳飞果然收复襄阳,可见赵鼎不但懂军事,还知人善任。

南宋刚刚成立的几年,金人不断南侵,战局瞬息万变,边关警报此起彼伏。每每变局,赵鼎总是沉着应对,屡向赵构进用兵之言。赵构开始把他当成左膀右臂，视为股肱之臣了。绍兴四年（1134）秋，赵鼎被任命为拜尚书右仆射、同中书门下平章事兼知枢密院事，当上了宰相，兼管军机要务。他任相的消息发布后，"朝士相庆"，真是众望所归。

赵鼎在战乱中成长为肩挑大梁的宰相，可谓"受任于败军之际，奉命于危难之间"，他以强烈的事业心、责任感和坚定的抗金意志，投身到抗战救国的大事中去。同年，伪齐联合金军南下侵宋，金国派出兀术领兵参战，合称五十万大军（实则三十万左右），来势汹汹，南宋上下，举国惊恐。在讨论战御之计的过程中，将帅们议论纷纷，大部分人认为应避其锋芒，还有人劝赵构赶快寻一逃跑之地，保命要紧。而赵鼎却认为要积极应战，坚决抵抗，不能示弱。在他的耐心劝说下，赵构决定抵抗。赵鼎又推荐赋闲多年的张浚为知枢密院事，视军江上。

这段时间，是南宋脚跟渐稳、内乱渐平、经济复苏的一段时间，也是在抗击北方强敌人心最齐的一段时间，上至皇帝，下至士卒，可以说是同仇敌忾。形成这个好氛围，与赵鼎的努力协调是分不开的。在赵鼎的措置下，韩世忠所部在扬州大仪镇大破金军，岳飞所部在庐州大败伪齐军，前方佳音不断，捷报频传，取得局部战争胜利。加上此时金太宗病危，金军见无利可图，只得撤军北还，联军攻势被瓦解，赵构暂时又坐稳了帝位，不禁长舒一口气，感叹道："赵鼎真宰相，天使佐朕中兴，可谓宗社之幸也。"

三、路线之争，你死我活

赵鼎在任相那些年，虽然内忧外患、举步维艰，但他心情是舒畅的，因为朝廷上下抗金的态度基本一致。人做事累点不要紧，要紧的是上下同心，这样的话，身累心不累。最怕人心不一，这样必然身心交瘁。赵鼎之所以成为"中兴名相"，一方面因为本身的才学与品质，另一方面与当时朝廷的氛围也有一定关系。

当然，正如一个国家有兴衰之别，人的仕途也绝非青云坦途，也有背运之虞。在他的推荐下，张浚再次入朝拜相，两人共同辅佐赵构。赵鼎与张浚虽然都是主战人士，但两人性格却迥然不同，张浚激进，赵鼎淡定，张浚操切，赵鼎沉稳，一个急于求胜，一个稳打稳扎。这样两个人在一起共事，无论他们先前有多么友好，迟早也会产生矛盾。

绍兴六年（1136），刘豫决定孤注一掷，组织伪军三十万，打着金军的旗号，分三路南下伐宋。赵鼎意欲退守江南，而张浚主张抵抗，并得到赵构支持。于是，张浚调动各部与伪齐交锋，获得了胜利。胜利后，赵鼎主张停战，而张浚却坚持乘胜而上。同时，在处置名将刘光世的问题上，赵鼎与张浚也分歧严重。张浚认为刘光世久而无功，应当罢免。赵鼎认为用人之际，轻换主帅会离散军心。而皇帝赵构此时机会主义思想抬头，希望张浚能帮他恢复中原，对张浚言听计从。两人矛盾逐步升级。在此情况下，赵构罢免了赵鼎，让他以观文殿大学士知绍兴府，一边歇息去了。

后来，在张浚的一手操办下，朝廷夺了刘光世的军权，结果刘光世去职后，他的部下郦琼却因不服新人节制，率淮西军四万之众投降了伪齐，使南宋刚刚积攒起来的一点兵力优势丧失殆尽，史称"淮西兵变"。最后，张浚也不得不引咎辞职，赵构又重新起用赵鼎为相。

二度任相后，赵鼎越来越感到行事艰难。艰难的关键，是因为赵构在内政外交政策上，起了显著的变化。一是要贬死张浚。张浚是有"勤王"之功的，苗刘之乱的平定，几乎是张浚一手策划的，但当他辞职后，赵构却无情地说："浚罪当远窜。"要将其贬至岭南，而岭南在当时却是死地。为此，赵鼎偷偷扣下诏书，然后反复做赵构的工作，说张浚有"勤王"功，又说他有八十岁的老母要照顾，几乎是哀求。在苦口婆心的劝说下，赵构才勉强同意张浚贬岭南稍北的永州，其实也离死地不远。二是热衷于向金乞和。金国派人前来议和，说是议和，实际是以逼宋称臣、纳岁币等屈辱政策招降而已，所以朝臣都认为金人不可信，反对议和，而赵构却深信不疑，对反对议和者竟然一反常态地大发雷霆。三是秦桧上台。秦桧建炎元年（1127）被金人俘获，建炎四年（1130）忽然携家而还，十分吊诡。秦桧回来后，赵构曾用他为相，但不久就被朝臣论罢。然而，自从张浚离朝，秦桧就在赵构的安排下，再次进入了核心决策层。绍兴八年（1138）三月，秦桧出任尚书右仆射兼同平章事，与赵鼎并相，他那"南人归南，北人归北"的投降说又浮出了水面。

综合发生这些事情的原因，关键是从张浚去国、秦桧归队开始，赵构就已经被秦桧说动，选择了投降金国、屈辱偏安的国策。而对于坚持与金势不两立的赵鼎来说，道路的选择就意味着前途与命运的选择，即便他不是激进派，但只要他坚持抗金，反对屈辱议和，就必须接受贬官的现实。于是，这年十月，赵鼎被罢去宰相职务，以忠武节度使出知绍兴府，再也没能回来。从此，秦桧独相，全权处理南宋对金乞和事宜，前后专权十八年之久。

四、谪贬海外，绝食而逝

赵构执政初期的政策有其摇摆的一面，有时主战，有时乞和。但自从秦桧任相以来，朝廷政策基本就是一味乞和、苟且偷安了。秦桧是坚定的投降派，赵鼎是坚定的抗战派，所谓"道不同，不相为谋"，注定了二人水火不容的死敌关系。

如若要细察和掂量一下秦桧在高宗朝的地位，可把他与北宋徽宗朝的宰相蔡京进行一番比较。秦桧与蔡京的最大不同就是，秦桧能主导宋高宗的朝政，而蔡京却无法左右宋徽宗的大政方针。也就是说，秦桧任相时，宋高宗在外交内政上，大都听命于宰相，而在宋徽宗眼里，蔡京不过是一个取之不竭、用之不尽的钱袋子。蔡京创设"应奉局"，大兴"花石纲"，改革盐法和茶法，为宋徽宗在享乐和金钱上做出了巨大贡献。然而，他任相期间，陈东等几个太学生就可直接上书骂他国贼，宋徽宗甚至三次让他退休，拿掉他就像拿掉桌上一个杯盘那么容易。两者相较，秦桧堪称权臣，而蔡京只是一个通过不断满足皇帝欲望而获得宠幸的弄臣；秦桧是祸国殃民的罪魁，蔡京只是一个助纣为虐的帮凶。而最重要的一点，是秦桧能够轻轻松松裹挟着皇帝，"挟天子以令诸侯"，用皇帝的指挥棒实现自己巩固权位、排除异己的目的。

所以，秦桧要打击异己、收拾起赵鼎来，简直是易如反掌。赵鼎作为秦桧的对头，注定无处可逃。

南宋徐梦莘《三朝北盟会编》曾载一事，说不主和议的赵鼎罢知绍兴府，临行之际，秦桧假惺惺在渡口小亭设宴为他饯行，然而，赵鼎并没打算领他的情，打个拱手就要登船。秦桧忙说："我已请示皇上为君饯行，何不稍做停留呢？"赵鼎冷冷地答道："主张不同，何留之有？"随即上船，扬帆而去，留下秦桧在岸边半天没回过神来。从此，二人矛盾更深了，秦桧将其视为"眼中钉"，甚至萌生了杀赵之心。

赵鼎后来一系列的遭遇，证明了这一点。

从绍兴八年（1138）开始，赵鼎先后贬谪绍兴、泉州、潮州等地，辗转多处，颠沛流离，人越贬越远，最后竟贬至茫茫海外的吉阳军（今海南三亚），备尝人间辛酸和痛苦。他在潮州五年，闭门谢客，清心寡欲，绝口不提政治。在吉阳军三年，依然噤口卷舌，深居简出。但他爱国报国之心始终没变，他在贬至吉阳军的谢辞中写道："白首何归，怅余生之无几；丹心未泯，誓九死以不移！"体现了他忠贞不渝的男儿本色。秦桧观后，恨恨地说："此老倔强犹昔！"

当时，因担心亲戚朋友受到牵连，赵鼎几乎断绝了一切联系。门人故吏更是害怕惹火烧身，皆不敢通问，只有广西经略使张宗元出于敬仰与同情，不时派人渡海，馈赠米食以接济。秦桧听说后，立马将张宗元调离广西。

赵鼎明显感到山雨欲来，秦桧开始要对他下毒手了。于是，他萌生了自杀的打算，他请人转告儿子赵汾说："秦桧必欲杀我。我死了，你们则无后患，我若迟死，必将祸及全家。"

死前，赵鼎自书铭旌（竖在灵柩前的旗幡）曰："身骑箕尾归天上，气作山河壮本朝。"即将弃世，他念念不忘的还是江山社稷。

绍兴十七年（1147），赵鼎在吉阳军贬所绝食而死，享年六十三岁。

赵鼎一生，是传奇的一生，也是悲壮的一生，更是为南宋偏安小朝廷"鞠躬尽瘁、死而后已"的一生，故《宋史》评价他说："论中兴贤相，以鼎为称首。"

朱弁：誓死不降金

钱钟书先生在《宋诗选注》一书中，曾选了一首叫《春阴》的七律，诗曰："关河迢递绕黄沙，惨惨阴风塞柳斜。花带露寒无戏蝶，草连云暗有藏鸦。诗穷莫写愁如海，酒薄难将梦到家。绝域东风竟何事，只应催我鬓边华！"

这首诗歌的作者叫朱弁，他因受南宋高宗赵构派遣出使金国，结果被金国拘禁，时间长达十五年，受尽折磨。写作此诗时，他正被拘禁于黄沙漫天、阴风惨惨的异域北国，"阶下囚"的痛苦和对家园刻骨铭心的思念，催生了这首感情深沉、缠绵婉曲的诗歌：关河南流，阴风斜柳，塞北的春天是多么寡淡寒窘啊！既无戏蝶，又无莺啼，只有草丛几只乌鸦若隐若现。塞北的冷酷，更加重了我对百花争艳的南方故国的思念，只是诗歌技穷，

朱弁

无法把内心浓得化不开的愁绪抒发出来，即便想在醉后梦归故国，也因酒太薄而无法实现。春风本是吹开花朵的使者，即岑参诗中所谓"忽如一夜春风来，千树万树梨花开"。然而，在这荒凉寒冷的塞北，花儿本来就少得可怜，春风又能吹开几朵呢？只不过催生了我两鬓的华发罢了。

我为何要多此一举地在这解释诗歌要表达的意思和情绪呢？因为这首诗的意境太深沉了，感情太真挚了，它让我想起了现代诗人艾青诗歌《我爱这土地》里的句子：

"为什么我的眼里常含泪水？因为我对这土地爱得深沉。"

两人虽时代不同，两诗虽新旧不一，但表达的情愫何其一致，又何其感人！同时，从作者对故国家园深沉的思念里，我们能真实地感受到他那博大的爱国情怀和矢志不移、坚贞不屈的民族气节。而在现实生活中，朱弁到底是怎样一个人，又有过怎样坎坷的出使经历呢？

朱弁（1085—1144），字少章，徽州婺源（今江西婺源）人。朱弁少时聪明过人，好读书，读得又快又好。年满二十后，朱弁进入当朝最高学府太学。在太学学习期间，他刻苦努力，品学兼优，他的诗歌常在师生间传诵。当代宿儒、经学家晁说之看过他写的诗歌后，惊异非常，随即将自己的侄女许配给朱弁。有人或许会问，朱弁品学兼优，为何不通过科举步入仕途？这是因为，宋徽宗在崇宁年间（1102—1106）废止了科举取士，大兴太学，朝廷需要人才皆从太学选拔，而崇宁间正是朱弁求学年龄，所以他得以进入太学深造，备朝廷选拔，等待为国效力的一天。

朱弁在太学虽有诗名，不过上升的机遇并没有垂青这位好学上进的太学生，学期结束后，他便随晁说之迁居新郑（今河南新郑），边耕边读，过了一段悠闲充实的太平日子。古人说："读万卷书，行万里路，二者不可偏废"，因此，耕读之余，他又常常游历于文化之都汴京（今河南开封）、洛阳之间，与学者交流，与诗友切磋，交游日广，闻见日博，学业遂大进。

靖康元年（1126）底，金人南下侵宋，1127年初，攻破开封，搜尽宫室钱财珍宝，四月，俘虏宋徽宗、宋钦宗二帝和大臣、妃嫔及能工巧匠三千余人北去，北宋灭亡，史称"靖康之难"。山河破碎，无论帝王之家抑或普通人家，都无一例外遭受洗劫。朱弁苦心经营起来的家，也在战火中化为灰烬。他只得加入逃难的队伍，携家南奔。

北宋灭亡后，刚刚登上皇位的南宋高宗被金军追杀，惶惶如丧家之犬，便多次征召爱国志士赴金求和。建炎元年（1127），宋高宗招募大金通问使，朱弁见这是一个报效国家的机会，便挺身而出，自荐于朝廷。经过层层筛选，宋高宗最后拍板，任王伦朝奉郎、假刑部侍郎，为大金通问使，任朱弁修武郎、假吉州团练使，为通问副使，于当年十一月率队赴金。这一年，朱弁已经四十二岁了。

当时，宋金并未开启正式和谈，两军时有鏖战，虽说"两国交兵，不斩来使"，但金人穷兵黩武，以磔锉凶残著称，无道德底线，以至"常斩来使"。"靖康之难"中，当时北宋当局派到驻扎于开封城外金营求和的大臣中，就有不少惨遭金人杀害，吏部侍郎李若水因为拒绝金人的收买、怒斥金人不讲信义，甚至被金人割颈断舌，死得十分惨烈。所以，当时宋臣使金，真如赴汤蹈火，是需要舍生忘死的勇气的。果然，朱弁、王伦一行抵金后，根本还没有启动谈判，就被金帅完颜宗翰全部扣押于云中郡（即云州，今山西大同），作为人质，统统沦为"阶下囚"，一扣就是五年之久。五年对于普通人或许不怎么漫长，但对于失去人身自由、被拘禁于异域的王伦、朱弁们来说，自然是苦闷的，加上金人的威逼恫吓，想必愁肠百结，度日如年。

绍兴二年（1132），即朱弁使金被扣的五年后，金人某天忽然派专人前来通报说，和议可成，让王伦和朱弁二人中选派一人到金元帅府接受国书回国，但另一位必须继续扣留在金国，让他俩商量确定谁去谁留。这无疑是一天大喜讯，既有出使的佳绩，又有飞出囚笼、回归故乡的自由，谁不愿意归国。不过这也是一道难题，在做这道艰难的选择题时，朱弁以坦荡的胸怀做了十分干脆的决定，他对王伦说："我自来金，本来就没打算活着回去，更不会借机先归。希望作为正使的你接受国书，归报天子，促成两国和好，保百姓安康，如此，我即使暴骨外国也无憾了。"于是，他主动放弃了归国的机会，继续留在金国。临别之际，他要求王伦把出使的官印留下，视其为符节，随身携带，卧起与俱，他要做一个矢志不渝的宋朝苏武。

虽然王伦带着金人愿意和谈的信息回了国，但真正的和谈并未从此开启，宋金之间依然战事不断，交织不清，朱弁依然被扣留在金国，看不到归期。在此后漫长的拘禁日子里，朱弁不但要忍受思国思乡的折磨，还不时受到金人的威逼利诱。当时，金国扶持北宋降臣刘豫的伪齐政权，代金统治黄河以南的中原地区。在此过程中，金人知朱弁德才兼备，逼迫他到刘豫伪朝任职，还开导他说："这是你归国的第一步啊。"朱弁听后，义正词严地拒绝道："刘豫乃国贼，我恨不能食其肉、寝其皮。北面而事之，我就是死也不会答应的。"金人见他不从，愤怒之下断了他的食物供应，朱弁依然不从。之后，朱弁天天站在驿站门口，忍饥待死，坚决不屈服。不想金人竟被他的坚贞感动了，又照常向他供应食物。

后来，金人见他不愿到伪齐做官，又派人来做他工作，希望他降金，并许以高官厚禄。朱弁听后，如同受到奇耻大辱，大怒道："自古两国交兵，使者来往其间，他们的话能听则听，不听则可囚可杀，何必招降？我沐恩本朝，生是宋朝人，死是宋朝鬼，请收回成命，我宁死不仕金。"随后，他写下文书转交金国负责外交的耶律绍文说："贵国许我以高官厚禄招降，任命书早上到我晚上便死，晚上到第二天早上便死。"他又写信给后任使者洪皓表达诀别之情说："斩杀来使非小事，我若遭遇，则是命中注定，我当舍生取义。"一切准备妥当后，他召集随行部下，饮酒作别，并对他们说："我已看好近郊一个墓地，一旦我死，请诸位将我埋葬于此，上书'有宋通问副使朱公之墓'，如此，我则死可瞑目了！"朱弁的坚贞，深深感动了在场的所有人，他们无不潸然泪下。至此，金人终于知道他不会屈服了，最后也只好不了了之，不再强迫于他。

绍兴十三年（1143），宋金达成《绍兴和议》，双方随后遣还被俘、被扣押人员。当年六月，朱弁终于回到了阔别十六年之久的祖国，形容憔悴，衣衫褴褛，但他官印不离身，"符节"犹在。

据南宋李心传《建炎以来系年要录》，当年陆续派至金国的那些使者共有三十多人，而和议后活着归来的，仅仅三人而已。朱弁在出使的十六年间，受尽金人的凌辱和折磨，坚贞不屈，在南宋朝野间传为佳话。所以，他的归来，在南宋引起了一场不小的轰动。宋高宗单独召见了他，与他近身交谈，听从了他的一些建议，还给予许多赏赐。朱弁在金十六年，经历艰难困苦，身心备受摧残，归国第二年，他就因病去世了，享年五十九岁。

明朝方孝孺曾在《鸑窝记》一中说："士之可贵者，在节气不在才智。"又说："国家可使数十年无才智之士，而不可一日无气节之臣。"文如其人，这既是方孝孺文章中的话，也是他的精神告白，后来，他因坚守"气节"而被车裂于市。可见，在传统士大夫的眼里，"气节"二字是何等重要。而面对金人十余年的威逼利诱，朱弁始终坚贞不屈，甚至不惜牺牲生命。正是这样一位"气节之臣"，他用自己的行动践行了一个士大夫的高尚品质和道德操守，那就是："富贵不能淫，贫贱不能移，威武不能屈。"

值得补充一句的是，南宋思想家朱熹就是朱弁的侄孙，朱熹一直因有这样一位叔祖而骄傲，曾为他写下《奉使直秘阁朱公行状》一文。朱熹的学养品格和卓越成就，想必与这位先祖的精神遗传是有一定关系的。

张俊：被宋高宗玩于股掌之上的将军

南宋"中兴四将"中，张俊不是打仗最勇猛的，也不是战功最显赫的，但他却是为人最贪、财富最多、权位最高、结局最好的。对于南宋政权来说，张俊当然是功臣，特别是对于宋高宗赵构，张俊不但帮他平定了苗傅、刘正彦的叛乱，有"勤王"之功，而且一直是他的指东不向西、指西不向东的心腹爱将。没有张俊，不说南宋政权的走向或要改写，至少赵构的人生轨迹也会有较大改变。在那英雄辈出的乱世，张俊对赵构为何会如此俯首帖耳呢？

一、战火中的悍将

张俊（1086—1154），字伯英，凤翔府成纪县（今甘肃天水）人。张俊从小好骑射，技艺精湛，亦颇为自负。十六岁入武行，为弓箭手。后随军征讨南方少数民族，参与对西夏作战，因军功升承信郎，成为低级武官。不久，他参加了平定沂州武胡、徐进、郓州李太等叛乱的战役，杀贼最多，升为武德郎。

靖康元年（1126），金人围汴京（今开封），赵构以兵马大元帅号召各路兵马救援，张俊随军前往，赵构见张俊英武伟岸，立刻提拔他为元帅府后军统制。靖康二年（1127）正月，张俊随赵构至东平府（今山东东平）。当时，强贼李昱占据兖州，赵构安排张俊为都统制率军讨伐。张俊身先士卒，英勇杀敌，大获全胜，晋升为桂州团练使，又加贵州防御使。

张俊是第一个劝赵构登帝位的高级将领。靖康二年四月一日，金军在攻破汴京并对这座帝都进行四个月的疯狂劫掠后，押解三千多人，以及不可胜数的金银珠宝北去。张俊便向赵构恳辞劝进说："大王是皇帝的亲弟，人心所归，眼下局势动荡，群情喧扰，若不早日登上皇位，势必群龙无首，国将不国。"当时，赵构觉得时机未到，没有立刻答应。张俊又联合宋钦宗时的尚书左丞耿南仲，连续三次上表劝进。多次劝进之后，赵构于五月在应天府正式登基，是为南宋高宗。赵构登基后，初置御营司，重用张俊为御营前军统制，又加带御器械。带御器械是官职名，目的是"假禁近之名，为军旅之重"，可见赵构此时已将张俊视为心腹。

最让赵构终生不忘的是，张俊在最危险的时刻为保住他的皇位而舍生忘死。金人北归前，立北宋旧臣张邦昌为大楚皇帝，以为傀儡，代治黄河以南地区。北归后，金人听说赵构称帝，又迅速挥师南下，欲剪除新朝而后快。大敌当前，赵构非但不组织抗战，反而一味南逃，把大片国土拱手相让。他又赏罚不公，重用宦官擅权。建炎三年（1129），金军突袭南宋政府临时驻地扬州，赵构仓皇出逃杭州，扬州随即失守。面对残局，暂驻杭州奉国寺的武功大夫、鼎州团练使苗傅和御营副将军刘正彦发动兵变，逼迫宋高宗下台，禅位于他那年仅三岁的儿子，以架空皇权，拥兵自重。张俊当时正屯兵吴江县，在这千钧一发之际，张俊与韩世忠、刘光世等率兵勤王，在杭州临平与苗、刘军展开激战，他们合力围剿，击败苗、刘军，赵构得以复辟。赵构感激涕零，拜张俊为镇西军节度使、御前右军都统制，不久升任浙东制置使。

然而，金人这次南侵志在必得。为此，他们发动了名为"搜山检海"的斩首行动，赵构逃至哪儿，他们就追杀至哪儿，而且分兵深入，步步紧逼。所以，赵构南逃，仓皇如丧家之犬，他从应天府逃至镇江、扬州、杭州、江宁（今南京），又至杭州、越州（今绍兴）、明州（今宁波）。到达明州后，张俊提兵赶到护驾，赵构便留下张俊在明州抵御金兵，并向张俊许下承诺说："朕若无你，则谁肯率先倡议朕早登帝位？你若无朕，则前功尽弃。你须竭力御敌，一旦成功，朕将封你为王。"然后，赵构匆匆由明州逃窜至海上，毫无一国之君的担当。

当然，对于张俊来说，皇帝有此承诺，自然信心百倍，奋勇杀敌。这年除夕，金兵果然攻到明州城下，张俊派统制刘宝同敌交战，宋军稍稍后退。这时，统制杨沂中、田师中、统领赵密等都冲入敌阵，殊死搏斗。殿前司将领李质、明州守将刘洪道亦加入战斗。于是，金军大败，死者数千，剩下那些残兵败将，纷纷跑去向兀术（完颜宗弼）求援。张俊领导的明州之战，后来被南宋朝廷评定为"中兴以来十三处战功"之一，这也是张俊位居众将之首并常有骄态的原因之一。

二、被皇帝视为"左右手"

如果说张俊对于赵构的第一大功劳是劝进的话,那么他的第二大功劳就是平定内乱。自从金军开展"搜山检海"的南侵行动以来,中原和江淮之间,也如北方大地一样,被金军几番蹂躏,满目疮痍,民不聊生。许多走投无路的农民啸聚山林,落草成寇。一些小军阀则割据一方,拥兵自重。当时,孔彦舟占据武陵,张用占据襄汉,李成占据江淮湖湘。尤其是李成,聚众数万,势力漫延至十余个州郡,大有席卷东南之意,成了让赵构寝食不安的心腹之患。

张俊深知这是一个升官的良机,绍兴元年(1131),他主动请缨平定李成叛军。赵构大喜,封张俊为江、淮路招讨使,带兵前去征讨。李成手下大将马进盘踞筠州(今江西高安)。因豫章(今南昌)介于江州(今九江)与筠州之间,张俊领征讨之命后,就率军急赴豫章。他把军队全部安置城中,金鼓不鸣,下令登上城墙者斩,用来麻痹敌人。马进前来约战,送来一封很大的战书,张俊回了一封很小的书信,马进以为张俊害怕,戒备之心有些松懈。这样过了一月余,张俊认为时机到了,命岳飞为先锋,出其不意杀向马进军中,各军协同,马进军队顿时大乱,纷纷溃散,奔逃七十余里,退至筠州。此时,李成派来精兵强将数万来援,与马进军合并成铜墙铁壁,布阵于筠河两岸。大将杨沂中向张俊献计说,敌众我寡,想取胜必出其不意,他建议率精锐骑兵,绕至敌后,两面夹击。张俊依计而行,将骑兵交杨沂中和陈思恭率领,乘夜色从筠河上游摸过河,埋伏在西山之上,待天明,如神兵天降杀下山来,张俊率步兵从正面进攻,杀得敌军人仰马翻,一举收复了筠州。不久又收复了江州。李成见大势已去,只得逃走。张俊一路快马直追,马进被追兵杀死,李成则逃到北方,投降张邦昌之后被金人册封为伪齐皇帝的刘豫。至此,各郡叛乱全部平定,赵构大封众将,拜张俊为太尉。这对于刚刚四十五岁的张俊来说,也算是扶摇直上、显赫一时了。

绍兴四年(1134)十月,金朝和刘豫分兵入侵,举朝震惊。赵构任张俊为淮西宣抚使,驻建康。张俊临江御敌,相持月余,敌人终于没能南进。张俊派张宗颜悄悄渡江到六合,绕敌背后。敌军准备退走,张俊又派王进前往淮河渡口设伏,大败敌军,俘虏敌将程师回、张延寿。后来,刘豫又多次派儿子刘麟、侄子刘猊率兵入寇,张俊和杨沂中多次合兵抵御,尤其是在李家湾之战中,大败刘猊，使其全军覆没，投降万余人。这次，赵构封张俊为少保，加三镇节度使，还大加表扬说："你议论持重，深达敌情，又统领精锐之师数万，报国如此，朕复何虑！"后来有一次，张俊与韩世忠一同入朝觐见赵构，商议军国大事后，秦桧上奏说："韩世忠与张俊两位大将，就像为陛下保家卫国的两只猛虎啊。"赵构说："确实，他们正如朕的'左右手'！"绍兴八年（1138），金朝请求休战，赵构立即赐张俊为"安民靖难功臣"之号，拜官少傅。

三、在贪财好色中自保

赵构、秦桧、张俊之间是一种十分微妙的三角关系。秦桧始终在利用赵构怯战的心理，兜售他那"南人归南，北人归北"的投降主张。赵构一方面不希望被金人掳去的宋钦宗回来，另一方面也被金人的"斩首行动"吓破了胆子，甚至吓得再无生育能力，只要是能让他稳坐皇位的主张，投降也好，杀功臣也好，不但依从，而且努力推动。所以，对于秦桧，他言听计从。而张俊，位于武将之首，他内心的向背，决定着赵、秦对他的态度，当然，也决定着他自己的荣辱乃至生死。

立国以来，赵宋王朝的权力顶层一直有一种惧武的心病，怕武将坐大，对政权构成威胁，对位子构成威胁。有一次，赵构问张俊，你读过《郭子仪传》吗？张俊说没有。于是，赵构意味深长地告诫张俊说："郭子仪虽然常常领兵在外，但他心怀朝廷，尊敬朝廷，皇帝有诏，立刻就到……如今，你所管之兵，乃朝廷之兵，如果你像郭子仪一样心怀朝廷，尊敬朝廷，不但自己能享尽荣华，子子孙孙也会代代昌盛。倘若持兵自重，轻视朝廷，有令不行，有禁不止，非特子孙不能享福，你自己也将有不测之祸，望你戒之！"这番话，对张俊几乎是很直白的告诫，听话，则享尽荣华；不听话，则万劫不复。在这种明白的警告之下，张俊敢不俯首帖耳？当然，这既是对张俊的告诫，同时也是对所有大将的警告，反映了赵构猜忌武将的一贯心理。

对赵构猜忌武将的心思，秦桧洞若观火。当时，南宋军民有以将领姓氏为军号的习惯，称张俊统领之军为张家军，韩世忠的为韩家军，岳飞的为岳家军。秦桧乘机在赵构耳边煽风点火说："诸军但知有将军，不知有天子，跋扈有萌，不可不虑。"秦桧此语，直接促成赵构下定收兵权的决心。

收兵权是最敏感的事情，弄不好就会鸡飞蛋打、引火烧身，得一步一步来。首先要有一位威望高、兵权大者附议、协助。赵、秦二人几乎同时看中了张俊，他们在对张俊的看法和态度上也出奇地一致。抗金以来，张俊本身勇气不足、情绪不高，且有畏敌怯战之举，胜仗有，败绩也不少，如《宋史》中所总结说："不能守越，又弃四明，负亦不少。"更重要的是，他贪财好色，容易收买。当秦桧拉拢他，约他附和议和时，张俊一拍即合，力赞议和。在要解除他和岳飞、韩世忠三大将兵权时，秦桧承诺三大将兵权收后全部归他统领，见利忘义的张俊当然求之不得，立马成了卖国求荣者的帮凶。绍兴十一年（1141），赵构以酬赏"柘皋之捷"为名，召张俊、韩世忠、岳飞三大将到临安，论功行赏，趁机解除三大将的兵权，张俊主动交出了自己的军队。于是，赵构重用张俊为枢密使，领全国兵权，不久又加太傅，封广国公、益国公。

贪财好色在老百姓的眼里是劣迹，但在个别封建帝王的眼里，却恰恰是让他放心的性格特点。追求享乐的人，内心大抵只有媚骨，没有硬骨，给点赏赐就温顺如羊。张俊的确好色，妻妾很多，还经常到外面拈花惹草。早在建炎二年（1128），张俊就曾因与赵构宠臣王渊抢夺一个周姓妓女而将宗室赵叔近杀害，可见其色心之重、色胆之大。他特别爱财，大肆兼并土地，占有了巨额田产，是古往今来最著名的几位大地主之一。据说，他共有良田一百多万亩，每年收租米百万石以上，相当于绍兴府全年财政收入的两倍还要多。他巧取豪夺，占有大批园苑、宅第，每年收房租竟多达七万多贯钱。钱多怕贼，他家里的银子堆积如山，为了防止被偷，他命人将那些银子铸成许多一千两（五十公斤）一个的大银球，名叫"没奈何"，意思是小偷搬不走它们，拿它们没办法。许多事古今相通，据说，当代"将军"谷俊山也有此妙法，他用受贿所得的金条铸造成几十公斤重的金佛、金像、金盆之类，后来为了便利，他干脆不收金条只要金粉，小偷想必也"没奈何"。

张俊大肆敛财，但非常听话，赵构便放心了。

至于岳飞，一不好色；二不在临安置房产、积资财；三者军队管理又严；四对收复河山极有主见，有自己的路线图；五又不听话，对皇帝的要求总是以民族利益为由推三阻四，这种人如何驾驭得了？因此，去岳留张，成了赵构投降路上的重要一步。

四、孙悟空逃不出如来佛掌

赵构在处理大将们的问题上,的确是费了一番深思熟虑的功夫的。

赵与三大将的关系,亲疏不一。张俊和韩世忠,出道较早,在平定苗、刘之乱时,他二位都有勤王之功,他们与赵构之间是密切而亲近的。特别是张俊,他的军队很多时候是赵构的扈卫之军,在一起交流的时间比任何一位将领都多。而与张、韩相较,岳飞资历较浅,于赵构少有那种救驾之功,关系自然疏远多了。朱熹在《朱子语类》中就说:"张与韩较与高宗密,故二人得全;岳飞较疏,高宗又忌之,遂为秦桧所诛。"可看作岳飞之死的原因之一。当然,亲疏只是一个方面,对于手握生杀予夺之权的皇帝来说,听话与否是关键,听话的,好酒好肉好待遇,贪点捞点无所谓;不听话的,想方设法斩除之,毫不手软。

赵构在所有问题的措置上,其目的都是为了稳权固位,要稳权固位,就得与金议和,而要取得与金议和的资格就得收兵权。这些步骤环环相扣,缺一不可。秦桧是赵构决策的直接落实者,经过密谋,他把张俊、韩世忠、岳飞三大将都调入朝廷,张任枢密使,韩、岳分任副使,明升其官职,实罢其兵权。同时,在对付三大将过程中,秦桧还采用了利用嫌隙、使之互攻的办法,得以坐收渔利。他开始以岳倒韩,岳飞不但没卖友求荣,反而向韩世忠通风报信,救了韩一命。后来命韩倒岳,韩世忠也于心不忍。这时,张俊便有了用武之地,而且很主动。他把岳飞派人送信给韩世忠一事告知秦桧,又诬陷岳飞主张放弃山阳(楚州)城。最后,在秦桧等人罗织的罪名之下,岳飞英勇就义,一代民族英雄瞬间成了赵构和秦桧卖国求荣阴谋下的冤魂。绍兴十一年(1141)底,南宋与金达成《绍兴和议》,一切都"顺理成章"。

而其实,当初收众将兵权悉归张俊的承诺,其实也不过是赵构、秦桧为收兵权而采取的权宜之计罢了。后来,张俊在枢密使位上毫无去意,赵构又坐不住了,绍兴十二年(1142),秦桧安排殿中侍御史江邈弹劾张俊,把他罢为节度使,充醴泉观使。不久,封清河郡王,奉朝请。郡王不过是一种有职无权的虚衔,所谓奉朝请,即保留定期参加朝会的资格。至此,赵构又彻底把张俊逐出了权力中心,让他一边赋闲去了,这一年,张俊才五十六岁。十二年后,张俊去世。其间,他过了十二年的赋闲日子,虽然家财万贯,纡金曳紫,但他的内心,想必也是十分落寞的吧。

对张俊的评价，历来不怎么好，明朝人还把他铸成铁人，长跪于岳飞墓前，遭人唾弃。《宋史》评价他说："南渡后，（张）俊握兵最早，屡立战功，与韩世忠、刘锜、岳飞并为名将，世称张、韩、刘、岳。然濠、寿之役，俊与锜有隙，独以杨沂中为腹心，故有濠梁之劫。岳飞冤狱，韩世忠救之，俊独助桧成其事，心术之殊也，远哉！"所以，与其他诸将比，张俊的品行操守，的确殊如霄壤。

牛皋这个牛人

在清代钱彩的历史演义小说《说岳全传》中，牛皋是一个"面如黑漆，身躯长大"的"黑大汉"，是一个为筹拜师见面礼而剪径于"乱草岗"抢夺商旅财物的强盗，结果被岳飞一顿拳脚打服，结为异姓兄弟。后随岳飞南征北战，立下汗马功劳，成为金兵人见人怕的猛将。岳飞死后，牛皋辅佐其子岳雷抗金，屡次助大军逢凶化吉，最后大破乌龙阵，打败金元帅兀术，骑在兀术背上，将他活活气死，牛皋自己也大笑而亡，即所谓："虎骑龙背，气死金兀术，笑杀牛皋。"

从演义中，可以看出牛皋真是个牛人！然而，牛皋这个牛人真是笑死的吗？其实，历史上的牛皋虽然的确是个牛人，但他既没有气死兀术，自己也不是笑死的。

牛皋（1087—1147），字伯远，汝州鲁山（今河南平顶山鲁山县）人。牛皋出身于贫苦家庭，为生计所迫而从军，初为射士，即弓箭手，一个最普通的士兵。然而，这位普通士兵却有着极不普通的一面，那就是英勇善战，机智超群。"靖康之乱"后，北宋虽然灭亡，但因为宋高宗建立了南宋政权，金人为及早剪除，继续南侵，广大中原大地兵戈四起，老百姓在战火中痛苦呻吟。牛皋作为一名勇士，又出身于贫苦家庭，对老百

牛皋

姓有着感同身受的同情，遂聚集一帮志同道合者，拿起刀枪自发抵抗金军，竟然屡战屡胜，牛皋声名大振。抗金名将翟兴发现了勇猛的牛皋，推荐他为保义郎，从此，牛皋加入了宋朝军籍，成了一名体制内的军人。

当时，宋将杨进投降金人，屯兵鸣皋山（位于今河南嵩县东北），翟兴受命率军进讨，杨进溃败，南逃鲁山。翟兴派牛皋追击，牛皋在鲁山与杨进部激战，三战三捷，杨进败死，部众溃散。之后，牛皋因军功被提拔为荣州（今四川荣县）

刺史、中军统领，成了一名偏将。金军进攻京西（开封以西广大地区），牛皋率军奋战，交战十多场，次次取得胜利。又升果州团练使，京城同统制兼京西南路提点刑狱，安州观察使，蔡唐州信阳军镇抚使，蔡州知州等职。在这些职位上，牛皋一直战斗在抵抗金军和伪齐军（金国扶持的刘豫政权）的战场上，而且"遇敌战辄胜"（《宋史·牛皋传》），几乎每战必胜。比如，在荆门伏击了从江西回师北归的金军，在鲁山邓家桥战胜了金国的孛堇（部落首领），在丹霞打败了金、齐联军，活捉伪齐将领郑务儿。这些骄人的战绩，使牛皋在抗金前线声誉鹊起。

牛皋与岳飞结缘，大约在南宋高宗绍兴四年（1134）前后。岳飞时任神武后军都统制、江南西路沿江制置使，负责江西防务。朝廷将牛皋所部配隶于岳飞军，岳飞大喜，任命牛皋为唐、邓、襄、郢州安抚使，不久改任神武后军中部统领，从此成为岳飞手下大将。

当时，伪齐皇帝刘豫安排李成与金兵组成金、齐联军，南侵攻占了襄阳、唐州、邓州、随州、郢州等州和信阳军，然后从陆路向江浙方向进逼。洞庭湖的起义军杨幺又与伪齐暗通款曲，自己从水路顺江而下进攻宋军，与伪齐约定水陆并进，两军最后在两浙会师。岳飞感到事态严重，他向宋高宗上书说："襄阳等六郡为恢复中原基本，今当先取六郡，以除心膂之病。李成远遁，然后加兵湖湘，以殄群盗。"他把收复襄阳等六郡当成恢复中原的头等大事，向宋高宗请战，率军收复这六郡，获得同意。

收复六郡，就是要组织一场与金、齐联军的大规模战争，牛皋作为岳飞麾下大将，成了这一大战的中坚力量。在这次大战中，岳飞让牛皋所部收复随州。牛皋要求速战速决，军队只带三天的军粮，结果军粮未尽，随州就已经收复。牛皋不但斩杀了伪齐守将王嵩，还收得对方降卒五千人。在襄阳之战中，岳飞安排王贵率领部卒持长枪对付李成的骑兵，安排牛皋率骑兵攻击李成的部卒，结果大获全胜，取得襄阳大捷，随即六郡全部收复。

最神奇的故事是，金国和伪齐派五千骑兵进攻庐州，牛皋率军阻击，在战场上，他横刀立马，望着金将大吼道："牛皋在此，你们这些小子为何来犯？！"一听牛皋炸雷一样的吼声，敌军惊愕，竟然不战而溃。牛皋乘胜追击三十余里，杀敌大半，斩其副都统和千户五人、百户数十人，大大增强了南宋军民的抗金信心。

后来，牛皋跟随岳飞挺进中原，收拾旧河山。牛皋所部转战黄河沿岸，在攻打许昌、开封等战斗中，浴血奋战，所向披靡，成了"岳家军"中让金兵闻风丧胆的铁军，为收复中原失地立下了汗马功劳。

绍兴十一年（1141），宋、金达成和议。1142年1月，岳飞因"莫须有"罪名被害于大理寺狱中。此后，南宋以屈辱的求和态度，获得了暂时的稳定和安宁。而以战功著称的牛皋，没有了战场也就没有了用武之地，东调西迁，后隶属于都统制田师中的部下，为宁国军承宣使、荆湖南路马步军副总管，英雄归于平淡。

绍兴十七年（1147）三月初三，田师中召集众将燕饮，酒后，牛皋中毒，痛不欲生，赶快回到驻地，求医问药，却不见缓解，第二天就溘然长逝。《宋史·牛皋传》载："或言秦桧使（田）师中毒皋云。"意思是有人说，牛皋之死，是秦桧安排田师中下毒所致。

临终前，牛皋恨恨地对身边人说："皋年六十一，官至侍从，幸不啻足。所恨南北通和，不以马革裹尸，顾死牖下耳。"牛皋恨朝廷向金一味屈膝，恨自己不能马革裹尸，战死疆场，为国捐躯，却要死于自己家中，简直死不瞑目，这就是英雄的遗憾！

在许多将领见到金兵来袭就望风而逃的南宋年间，牛皋以其百战百胜的惊人战绩而鹤立鸡群。可以说，他是南宋抗金战争中有明文记载的最机智、最英勇、打胜仗最多的将军之一，堪称百万军中取上将之头如探囊取物一般的牛人！然而，牛皋虽是牛人，但他还是死在了秦桧的算计之下，这就是政治。政治一般不明火执仗，也不真刀真枪，有时仅只一碗汤水，就可千里之外取人性命。

虽苏武不能过——南宋外交使节洪皓的坎坷人生

在今日，许多国人知道南宋洪迈，因为他撰写的《容斋随笔》被誉为南宋笔记小说之冠，对后世产生了深远影响，连毛主席都将它当作床头书。然而，在南宋当朝，其父洪皓的名气却比洪迈要大得多。洪皓在宋、金对峙时期出使金国，被羁押十五年，备历艰辛，受尽威逼，却宁死不屈，全节而归，成了南宋士大夫中民族气节的标杆式人物。当他历经千辛万苦归国后，宋高宗惊叹不已，称他为"虽苏武不能过"的大忠臣。

一、少有奇节

洪皓（1088—1155），字光弼，鄱阳（今江西乐平）人。《宋史》载："（洪皓）少有奇节，慷慨有经略四方志。"一个被史书称为"少有奇节"的人，他的志向一定不简单，他的经历也一定不简单。

那个时代人，大都以读书为第一要务，洪皓自不例外。经过十年寒窗，他于北宋政和五年（1115）以优异的成绩高中进士。洪皓金榜题名后，由于他才华出众，那些高官大吏看中了这个"潜力股"，

洪皓

纷纷派人前来说婚。比如当时的御史中丞、后来当上宰相的王黼，还有宋徽宗十分宠幸、当时在江南主持"应奉局"为皇帝搜罗珍宝奇石的朱勔，都希望将自己的女儿嫁给洪皓。然而，洪皓不想攀高枝，一一谢绝。

宣和年间（1119—1125），洪皓时任秀州（今浙江嘉兴）司录，知府手下一官轻言微的八品属官。不过，洪皓官职虽小，却非常有担当。某年，秀州发百年不遇的大洪水，许多百姓流离失所，损失惨重，粮食匮乏。面对严重灾情，洪皓向知府主动请求承担具体救灾工作，他命人打开粮仓，赈济灾民。老百姓饿得发

慌，纷纷聚集。洪皓担心灾民乱中争抢，便以青白旗帜加以区分，还在灾民手上涂墨来标记，使赈灾公平而又有序，使每一户灾民都领到了粮食。然而，粮仓贮存不够，僧多粥少，一时无法解决全部灾民的吃饭问题。饿往往是乱的诱因，时间一长，肯定会生出民变。当时，恰有一批浙东运往开封的大米路过秀州城下，在这危急时刻，洪皓对知府说希望截留这批大米救济灾民，但这是"纲米"，是皇帝专享的贡米，知府因此拒绝了洪皓的提议。洪皓见知府不同意，又提出让他擅自截留，上头要怪罪下来，我洪皓一人担责，"愿以一身易十万人命"。于是，他不管三七二十一，将这批米挪作了救灾之急，使秀州老百姓最终渡过了难关。百姓们感动于洪皓的大义，都把他当作大恩人，尊称他"洪佛子"。

可见，年轻的洪皓不但有文才，而且有干才；不但有胆识，而且有胆量；不但有责任，而且有担当。你想，截留贡米那是什么胆量？那是与自己的脑袋过意不去啊！但为了即将饿死的老百姓，洪皓豁出去了，以一人之命救十万秀州百姓之命，这是怎样的一种担当啊！所以，后来秀州发生叛乱，叛军洗劫秀州城，唯独经过洪皓家门时说："此洪佛子家"，不敢抢劫。

二、出使金国

北宋灭亡后，宋高宗赵构于建炎元年（1127）在南京应天府（今河南商丘）称帝，拉开了南宋的序幕。然而，金国灭宋之心不死，听说赵构登基，立即又率军南下，逼得宋高宗四处逃窜。为了保住这刚刚草创的小朝廷，宋高宗决定派出使者向金国求和，就在物色使者的过程中，洪皓进入了宋高宗的视野。

建炎三年（1129），宋高宗在金人的追击下，准备逃往建康（今江苏南京），洪皓上书说："内患未平，外敌嚣张，若轻易就迁至建康，恐怕金人会乘虚而入，建议陛下先派人筹备，等万无一失再迁去不迟。"不过，洪皓的上书到达宋高宗手上时，朝议已定，宋高宗也没因此改变计划。然而，宋高宗赶到建康不久，即因匆忙草率，金人随后追击而来，所以又不得不又逃向其他地方。事后，宋高宗想起那位当初提建议的小官，便询问宰相张浚，洪皓就这样进入了宋高宗的视野。恰在此时，要派一支求和团队去金国，张浚推荐洪皓为正使，宋高宗召见洪皓，面谈之后，他对洪皓的印象特别好，立即给洪皓官升五级，命他以徽猷阁待制、假礼部尚书，出任大金通问使，代表南宋出使金国，同时，任龚璹为副使。

宋高宗为什么会派一个芝麻小官领队使金呢？这与局势有关，也与当时士大夫的担当有关。当时，金国不承认南宋的合法性，未确定外交关系，凡是南宋派去的使者，常常不是扣押，就是杀掉，死于外交途中的南宋官员不乏其人，因此派人出使金国好比送肉上砧板，任人宰割，出使的结果也似肉包子打狗，常常有去无回。大臣们怕死者多，皇帝如有出使任命，都会争相借故推辞，而主动请缨的真是凤毛麟角。但是，向金求和是保赵宋江山的需要，也是保宋高宗自己荣华富贵的需要，甚至是保自己小命的需要。所以，宋高宗明知这是一条险恶的黄泉路，也不得不一次次地派人出使。而选用小官后进赴这样的险途，一来可解决大臣不愿往的问题；二来对于后进来说，连升数级是具有一定诱惑力的，他们愿意赴汤蹈火；三来通过骤升，还能增强他们的使命感，其出使的效果往往比那些老奸巨猾的大臣好很多。

现实需要和自身机遇，将洪皓这位名不见经传的地方小官推向了政治的前沿和历史的舞台。建炎三年（1129）五月，洪皓、龚璹一行十三人启程赴金。

三、九死一生

洪皓北行之时，也是华夏大地上最不平静的时刻。经过金人的侵略，华北地区和黄河两岸战火纷飞，甚至还蔓延到了长江流域，加上盗贼方炽，兵荒马乱，洪皓一行避险绕弯，走走停停，当年底才抵达金军占领的太原（今山西太原）。

然而，此时的宋金关系没有任何改变，仍然处于冰点。不仅如此，当年九十月间，金将完颜宗弼（兀术）还率军再次南侵，与南宋兵戎相见，宋金关系更是死敌了。洪皓到达太原后，金人立即将其扣留，但不打、不杀、不谈、不理，如同对待期货，看看"行情"再说。所以，洪皓在太原期间，连一个上级别的金国大臣或大将都未见到，遑论具体和谈。当然，事情没有比想象的更糟糕，比如没有下油锅、被刀剐，还是活人一个。但是，没被屠杀没被关进监狱并不意味着金人就真的以"使"相待，完全不是，而是羁押看管，以"囚"相待。一年后，他被转至金国云中郡（今山西大同）继续扣押。

金国大将完颜宗翰（粘罕）驻军云中。完颜宗翰是金太祖完颜阿骨打称帝的铁杆支持者，是灭亡辽国和北宋的核心决策者，也是攻打辽国和宋朝元帅级的大将。洪皓羁押在这样一个既有计谋又很凶残的家伙手下，正是羊遇上了狼。

果然，为了更好地统治黄河南北的广大中原地区，金国成立了刘豫伪齐政权。为了扶持刘豫政权，金国将大批俘虏或扣押的宋朝官吏，充实到伪齐政权中去。洪皓一到云中，完颜宗翰便面露狰狞，逼迫洪皓、龚璹主、副二使投降金国，加入伪齐政权。

面对淫威，龚璹经不起惊吓，屈从了。洪皓却毫无惧色，大义凛然地说："作为宋朝使者，我不远万里而来，不能奉迎二帝（宋徽宗、钦宗）南归，只恨自己无能。如今，我既然无力杀死叛逆刘豫，又怎么能无耻到侍奉他呢？留云中是死，不仕刘豫亦是死，我不愿苟且偷生，愿就鼎镬而死！"完颜宗翰听后大怒，准备杀掉他，不想旁边一金将却感叹于洪皓的忠贞，竟然跪下为洪皓求情，洪皓因此逃过一劫。但是，毕竟惹火了完颜宗翰，死罪饶过，活罪难逃，完颜宗翰随后将洪皓流放到了冷山（今黑龙江五常东南）。冷山，看这个名字都冷气逼人，据说，冷山冬天的温度经常处于零下十五至零下三十多度，最低时候竟达零下五十多度，没杀死你，冻也要冻死你。

不过，洪皓死都不惧，何惧寒冷？冷山是金国陈王完颜希尹（兀室）的部族领地，流放冷山，也是让完颜希尹看管他。金国伐宋，时为宰相的完颜希尹是主要的策划者和发动者，同时他又是女真文字的创造者，颇有文化。所以，他虽素来对汉人不待见，但对洪皓这位进士出身的汉族"俘虏"却反常地敬重。他让洪皓教他八个儿子学习汉族文化，洪皓就利用这种机会，向完颜希尹面陈一些和平主义思想。完颜希尹一贯主张灭宋，曾狂妄地说："谁说海大，我可以使海干涸。除了天地合一，没有什么事情是我做不到的。"洪皓却泼他的冷水说："战争如火，玩火者必自焚，自古没见过连续打四十年仗不停歇还依然存在的国家。"完颜希尹发怒道："你总做和事佬，固执而又口硬，真的以为我不能杀你？"洪皓不惧，他回答说："我来了就没指望活着回去，不过，如果就死在这里，别人会说大国连路人都杀，不如将我投到水里，那样别人就以为我的死是自己跌落深渊所致。"面对死亡威胁，他还谈笑自若，足见胆识过人，完颜希尹最终没有下手。

经过多年的战争，金国未能灭亡南宋，相反，南宋的战斗力在抗击侵略中反而越来越强，声势也越来越大。十余年来，金人大抵从两个方向进攻南宋：一方面直接南下，在中原地区与南宋交锋；另一方面绕道陕西，企图打开四川的口子，沿长江而下。然而，中原战场有岳飞、韩世忠诸将顽强抗战，金人没有捞到多少好处；在川陕战场，吴玠、吴璘兄弟同样让金人闻风丧胆，也没吃到好果子。在这种不容乐观的形势下，金国应宋高宗的请求，开启了和谈进程。

形势好转，洪皓也迎来了人生的转折，绍兴十年（1140）秋，洪皓作为南宋使臣，随完颜希尹来到燕京（今北京），与有关方面磋商和谈细节。第二年十一月，宋金达成《绍兴和议》，宋向金称臣、割地、赔钱，换来了战争暂时的消停。绍兴十三年（1143）八月，洪皓终于从漠北回到了阔别十五年的故国，真是历经磨难，九死一生。出发时一行十三人，归来时却只有他和张邵、朱弁三人。而且，宋高宗建炎、绍兴年间派出多批赴金求和使者，如王伦、崔纵、郭元迈、张宇发、林冲之等许多人，均备受金人折磨，死于漠北，赴金如同赴死，实在不是妄言。

四、晚景凄凉

当初，洪皓出使金国冠冕堂皇的任务是接回徽、钦二帝，但这肯定是不可能完成的任务，因为这二帝是金国掣肘南宋含金量最高的法宝，金国不到山穷水尽，不会送回。还有一点，宋高宗在心底，也并不真心想二帝回国，二帝回国，尤其是他的哥哥宋钦宗回国，自己又何去何从呢？金国上下对宋高宗这一微妙的心理心知肚明，他们也将二帝作为威胁宋高宗、逼其屈服就范的筹码。金国将宋高宗这一心理在和谈中充分利用，玩弄得炉火纯青，从而在和谈中取得了最大利益。所以，宋高宗派出一支支外交队伍北去金国，接回二帝是假，开启求和是真。

基于这种情况，洪皓使金，注定不会有多大外交成果。据《宋史·洪皓传》所载，徽、钦二帝迁居到五国城后，当时洪皓在云中，秘密派人前去向二帝进献过桃、梨、粟等物；他曾把自己了解到的金国情况，写成机密文字，通过间谍传回给宋高宗；他还曾求得被俘至金国的宋高宗生母韦氏的书信，辗转送到宋高宗手上；在燕京参与过和谈细节的磋商；将已故宋徽宗的棺椁和韦氏送归南宋的消息提前告诉宋高宗，如此等等，他在使金期间的外交成果也实在乏善可陈。然而，洪皓从使金之初开始，便坚贞不屈，任金人如何威逼利诱，誓死不降金、誓死不仕齐，这种民族大义和忠贞气节，在某种意义上来说，是比外交成果更让人感佩的。所以，洪皓回到临安（今浙江杭州）后，宋高宗第二天就在宫中高规格接待了他，赏赐许多金银珠宝，任命为徽猷阁直学士、提举万寿观兼权直学士院，还当面称赞他说："卿忠贯日月，志不忘君，虽苏武不能过！"

然而，归来后的洪皓虽然获得宋高宗的嘉奖，但他那"忠贯日月"之心却让他有了一张操心朝政的嘴，好点评，爱提意见，结果得罪了宰相秦桧。他连日拜见秦桧，唠叨说："张浚是金人最忌惮的大臣，却弃之不用。如今国都临时安置于杭州，景灵宫、太庙又极尽奢华，这不是明摆着无意恢复中原吗？"秦桧时任宰相，洪皓却反复说前任宰相张浚的好，这让秦桧情何以堪？洪皓的话让秦桧老大不高兴，他对洪皓的长子洪适说："乃父的确忠贞有节操，又得皇上宠幸，但是，做官如读书，太快则淡而无味，应像黄钟、大吕一般，慢慢来才有韵味。"明里批评洪皓关心国事太操切，暗里却是讥其多管闲事。

有一次，金国索取之前降金的宋将赵彬等人的家属，高宗拟同意，洪皓却觉得这有辱宋朝，便说："金国索人，无非试探虚实，如果说要就送去，则更会轻视我朝了。要宣告来使说：'待钦宗和其他皇族放归后再遣送这些家属。'王伦、郭元迈等人以身殉国，却弃之不管，以后遇到危机时刻，谁还会以死效忠呢？"秦桧听后大怒，第二天恰好侍御史李文会弹劾洪皓归来后没有探视母亲，秦桧抓住这一机会，将眼中钉、肉中刺的洪皓贬为饶州（今江西鄱阳）知州，将他逐出了朝廷。

不久，洪皓居母丧期间，又有人说洪皓鄙视宰相，于是，又被贬为饶州通判，再贬为濠州（今安徽凤阳）团练副使，安置于英州（今广东省英德）。九年后，朝迁才复任洪皓为朝奉郎，准许他迁居袁州（今江西宜春）。然而，当洪皓再次看到一点人生的希望之时，却在路过南雄州（今广东南雄）时溘然离世，终年六十八岁。

洪皓之死，是秦桧剪除异己的又一实例。其实，洪皓与秦桧是同科进士，不说二人有同窗之谊，就是一般的同僚也不会下此毒手。《宋史·洪皓传》说："为桧所嫉，不死于敌国，乃死于谗慝。"真是一语中的，不死于刀剑相逼的敌国，却死于口蜜腹剑的自己人之手。可见，政治面前，人性尤为险恶。

韩世忠：一世英名被酒污

论南宋"中兴四将"——岳飞、张俊、韩世忠、刘光世的身后名，张俊因助秦桧杀岳飞而得名最恶；刘光世经常不战而逃，跑得快，人称"长腿将军"；韩世忠以忠勇著称，挽救了南宋朝廷于倾危既倒，战功赫赫，本该像岳飞一样万世流芳，但他是个高阳酒徒，好酒贪杯，结果因酒坏事，玷污了自己的一世英名。

韩世忠是延安人，典型的西北汉子。《宋史》记载说："（韩世忠）风骨伟岸，目瞬如电，早年鸷勇绝人。"这是其勇猛的一面。不过又说他："家贫无产业，嗜酒尚气，不可绳检。"其实，就是乡间穷得叮当响而又好酒使性、放荡不羁的泼皮，附近乡邻都称他"泼韩五"。

韩世忠

当时，正值北宋衰微，外族入侵，草莽间英雄辈出。韩世忠十八岁应募入伍，身经百战，勇冠三军，从士兵到将军，成了抗金名帅，领三镇节钺。统领三军的韩帅依然禀性难移，平日里喜欢召将佐僚吏一起聚饮，经常烂醉。他还有个臭规矩，要用大杯，喝干酒，不得以水果菜肴下酒，"每召军佐饮，巨觥无算，不设果肴"。有一次，大家你一杯我一杯，喝得正起劲，他突然发现部将王权偷偷在怀里塞了个萝卜，顿时怒不可遏，骂道："小子如此口馋！"说完，一个箭步迈到王权跟前，用力按住王权的额头，王权痛得哇哇大叫，手按处转瞬就肿得像包子似的。可见他在喝酒问题上相当霸道。

对部下如此，对他人亦然。绍兴四年（1134），韩帅屯兵镇江，年逾六十的老状元沈晦出任镇江知府、两浙西路安抚使。沈晦曾向宋高宗建议在建康（今江苏南京）、镇江等长江沿线五郡各建一支军队，形成千里防线，抵抗金人渡江南侵。三年后，再移师江北，伺机北伐。对此，韩帅不以为然。一天，沈晦邀韩世忠喝酒，并即席赋诗道："饮罢三军应击楫，渡江金鼓响如雷。"韩帅听出弦外之音，沈晦是在批评他胆怯，遂回答道："给事啊（沈晦曾任给事中一职），世忠并非不敢过江北伐啊。"接着，他站起身，用大杯敬沈晦，又示意手下悍将轮番上阵。沈晦到底不胜酒力，几大杯下肚，便醉了，屡致呕吐，一塌糊涂。看到沈晦醉得不省人事，韩帅嘿嘿一笑说："多次跟你说过不要插手边事嘛！"得色之情，溢于言表。

然而，韩帅后来却因为喝酒喝出了人命。据南宋徐梦莘《三朝北盟会编》记载，韩帅到了晚年，好酒如故，尤其喜欢到部下府上喝，甚至要求部下妻女陪酒。部下敢怒不敢言，唯独那位曾经生擒金将牙合孛堇的统制呼延通有"忿忿之色"。一次，韩帅与水军统领郭宗仪等人到呼延通家喝酒，又醉了，在呼延家床上小睡。这时，呼延通蹑手蹑脚溜到床边，伸手去抽韩帅的佩刀，恰被郭宗仪撞见，郭宗仪赶忙用力抓住呼延通的手大呼："统制不可！"韩帅惊觉，夺门而出。逃回帅府后，韩帅立即命人抓来呼延通，历数他的罪责，当场把他发配到戍守淮阴的崔德明军中当个小兵，由将佐到士兵，呼延通一落千丈。

不久，韩帅生日，诸将纷纷前来献礼拜寿。呼延通尽管此时的职务够不上拜寿资格，但他也偷偷从淮阴赶来，希望借拜寿之机，得到韩帅的原谅，尽释前嫌。谁知，韩帅一见他，扭头就走，进入内府再也不出来。呼延通羞愧尴尬至极，不禁泪如雨下，只好悻悻返回淮阴。随后，崔德明拜寿归来，又以呼延通擅离部队之罪，将其杖罚，毒打一顿。呼延通不堪其辱，遂投河自尽。

当年大仪镇一战，韩帅差点丢了性命，多亏呼延通冒死营救，才幸免于难。韩帅好酒如命，色胆包天，部下"忿忿"也在情理之中，何况是恩人？但他自己不检点不算，还气量褊狭，羞辱爱将，致其自杀。呼延通没有战死沙场，却淹死在首长的"唾沫"里，韩世忠因此背上了逼死英雄的骂名。

时势造奸臣

提到南宋这段历史,有一个人是无论如何也绕不开的,他就是秦桧。秦桧进士出身,经历了北宋的灭亡和南宋的草创,做过金人的俘虏,经历了很长一段时间人不像人鬼不像鬼的阶下囚日子,然后携家南归,颇为吊诡。回到南宋后,虽然质疑声从未断过,但他在宋高宗赵构的青睐下,两度出任宰相,时间长达十九年,位极人臣。任相期间,他提出了"南人归南,北人归北"的政治构想,投降路线图

秦桧跪像

完备而清晰,且不惜认贼作父,戕害同类,最后成了国家和民族的罪人。可以说,在北宋官场,秦桧是十分坚定的抗金主张者,然而在南宋朝廷,他却是彻头彻尾的投降派。一个人,尤其是一个位高权重的人,在大节上前后反复、判若两人,不能简单地给他一个生锈的铁身和一张历史的黑脸供人唾弃,因为经过千年儒家文化的熏陶,没有哪位士大夫不在乎生前的名节和死后的名声;反复的背后,必有值得追索的深层次原因。

一、后人笔下的秦桧

秦桧,字会之,江宁(今江苏南京)人,生于北宋哲宗元祐五年(1090),政和五年(1115)进士及第,从此步入宋朝士大夫阶层,在两宋官场摸爬滚打四十年。

南宋绍兴二十五年(1155),荣贵一生的秦桧因病去世,终年六十六岁。死前,皇帝赵构多次亲临秦桧位于临安(今浙江杭州)望仙桥附近的相府探看问疾,死后赠他"申王",谥号"忠献"。《谥法》云:"危身奉上曰忠,知质有圣曰献。"到秦桧去世时止,两宋近二百年间谥号"忠献"者仅三人,分别是赵普、韩琦、

张浚。赵构还为秦桧墓题写神道碑额："决策元功，精忠全德"，把秦桧目为大功大忠之臣。对于秦桧来说，真可谓生受崇敬、死备哀荣。他在南宋朝廷的地位之高和在赵构心目中的分量之重，可见一斑。

在秦桧死后的数十年时间内，虽然朝野对其生前作为有过一些争议，但官方并未明文否定赵构的评价，民间议论也没有一边倒形成甚嚣尘上的舆论风潮。屡次北伐，力图恢复旧山河的宋孝宗，甚至在赵构还未去世就为岳飞平了反，但他对秦桧的评论也未做颠覆性改变。

官方给秦桧做定性更改，是在秦桧死去五十多年后的事了。宋宁宗开禧年间，宰相韩侂胄积极筹备北伐战争，为了鼓舞全民的抗金斗志，朝廷追封岳飞为"鄂王"，又为韩世忠建庙，崇尚抗金英雄转瞬成了时代风尚。崇尚英雄可以同仇敌忾，批判汉奸当然也可以同仇敌忾，于是，朝廷把秦桧列为与金国屈辱和议的罪魁祸首，追夺王爵，改其谥号为"谬丑"，所谓"名与实爽曰谬，怙威肆行曰丑"，一时人心大快。

然而，韩侂胄的"开禧北伐"几个月就大败而归。皇帝为保江山、大臣为保权位，又只得向金乞和。为体现诚意，他们合谋杀害了韩侂胄，把他的头颅快马加鞭送给金国。同时，恢复了秦桧的"申王"封号和"忠献"谥号。一个国家就这样儿戏般地朝令夕改、苍黄反复，臣工不笑，百姓不笑，金人都是要笑掉大牙的。不过，恢复了秦桧的荣誉，如同向金人抛了个媚眼、弯了一下膝盖，说不定可以立马改变朝运。所以，对于南宋小朝廷的当政者来说，秦桧尽管生前无功，但死后有益。

秦桧死后一百年，终于被官方彻底否定，就秦桧来说，真可谓五十年一运，前五十年好，后五十年背。宋理宗宝祐二年（1254），朝廷再次把秦桧谥号修改为"谬狠"，比宋宁宗的"谬丑"更"狠"了。最后，元朝人脱脱修撰的《宋史》中，把秦桧列入了《奸臣传》，并评价说："桧两据相位者，凡十九年，劫制君父，包藏祸心，倡和误国，忘仇致伦……"给秦桧做了盖棺定论。

后来那些民间野史笔记又推波助澜，给秦桧"设计"了许多"预言"，编了很多"段子"，把当初的秦桧描写成一位注定要干坏事、做奸臣的样子，给了他一张比曹操更丑的脸谱。南宋徐梦莘《三朝北盟会编》记载说，秦桧阴险，乘轿骑马或默坐时，常好嚼齿动腮，时人谓之"马啖"，看相的说拥有此相者可以杀人。明代彭大翼《山堂肆考》说，秦桧为太学生时，因善做坏事，同窗都叫他"秦长脚"。一天，秦桧睡于窗下，有异人造访他，见他睡着了，便对秦桧同室的同学们说，他日此人必误国害民，天下同受其祸，你们中也有人将死于其手。明代陈继儒《偃曝谈余》记载更奇，说秦桧眼睛有夜光。这也太神了。

岳飞孙子岳珂所著《桯史》说，秦桧办公楼前有一棵石榴树，每每结了果，秦桧都会亲点其数。有一天发现少了两个石榴，他故不作声。几天后，他取出斧子，装作要砍石榴树的样子，旁边一小吏赶忙说，这石榴味道蛮好，砍掉太可惜了。秦桧立刻回头逼视小吏说，原来是你偷了我的石榴啊！岳珂的故事，把秦桧刻画成一个既阴险又小气，全无宰相胸襟的市井小人。

这些记载无论内容抑或动机，与他们当年贬损王安石如出一辙，他们在野史笔记中连篇累牍地说王安石"虎头牛耳""目不停转，视物如射""天上之野狐"等等，假得离谱。恨一个人，就把他描写得如此不堪，轻率武断，亦没有仁恕之心。一个人坏就坏，与外表和习惯有什么关系呢？数千年的历史中，外表潇洒、内心丑陋、满嘴仁义道德、一肚子男盗女娼的大有人在啊！

二、当年的血性男儿

凡事，众口一词的时候，我希望有人能发出一丝异议；群情愤愤时，我希望有一种理性能拨开情绪凝成的迷雾，分清子丑寅卯，还原一些事实和真相，即使万恶不赦，也要看看这个人是不是与生俱来就坏得头顶长疮脚底流脓。

当初，秦桧的人生理想与周围的落魄秀才们并无二致。举进士前，他曾经做过一段时期的私塾先生，天天与那些调皮捣蛋的小鬼在一起，靠微薄的束修度日。他的理想仅仅是置些田产，做一个衣食无忧的读书人，故他有诗曰："若得水田三百亩，这番不做猢狲王。"他的人生转折和历史评判，都是因为那一场把北宋纲常庙堂砸得稀巴烂的"靖康之难"。

靖康元年（1126），金人长驱直入，兵临汴京城下，北宋朝廷慌作一团。宋徽宗赵佶对政事从不挂心，对责任从不在意，毫无担当，他把这副烂摊子撂给儿子赵桓，逃了。李纲任京城留守，积极筹备抗金事宜。然而，皇帝都逃了，蔡京、童贯也随之逃了，想逃的士大夫还很多，人心涣散，坚定抗金者孤掌难鸣。就在这种大难临头各自飞的危急关头，秦桧以太学学正这样一个微员之身，向宋钦宗赵桓上"兵机四事",提出对金人不可示怯、不可寄希望于议和、不可让金兵知虚实等建议。1126年底,金人发动第二次南侵,要求宋庭割让太原、中山、河间三镇。赵桓与大臣们在朝堂上商议,大臣中赞同割地议和的七十人,主张抵抗、反对割地的三十六人,秦桧就是主张抵抗、反对割地者之一。

我每次读到秦桧事迹,总会想到一个人——汪精卫。汪精卫因刺杀摄政王载沣事败被捕,清廷宣判汪精卫:"大逆不道,立即处斩。"在狱中,热血青年汪精卫写下《被逮口占》一诗:"慷慨歌燕市,从容作楚囚。引刀成一快,不负少年头。"其为民族抛头颅洒热血不惜牺牲生命的革命豪情跃然纸上,倘若果真就义,那他在历史典籍中就是革命英雄而非后来的汉奸了。秦桧与汪精卫最可堪比拟的地方,就是秦桧当初面对金人的威逼利诱之时,也有一篇类似《被逮口占》一样的文字,那就是他向金人上的那篇《乞存赵氏议状》。

关于秦桧的《乞存赵氏议状》,许多记载秦桧言行的史书包括《宋史》中,都把此议状说成他在被逼无奈的情况下与人联名写就的,而南宋李心传《建炎以来系年要录》一书,对上议状的来龙去脉有过详细记载,而且全文收录了此议状。

据李书载,靖康二年(1127),金人灭掉北宋撤离之前,他们决定以汉治汉,但在立谁为帝时,金人与当时北宋旧臣产生了重大分歧,金人要求立异姓,旧臣要求立赵氏。金人当然不会顺从这班手无缚鸡之力的书生,他们先召来吏部侍郎李若水,与他商议立异姓一事。谁知,李若水听说要立异姓,坚决反对,义愤填膺,把粘罕骂了个狗血淋头,结果身首异处。接着,粘罕又授意已经投靠金人的东京留守王时雍,召集宋臣联名拥立原太宰张邦昌为帝。随后,王时雍召集百官至秘书省,将张邦昌的姓名列入议状,紧闭省门,外环兵丁,强迫大家签字画押。同知枢密院事孙傅、签书枢密院事张叔夜均不肯签字,粘罕立即派兵拘捕孙、张,羁押金营。在这种稍有不慎就可能杀头的情势下,时为北宋御史中丞的秦桧不但面无惧色,而且挥笔写就《乞存赵氏议状》,然后签字画押,送给了凶神恶煞的粘罕。

秦桧在议状中说:"桧身为禁从,职当台谏。荷国厚恩,甚愧无报。今大金拥重兵,临已拔之城,操生杀之柄,必欲易姓。桧尽死以辩,非特忠其主也,且明两国之利害耳……宋之于中国,号令一统,绵地数万里,泽加于百姓,前古未有。兴亡之命，虽在天有数焉，可以一城而决废立哉？昔西汉绝于新室，而光武乃兴。东汉绝于曹氏，而刘备王蜀。唐为朱温篡夺，李克用犹推其世序而继之。盖继世之久，德泽在人者深……自古兵之强者，固不足恃。大金自去岁问罪中国，入境征战，已逾岁矣。然所攻必克者，无他，以大金久习兵革，中国承平百年，士卒罕练，将帅未得其人也。使异日士卒精练，若唐藩镇之兵；将相得人，若唐肃、代之臣，大金能必其胜负哉？且世之兴亡，必以有德而代无德，以有道而易无道，然后皇天祐之，四海归之……如必立邦昌，则京师之民可服，而天下之民不可服；京师之宗子可灭，而天下之宗子不可灭也。桧不顾斧钺之诛、戮族之患，为元帅言两朝之利害，望稽考古今，深鉴忠言，复嗣君之位，以安四方之民。非特大宋蒙福，实大金万世之利也。"

秦桧这篇《乞存赵氏议状》全文一千六百余字，结构严谨，行文紧凑，观点鲜明，有理有据，堪称一篇充分体现北宋遗臣忠贞气节的檄文。为什么这样说呢？一者，写此议状十分危险。金人立异姓是剑拔弩张的决定，前有李若水，后有孙傅、张叔夜为例，这说明谁反对谁就有掉脑袋的危险。二者，此议状系秦桧手笔无疑。秦桧"具单状"，以第一人称写就，说明议状是以个人名义写就。三者，议状有一定的预见性。"西汉绝于新室，而光武乃兴"这种分析，是对当时宋金双方形势颇有见地的研判。虽然宋高宗不可与汉武帝同日而语，但秦桧这一死地后生、分疆而治的构想，的确有一定的预见性。后来南宋另立，验证了他的预见。四者，体现了秦桧的赴死决心。秦桧这篇檄文，堪称是大刀架在脖子上写的。文中"桧尽死以辩""桧不顾斧钺之诛、戮族之患"之句，与汪精卫的"引刀成一快"何异？体现了他的大义凛然、敢做敢当、视死如归的英雄气概。

秦桧后来的确因议状而自食其果。粘罕读完议状，立马安排人把秦桧抓到金营，严加看守。张邦昌登基后，曾上书请求粘罕放归扣押在金营的北宋大臣，粘罕应他的请求，在班师前放回了尚书左丞冯澥、签书枢密院事曹辅、礼部侍郎谭世绩、中书舍人孙觌等人。但明确了几个坚决不能放的人，秦桧就是其中之一，而根本原因，当然是他的议状和反抗态度。后来，秦桧被掳至白山黑水的金国，成了阶下囚。如果秦桧像李若水一样，横尸金营，那么那些历史典籍中，也一定会多一位感人肺腑、供人凭吊的忠烈。可以说，北去之前，秦桧还算一位血性男儿。

三、"乞和"造就了千古奸臣

时势造英雄,时势也造奸臣。当初的血性男儿,经过战乱的洗礼,从庙堂到江湖,从重臣到囚徒,那种漫长而不堪忍受的痛苦,迫使着这个意志不是特别坚定的北宋遗臣做出了一些有违初衷的改变。或许,因这种时势而带来的人格裂变,秦桧自己都没有觉察到。

秦桧被俘北去后,随徽、钦二帝幽囚于韩州(今辽宁昌图),备尝艰辛。宋徽宗听说赵构即位的消息后,怀着最后的希望,写了一封信给粘罕,要求与金再次议和。徽宗此信,经过了秦桧的润色,写得凄婉恳切,文辞优美。粘罕转呈金主吴乞买,吴乞买给予盛赞,虽然没有同意议和(当然不可能同意,要议和,对象也只可能是高宗而非徽宗),但他因此发现了秦桧这个文辞、识见俱佳的人才,于是,安排他到自己的弟弟挞懒军前效力,秦桧又深得挞懒信任。

建炎四年(1130),北去四年后,秦桧自金国携家逃回,其原因和过程众说纷纭,莫衷一是。好在赵构亟需一位熟悉金国情况的人做参谋,便任命秦桧为礼部尚书,第二年任命他为参知政事(副宰相),旋即又任命他为宰相。虽然,秦桧在相位一年就被朝臣论罢,但山不转水转,绍兴八年(1138),赵构又重新任他为宰相,而且是独相。从此,秦桧在位专权达十八年。

我曾经在《赵鼎:千古高名屹泰山》一文中把蔡京与秦桧做过一番比较:秦桧与蔡京的最大不同就是,秦桧能主导宋高宗的朝政,而蔡京却无法左右宋徽宗的大政方针。也就是说,秦桧任相时,宋高宗在外交内政上,大都听命于宰相,而在宋徽宗眼里,蔡京不过是一个取之不竭、用之不尽的钱袋子。蔡京创设"应奉局",大兴"花石纲",改革盐法和茶法,为宋徽宗在享乐和金钱上做出了巨大贡献。然而,他任相期间,陈东等几个太学生就可直接上书骂他国贼,宋徽宗甚至三次让他退休,拿掉他就像拿掉桌上一个杯盘那么容易。两者相较,秦桧堪称权臣,而蔡京只是一个通过不断满足皇帝欲望而获得宠幸的弄臣;秦桧是祸国殃民的罪魁,蔡京只是一个助纣为虐的帮凶。而最重要的一点,是秦桧能够轻轻松松裹挟着皇帝,"挟天子以令诸侯",用皇帝的指挥棒实现自己巩固权位、排除异己的目的。

我的这些看法至今没变。因为纵观秦桧当权的这十八九年,为达到巩固权位的目的,可谓"坏事做绝"。秦桧至少有四宗罪:一是提出"南人归南,北人归北",

以土地和甘当金国附庸的方式换取和平，卖国卖得振振有词；二是收拾与求和方针不同的文臣武将，以残忍的手段打击异己；三是篡改历史，对宋高宗一朝的历史做了一些有利于皇帝和自己家族的技术性处理；四是深文周纳，兴文字狱，掀起了有宋以来文字狱的高潮。

秦桧刚刚由金归国时，就开始向赵构兜售"南人归南，北人归北"的主张。当时，金人经过几次轮番南侵，占领了长江以北广大地区，为了更好地控制中原，他们在张邦昌的"大楚"政权后，又扶持了刘豫的"伪齐"政权。秦桧所谓"南人归南，北人归北"，即承认金人占领区和"伪齐"政权的合法，以长江为界，划江而治。他的潜意识是，反正长江以北为金所控制业已成为事实，不若索性承认事实以换取和平。然而，这一思路无疑是甘心做金国的附庸和奴隶而不以为耻。思路一提出，朝野顿时大哗，弹劾秦桧的奏章雪片般飞向赵构的案头，就连在和、战中摇摆的赵构后来也不禁叹息道："桧言'南人归南，北人归北'。朕北人，将安归？"（《宋史·秦桧传》）可见，对于这么露骨的卖国之言，作为皇帝的赵构都是不能接受的。

秦桧对政见不同的同僚的排挤打击颇为残忍。海南海口市有一座五公祠，是为纪念唐、宋两朝贬谪到海南的五位著名历史人物而建，故名五公祠。五公中，除唐朝名相李德裕外，宋朝是李纲、李光、赵鼎和胡铨，而这四人，都是由于力主抗金遭到秦桧排挤，贬谪至茫茫海外的。四人中，李纲最幸运，不久即遇赦北归。最惨是赵鼎，他曾经两度任相，是秦桧的老上级，却在贬至海南三年后，身心交瘁，绝食而死。秦桧死后，李光和胡铨遇赦归朝，李光死于归途，胡铨得归。这只是秦桧打击异己的一个缩影，冰山一角。

人在做了亏心事之后，总会想方设法涂抹和掩饰。秦桧是宰相，拥有"监修国史"身份，他利用这一有利身份对历史进行了主观篡改。《宋史·秦桧传》记载说："（秦桧）命子熺以秘书少监、领国史，进建炎元年至绍兴十二年《日历》五百九十卷。熺因太后北还，自颂桧功德凡二千余言，使著作郎王扬英、周执羔上之，皆迁秩。自桧再相，凡前罢相以来诏书章疏稍及桧者，率更易焚弃，日历、时政亡失已多，是后记录皆熺笔，无复有公是非矣。"同时，秦桧还不断为赵构个人以及降金乞和政策贴金，对岳飞颇有诋毁，抹杀岳家军的功绩。宋孝宗时期所确定的"中兴以来十三处战功"中，将一些微不足道的小胜也囊括，却没有岳飞的郾城和颖昌大捷,或许就是当时的官方记述皆出于秦桧父子之手的结果。

有人说两宋无文字狱,其实要从程度上来说。宽松如北宋者,也有苏东坡的"乌台诗案"。到了南宋,尤其是秦桧当权期间,兴狱的方法更多样了,受到打击的人也更多了。秦桧当政期间,曾力推私家野史写作和出版的禁止。《宋史·秦桧传》载,绍兴十四年(1144),秦桧"乞禁野史";绍兴十五年(1145),秦桧"又对帝言私史害正道";绍兴十九年十二月(1150年1月),朝廷正式颁布诏令:"禁私作野史,许人告。"这种态势下,许多人不仅不敢再写,现有的也赶快烧,李光的家人,就把李光的万余卷书全部烧掉。司马光的后人信誓旦旦地辩解说,《涑水记闻》非其先祖所撰。一个叫曹泳的小官,因状告他人私作野史而官升数级,一时间,"其顽钝无耻者,率为桧用,争以诬陷善类为功"。

从秦桧跌宕起伏的人生经历来看,干坏事太易,做好人太难;"引刀成一快"易,"十年持汉节"难。要做一个无愧于良心道义的忠贞之士,需要像苏武一样,历尽节旄尽落的艰辛和阶下囚的屈辱。而前途的渺茫和囚徒的屈辱,却常常成为击倒意志这匹骆驼的最后一根稻草,于是,意志薄弱者改头换面,卖国求荣,坏事干得振振有词而不以为耻。南宋嘉定十四年(1221),朝廷以紧邻岳飞墓的下智果寺为岳飞功德寺,并赐额"褒忠衍福禅寺",即今天的岳王庙。清朝褚人获《坚瓠集》载:"(明)正德八年,指挥李隆冶铜为(秦)桧及妻王氏、万俟卨三形,皆赤身反接跪墓前。"从此,秦桧被反绑双手,跪于岳飞墓墓道阶下,任后人石敲瓦掷,撒溺其头。至于结局,就是那副名联:"青山有幸埋忠骨,白铁无辜铸佞臣。"

禁野史与奏祥瑞

南宋有几个时间节点是颇值得人们注意的。1127年,金人破开封、灭北宋之后,五月,宋徽宗之子赵构在应天府(今河南商丘)称帝,成为南宋第一位皇帝,是为宋高宗。金人随即展开"搜山检海"行动,赵构从应天、镇江、扬州、杭州……温州,辗转十余个州府,一路南逃,仓皇如丧家之犬。直到金熙宗天眷元年底(1139年1月),宋金达成《天眷和议》,宋向金纳贡称臣后,赵构才回到杭州,将其升为临安府,定都于此。1141年,赵构与秦桧合谋,解除岳飞的兵权,将他关进大理寺,让他那"直抵黄龙府,与诸君痛饮尔"的战略构想只有想法没有办法,从而取得向金国和谈资格,随后与金签订了《绍兴和议》。1142年1月,赵构处死岳飞,增加了向金献媚的筹码,巩固了《绍兴和议》。此后,乞和便成了赵构南宋朝廷的基本国策。

一个国家,如果认准了乞和的偏安而不是奋起反抗的话,他的官僚士大夫阶层便会像皇帝一样,甘心卖国而不以为耻,甘心为奴而不以为辱。这个时候的南宋就是这样,朝野之间,为了掩盖卖国求荣的劣迹,为了粉饰卑躬屈膝的太平,上吹下拍、歌功颂德的风气一时甚嚣尘上。随着这种马屁之风应运而生的是,政治上一反北宋时期的宽松与清明,尤其是秦桧当政的十九年间,拉帮结派有之,深文周纳者有之,谄媚者、构陷者、告密者遍布庙堂江湖,士大夫因一字一言而遭到贬黜、身陷囹圄甚至葬送掉卿卿性命者不可胜数,许多人不得不同流合污以求自保,社会阶层渗透出一种如同末世的颓唐之风、衰败之气。

在这种道路以目、人人自危的政治氛围下,秦桧鉴于对自由议论的畏惧和对自己罪责的掩盖,首先就力推禁书——私家野史写作和出版的禁止。《宋史·秦桧传》载,绍兴十四年(1144),秦桧"乞禁野史";绍兴十五年(1145)七月,秦桧"又对帝言私史害正道";绍兴十九年十二月(1150年1月),朝廷正式颁布诏令:"禁私作野史,许人告。"不难看出,禁止私家野史是秦桧一手推动的,他经过六年左右时间反复做赵构的工作,最后得到皇帝的同意,在政策层面全面禁止私家野史的创作和出版,而且"许人告",谁还敢私撰?高压态势下,新书是不敢写了。不特如此,即便是以前曾经洛阳纸贵的名家名作,其作家的后人还纷纷站出来辩白和表态,如司马光的曾孙司马伋就信誓旦旦地说,《涑水记闻》非其曾祖所撰。原参知政事(副宰相)李光的家人,不惜把李光所珍藏的万余卷书悉数焚烧——"焚书",北宋以来,这恐怕是破天荒头一遭的事儿。更有甚者,一个叫曹泳的小官,状告李光的儿子抄录李光所作私史,被逮捕归案,因为此时李光贬谪已久,于是朝廷下诏宣布对李光"永不检举",即永远不再推荐提拔。同时,李孟坚被充军至峡州(今湖北宜昌),同僚中受牵连罢官贬职者八人。而那个告密者曹泳,则因举报有功立马官升数级,一时间,"其顽钝无耻者,率为桧用,争以诬陷善类为功"。

所谓"国之将兴,必有祯祥",当权者为巩固权位计,大都信这个。因此,与禁野史相伴相随的是,吹牛拍马的"奏祥瑞"者蜂拥而至,而所谓祥瑞又是五花八门,千奇百怪,荒诞滑稽到让所有人闻之都瞬间变弱智。《宋史·秦桧传》说,绍兴十三年(1143)冬天下了一场雪,秦桧上表贺瑞雪,大臣贺雪自秦桧始。同年,楚州地方官来奏,说盐城县黄海出现"海清",大臣纷纷请贺。进士施锷上《中兴颂》《行都赋》《绍兴雅》等马屁文章十篇,赵构给予他"永免文解"(无须地方官签发证明,即拥有赴京应试资格)的褒奖。虔州(今江西赣州)知州薛弼上章,说一老百姓拆屋时,发现朽柱中有"天下太平年"字样,赵构很高兴,下诏收藏至史馆。从此,颂咏导谀、粉饰太平者越来越多,马屁文章大行其道。不仅颂"圣"者日众,颂"相"者亦众,大小官吏,竞相揣摩迎合宰相。台州曾惇向秦桧献诗,称他为"圣相",其他尾随者争相呼秦桧为"元圣",大言不惭地说皋陶、后稷等贤臣尚不足比。于是,赵构和秦桧待在歌舞不休的杭州,享受着谄媚带来的愉悦,如同西湖边被暖风熏醉的游人一样,苟且偷安,不复巡幸江上、做北定中原的思考和打算。

这个时候的南宋朝廷,对外卑躬屈膝,对内粉饰太平。那些心系家国前途和命运的士大夫本着自己的责任和担当而愤愤不平,提出异议,发表看法,希望提振士气,复兴国家。但不成功则成仁的士气却遇到了赵构、秦桧的拜"金"主义,他们对金国忍气吞声,对自己人却磨刀霍霍、打压相加。礼部侍郎曾开问秦桧对金国使用什么礼节，秦桧答以"高丽之于本朝"，即承认自己是金国的附庸，曾开因此拒写国书，立即被罢。李纲、胡铨上疏反对议和，均被贬至蛮荒之地。迪功郎王廷珪作诗赠胡铨，鼓励他一路走好，结果被贬谪辰州（今湖南沅陵）。宜兴进士吴师古将胡铨的奏疏刻板印刷，被流放到袁州（今江西宜春）而死。岳飞自不待说，南宋第一大冤狱。同时，朝廷还对持异议的原宰执大臣张浚、李光、赵鼎等人，分层次、分批次进行排挤打击，手段十分狠毒。赵鼎被贬茫茫海外吉阳军（今海南三亚），朝廷安排地方官随时监视，每月报告赵鼎生死。赵鼎知道朝廷要对他下毒手了，萌生了自杀念头，他托人转告儿子说："秦桧必欲杀我。我死了，你们则无后患，我若迟死，必将祸及全家。"绍兴十七年（1147），赵鼎在贬所绝食而死。

当赵构主导下的南宋朝廷进入一种麻木不仁的状态时，许多问题便积非成是好坏不分了。一有谀颂，就"永免文解"；一有异议，则"永不检举"；一有谏诤，便深文周纳；无罪可状无据可证时，或说"谤讪"，或说"怨望"，或说"莫须有"，或说"立党沽名"，或说"指斥乘舆"，或说"有无君心"，其天花乱坠的名目无所不用其极，目的只有一个，把人心和言论统一在偏安乞和的拜"金"主义政策下。所以，无论是禁野史还是奏祥瑞，抑或除异己，这诸多手段都是投降政策下相辅相成的必然，也是以一帝一相的利益而牺牲整个国家和民族利益的取舍。故《宋史·高宗本纪》评价赵构说："当其初立，因四方勤王之师，内相李纲，外任宗泽，天下之事宜无不可为者。顾乃播迁穷僻，重以苗（傅）、刘（正彦）群盗之乱，权宜立国，确乎艰哉。其始惑于汪（伯彦）、黄（潜善），其终制于奸桧（秦桧），恬堕猥懦，坐失事机。甚而赵鼎、张浚相继窜斥，岳飞父子竟死于大功垂成之秋。一时有志之士，为之扼腕切齿。帝方偷安忍耻，匿怨忘亲，卒不免于来世之诮，悲夫。"而所谓"来世之诮"，后人也只能如岳飞一样徒添叹息道："天日昭昭，天日昭昭！"

状元张九成逸事

南宋百余年间的状元,张九成不是最有名的,但他绝对是最有性格的。

他是宋高宗绍兴二年(1132)壬子科状元。在殿试中,宋高宗亲自主持策问,让考生们就朝政言事。张九成慷慨激昂,大胆陈词,希望高宗:"去谗节欲,远佞防奸",振作精神,抵御外敌,做一个众望所归的中兴之主。当时,宋高宗刚登上帝位五年,还没有完全丧失抗击金人、振兴宋朝的信心,于是对张九成大加赞赏,钦点为状元。随即安排他到基层锻炼,任为镇东军(今浙江绍兴)签书判官厅公事,寄予厚望。

张九成本是理学家杨时的学生,也即程颢、程颐"二程"的再传弟子,深受儒家"仁政"思想的影响,加上经历过北宋的灭亡,目睹战争中哀鸿遍野的残酷,对老百姓怀有深深的同情。为此,他一生都以推行"仁政"为己任,坚持"以民为本",坚持勤政爱民。

他到镇东军任职后,当地有部分老百姓违反食盐专卖禁令,私自贩卖食盐,主管司法的提点刑狱公事张宗臣准备逮捕数十人,而张九成认为事不至于逮捕,希望张宗臣按实情减轻处罚。张宗臣说这是宰相批复要求查办的。张九成说,皇上屡下"恤刑之诏",你不但不依诏宽恕百姓,反而顺从宰相,执意逮捕,这简直是"不体圣意而观望宰相"(《宋史·张九成传》)。惹得张宗臣非常恼怒,仍将这些百姓逮捕入狱。张九成见官场严刑酷法,老百姓经历战争后依然处于水深火热之中,不禁心灰意冷,他不愿意与酷吏为伍,于是打了个辞职报告,摘帽挂冠,拂袖而去。弃官归家后,他重整学业,以授徒讲学维持生计,其声誉反倒越来越高。

当时,南宋朝廷草创不久,金人的铁蹄仍在中原大地上肆无忌惮地驰骋,朝廷关于是战、是和的大政方针还处于摇摆之中,以宰相赵鼎为首的一派主战,以副相秦桧为首的一派主降。在政见和人品上,赵鼎非常欣赏张九成,也一直关注他，不久即向宋高宗推荐张九成入朝，而宋高宗作为授他的伯乐，也乐得玉成，于是召他为太常博士，后转为著作郎。

到朝廷后，张九成念念不忘的还是"仁政"，他向宋高宗上书说："我宋朝家法，关键在仁。仁的表现，尤其在于刑罚。陛下以减轻刑罚为当务之急，而司法官却不考虑宽刑轻罚。建议下诏，凡司法官在审案中结合实际情况，量刑较轻者，可破格提拔。"宋高宗觉得有理，下诏执行。

张九成的执政理念，颇得宋高宗赏识，随后重用他为宗正少卿、权礼部侍郎兼侍讲、兼权刑部侍郎。在此任上，张九成卓有成效，尤其是在一个死刑案上，他反复阅读宗卷，觉得有些可疑，便仔细核查情况，深入调查案情，最后果然是一件刑讯逼供案，他重新审理，最终翻案，为冤屈者申了冤。朝廷为此要褒奖他，他一口回绝说，职责所在，不求奖赏。

秦桧任相后，主张和谈，极尽对金卑躬屈膝之能事，张九成作为状元出身、颇有清誉的大臣，自然成了拉拢的对象。秦桧找到他说："议和的问题，还请状元郎相助。"在对外政策上，张九成是主战的硬骨派，一贯如此，绝不会因权相的威逼利诱而有丝毫改变。他回答说："我为什么不赞同议和呢？不过是不想苟且偷安罢了。"秦桧抬高声音说："在朝为官，要懂得优游委曲、服从大局啊。"张九成一听气来了，愤愤地说："世间未曾有过自身不正还能正人的！"让秦桧碰了一鼻子灰。

宋朝虽然有"不杀士"的老规矩，在三百余年间也的确少有刑上大夫、刀杀文臣的案例，但是士大夫间的政治斗争却从未稍有停歇，因政见不同而排挤甚至迫害同僚的现象层出不穷，像王安石这样一个老百姓眼里的"正面人物"，他在"熙宁变法"中打击的人也不算少，司马光亦如此，至于宋哲宗时期的宰相章惇，被他迫害的同僚甚至上千人，这种杀人是不见血的。秦桧作为权相，一手遮天，张九成作为下属得罪了他，自然没有好果子吃。秦桧先随便找了个理由，将张九成贬到邵州（今湖南邵阳），不久又以"依附赵鼎"（当时赵鼎已是戴罪之身被发配海南）为由被革职，后来发配南安军（今江西大余）。作为罪臣，张九成在南安军一待就是十四年，受尽屈辱，直到秦桧去世，才得以平反。相对于许多被秦桧斗死或贬死的那些人，如岳飞、赵鼎等，张九成算是万幸的了。因为作为秦桧的政敌，而且是一个非常有性格的政敌，到最后竟然还能保住老命，甚至还得到了平反昭雪，这不能不说是一个奇迹。

张九成一生，不过于贪恋禄位，对学问倒是孜孜以求，终身不倦。他钻研儒学，兼顾佛、道，尤喜参禅。不过，他是个火性子，参禅常常闹笑话。清朝褚人获《坚瓠集》曾载一趣事，张九成一日去参禅，禅师说："汝来何故？"张九成说："打死心头火，特来参喜禅。"禅师便以戏言试探他说："缘何起得早，妻被别人眠。"说他老婆偷汉子，张九成顿时大怒，骂道："无明真秃子，焉敢发此言！"禅师照旧不愠不火，一脸和颜悦色地说："轻轻扑一扇，炉内便起烟。"

哦，原来禅师在试探他的内心，张九成顿时羞愧不已。据褚人获在此书中说，张九成从此剃发为僧，皈依了佛门，还取法号"无垢子"，不知是真是假。如果此情属实，一个人人追慕的状元郎，最后竟然出家了事，这真是对宋朝优待文官政策的极大嘲讽。

他为何缺位"中兴四将"

在北宋末到南宋初订立《绍兴和议》以前，宋、金一直处于战争的焦灼状态，黄河南北、长江上下，一直被战火硝烟所弥漫，金国虽有胜，但少有完胜；南宋虽有败，但也不至于完败。而南宋之所以能与金军相持十数年而没有彻底亡国，是因为有一大批爱国英雄在以匹夫之躯和志士之血阻挡着外族的侵略，是他们在最危急的关头挽救了汉民族的南宋政权，使之最后能保住半壁江山，苟延残喘。于是，后来的功劳簿上就有了岳飞、韩世忠、张俊、刘光世等"中兴四将"。然而，南宋诸将中的吴玠，战绩不比这四人差，功劳不比这四人少，却缺位于此，不能不说是一件憾事。

吴玠，字晋卿，德顺军陇干人（今甘肃静宁）。据《宋史·吴玠传》记载，吴玠从小懂忠义，能骑善射，志向远大，少年从军，多次参加抵抗西北西夏、平定南方方腊等战斗，力敌万夫，身经百战，后以军功升为副将。

金国灭亡北宋后，赵构建立了南宋政权，为了及早剪除，金军主要从两个方向进攻：一路从中原南下，攻打江淮；另一路进攻陕西，企图通过陕西进入四川，然后顺江而下，夹攻南宋。南宋有"中兴当自关陕始"之说，陕西是北入四川的门户，陕西一丢，四川立失，中原政权便岌岌可危，可见陕西的重要性。

为粉碎金军的战略企图，宋高宗特任命开国功臣张浚为川、陕宣抚处置使，将扼守西北的千钧重担交给了这位最信任的大臣。但此张浚非彼张俊，他是一介文臣，不善将兵，又贪功轻敌，于建炎四年（1130）率十八万大军，向西北的金军发动了大反攻，结果在"富平之战"中损兵折将，大败亏输，只得安排时任忠州防御史的吴玠驻守大散关以东的和尚原（今陕西宝鸡西南），自己退守阆州（今四川苍溪）。

在"富平之战"后，金军打算趁热打铁，纠集优势兵力，向南宋军队发动了猛烈的攻击，企图一举攻入四川。吴玠作为南宋驻守西北的重要将领，担负着阻击金军入川的重任,他在四周有敌人、身后无援兵的情况下,不但多次打退金军的进攻,而且还取得了和尚原、饶凤关(今陕西石泉西北)、仙人关(今甘肃省徽县东南)三大战役的胜利,简直是两宋战争史上的奇迹。

和尚原之战。张浚安排吴玠坚守和尚原之时,吴玠的军队其实在富平之战中已经死伤得差不多了,他一无兵马,二无供给,几乎白手起家。吴玠没有抱怨,他与弟弟吴璘收拾残部散卒数千人,积粟缮兵,列栅死守。有人劝他退至物产丰富、给养充足的汉中,"扼蜀口以安人心"。吴玠觉得退守汉中与逃跑无异,只有坚守和尚原,才能起到威慑金军的作用,才能真正保住四川。陕西老百姓感动于他的忠义爱民,纷纷给吴玠的军队输刍送粟,解决了他的后顾之忧。

绍兴元年(1131),金军数万兵马分两路夹击和尚原:一路由金将没立率领,由凤翔府出发;一路由乌鲁折合率领,由大散关出发,两军约定在和尚原胜利会师,西北形势异常紧急。在敌众我寡、敌强我弱的情况下,吴玠沉着决策,果断应对。当时,乌鲁折合部先至,吴玠利用有利地形,在北山开展阻击。为了让将士们保持旺盛的战斗力,他将部队分成两队,一队作战时,另一队休息,轮番鏖战。由于北山山谷路极窄小,又遍布石头,不能骑马,金军只得舍马步战,结果被轮番攻击,伤亡惨重,只得逃走。打败乌鲁折合部的第三天,没立赶到,进犯要隘箭筈关(今陕西千阳县城南)。吴玠乘其脚跟未稳,迎头痛击,又大败金军,终于暂时稳定了西北形势。随后,吴玠因母亲去世归家丁忧。

然而,金国四太子兀术(完颜宗弼)得报后大怒,他亲率十万大军气势汹汹赶来,造浮桥、过渭河,在宝鸡一线垒石为城,做好了进军和尚原、打通入川通道的准备。兀术不是一般的金将,他可是让南宋诸将领教过其智谋和勇猛的金将。部众十万虽说可能夸大,但与宋军相比,也是十几二十几倍的差异。强敌来攻,朝野震惊,西北军事仍是张浚主持,但原来有一员猛将曲端却被他冤杀了,目前能真正抵挡住金军的,除吴玠外几乎别无他者。于是,朝廷赶紧下了一道"夺情诏书",起复吴玠为明州观察使兼陕西诸路都统制,命他火速奔赴前线领军迎敌。

抵达和尚原后,吴玠马上召集部众,分析开导,歃血立誓,鼓舞了士气,稳定了军心,做好了充分的应战准备。当年十月,兀术进攻和尚原,吴玠让将士们利用地形优势,用床子弩轮番射杀敌人。床子弩是弩箭的登峰造极之作,依靠几张弓的合力将一支箭射出,往往要几十人转动轮轴才能拉开,而所用之箭比矛更大,射程达五百米以上,其威力可知。所以弩箭齐发,金军连人带马纷纷倒地,死伤惨重。吴玠另派将士,绕小道出敌后,截断金军粮道。又派弟弟吴璘带领精兵三千,在神垒设伏,后来金军溃退至神垒,伏兵从天而降,金军被杀或自相踩踏而死者众多。随后,吴玠命令吴璘乘夜偷袭金营,连破金营十余座。这次战役,宋军与金军激战三天三夜,杀死金军将士万余,兀术甚至被宋军射中两箭,最后,他忍着疼痛,剪掉了自己的胡须,混在乱军中才得以逃脱,其仓皇狼狈之态毕现。兀术虽勇,但他在中原战场和西北战场都曾因遇到强敌而落败,中原败于岳飞,西北败于吴玠。和尚原之战打乱了金人的灭宋计划,使他们的"入川美梦"化为泡影。兀术仓皇北逃后,金国任命完颜撒离喝为陕西经略使,暂守不攻,与宋军相持于西北。

饶凤关之战。说到饶凤关之战,不能不说到金将完颜撒离喝。还是建炎四年(1130)时,撒离喝与金将娄宿等率军攻打陕西邠州,吴玠时任泾原路马步军副总管,受命于彭原店拒敌,结果打得金军大败,当时的惨状让撒离喝十分害怕,不知如何是好,他情不自禁地当众啼哭,被部下讥笑为"啼哭郎君"。为此,撒离喝对吴玠又怕又恨。

绍兴二年(1132)底,金军十万大军进攻陕西,发誓一举打开入川通道。他们特意避开固若金汤的和尚原,打算从守卫薄弱的饶凤关方向突破。绍兴三年(1133)正月,撒离喝"尽发五路叛卒,自商州侵入",攻破金州(今陕西安康),直逼饶凤关。当时,吴玠再兼陕西宣抚处置使司都统制,节制兴州、文州、龙州兵马,他安排弟弟吴璘守和尚原,自驻河池(今甘肃徽县)。饶凤关告急,兴元府知府刘子羽紧急调派统制官田晟镇守饶凤关,又八百里加急请求吴玠支援。吴玠得报,立即率部从河池出发,一日一夜飞奔三百里到达饶凤关。颇为搞笑的是,吴玠到达后,先让士兵送了几筐黄柑给"老朋友"撒离喝,附言说:"大军远来,聊用止渴。"撒离喝收到新鲜如刚摘下的黄柑后,大惊失色,以杖猛击地面说:"尔来何速耶!"

随后,宋、金大战于饶凤岭。金军身负重铠,登山仰攻,"一人先登则二人拥后,先者既死,后者代攻"。金军不计生死,几乎是用死尸在铺就上山之路。面对如此疯狂的攻击,吴玠站在一线指挥战斗,命令将士们一面弓弩齐发,一面搬大石抛掷，死战六天六夜，打得金军尸积如山，饶凤关仍坚如磐石。然而，事有不巧，一宋军小校因获罪，逃跑投降了金军，"出卖"了一条十分隐蔽几乎无人知晓的羊肠小道，引金军绕至关后，两面夹击，饶凤关一时失守，吴玠只得退保西县，刘子羽退守三泉。

此后，吴玠、刘子羽屡屡派出游骑偷袭金营，打击了金军的气焰，加上金军远离后方，给养不济，难进寸步，最后只好退兵北归。就在金军退兵之际，吴玠领兵设伏于武休关，伏击了金军，金兵被杀和坠落山涧而死者数以千计，军用辎重丢弃一地。饶凤关之战，宋军有败，但金军损失更重，并未捞到丝毫好处，得不偿失，何处而来，仍回何处。吴玠因军功加封检校少保。

仙人关之战。金军入川的幻想始终未灭，绍兴四年（1134）二月，兀术和撒离喝又率军十万（每次都号称十万，实际兵力可能略少），南下进攻仙人关。为何攻仙人关？原来，此前，根据战争需要，吴玠决定放弃和尚原，经营仙人关。仙人关位于今甘肃徽县东南，西临嘉陵江，南接汉中略阳，是由陕入川的锁钥之地，十分重要。兀术和撒离喝这次出兵，抱着必胜的信心和只进不退的决心，因为这次南征，他们连家眷和居家用品都随军带了，铁了心要到四川去安家。金军兵力数倍于宋军，又来势汹汹，志在必得。不过，吴玠多次与金军交战，多次以少胜多，所以他丝毫不惧。他在关右安置营寨，据守要隘，形成掎角。金军到达后，凿崖开道，循岭东下，一次次发起猛攻。吴玠率一万人据要冲拼死抵挡，金军久攻不下。同时，吴玠安排吴璘从阶州七方关方向掩杀过来，与金军激战七昼夜，最后，吴氏兄弟两军终于会合，暂时打击了敌人的嚣张气焰。

金军经过短暂修整后，又向吴玠军营发动了更加猛烈的进攻，均被打退。僵持一段时间后，吴玠乘金军麻痹大意时，率全军倾巢而出，直击金营，打响了反击战。金军没料到会有此着，匆忙应战，但招架不住，死伤无数，金将韩常被射中左眼，忍痛逃跑。将军一跑，士兵跟着，顿时大乱，纷纷逃窜。吴玠乘胜追击，又命统制官张彦攻打横山砦、王浚引军设伏河池，又打了个漂亮的伏击战，宋军大获全胜。

金军几度出兵，非但没有打通入川通道，反而损兵折将，次次败北，兀术只好领着老婆孩子退至凤翔府，休兵屯田，再也不敢轻言入川。至此，宋、金形成了对峙，南宋西北边境暂时稳定。吴玠再被朝廷加封检校少师、奉宁保定军节度使。绍兴九年（1139），吴玠因病逝世于战争前线仙人关，年仅四十七岁。

明代无名氏兵书《草庐经略》说："吴玠用兵，本孙吴，务远略不求近利，故能保必胜，而蜀赖以安。"一句"务远略不求近利"，精准概括了他的用兵特点和作为常胜将军的根源。吴玠经营西北十数年，与金军作战无数，屡战屡胜，创造了宋、金战争史上一个又一个以少胜多的奇迹。以此三战，吴玠足以傲立南宋"中兴四将"而绝无丝毫逊色，尤其是与张俊和"逃跑将军"刘光世比，高下立现。

然而，他为何又缺位"中兴四将"呢？其原因大致有四：一是资历浅。相对于其他四将，他的资历是最浅的，最高实职仅至奉宁、保定军二镇节度使，其他人大都是三镇节度使，或枢密副使、枢密使。二是地偏远。相对于中原战场，天高皇帝远的西北战场没有得到朝廷的足够重视。三是人早逝。吴玠去世时才四十多岁，可谓英年早逝，所以后来他的战功便未表彰到应有的高度。四是有瑕疵。他曾助张浚陷害名将曲端，有不义之嫌。加上好色纵欲，《宋史》就说他："晚节颇多嗜欲，使人渔色于成都。"当时，无论朝野，他都属于有争议的人物。

然而，瑕不掩瑜，吴玠以非凡的胆识、勇气和智慧，抵挡住了金人的铁蹄，对于南宋朝廷和广大百姓而言，也算劳苦功高了。

张浚：用一生去抗金的民族英雄

靖康元年冬（1127年1月），金军攻破北宋首都汴京（今河南开封），烧杀抢掠四个月后，于靖康二年（1127）四月初，携带着掳掠的大量金银、礼器、文物以及宋徽宗、宋钦宗二帝和大臣、宗室、宫人、倡优、工匠等三千余人而去，曾经辉煌一百六十多年的北宋王朝转瞬间轰然倒塌，从此灭亡，史称"靖康之变"。同时，金人虽然暂时离去，但对于南方江山和富饶土地，依然鹰瞵虎视，他们一方面建立了张邦昌傀儡政权，企图坐收渔利；另一方面，对于南方残余武装和势力紧盯不放，一有机会，便要迅速消灭而后快。在此国破家亡之际，有一批仁人志士，沥血披肝，舍生忘死，集绵薄之力，收拾旧山河，最后挽救了南方半壁江山于倾危既倒。其中，张浚就是威望最高、贡献卓著者之一，他用一生的时间去抗金，有效打击了金国的嚣张气焰，让金兵闻风丧胆。

一、平定"苗刘政变"，扶持宋高宗坐稳皇位

张浚（1097—1164），字德远，汉州绵竹（今四川广汉绵竹市）人。张浚出身名门，为西汉留侯张良之后。父亲张咸，进士出身，官至宣德郎，签书剑南西川节度使判官厅公事。张浚四岁时，父亲因病去世，母亲计氏承担起了养家教子的重担。张浚刚刚能开口说话，计氏就安排他诵读父亲撰写的文章；刚刚能动笔写字，计氏又以父亲的言行和德操教育他，日夜陪读，含辛茹苦。在母亲的谆谆教诲下，张浚品学兼优。

张浚

北宋政和六年（1116），张浚遵母嘱到汴京，入太学，刻苦攻读，于政和八年（1118）考取进士，开始步入仕途，这一年，他二十二岁。进仕后，张浚在陕西、四川一带任过县令、州府士曹（也称士曹参军，掌津梁、舟车、舍宅、工艺）等职。

靖康元年（1126），秩满回京任太常寺主簿。年底，金军攻陷汴京。面对破碎山河，外族凌辱，张浚悲痛万分。当金人立太宰张邦昌为大楚皇帝，企图以傀儡政权挟制南方时，张浚不甘屈服，逃入太学，保持气节。第二年，宋徽宗第九子、康王赵构在南京应天府（今河南商丘）称帝，改年号为建炎元年，是为南宋高宗。张浚听说后，星夜兼程，驰赴南京，希望效力新朝，抗击金军。当年五月一日，张浚幸运地参加了宋高宗的登基大典，被任命为枢密院编修，随即提拔为殿中侍御史。

宋高宗登基不久，张浚上书论国事，提出："无论金人来与不来，朝廷当务之急都应该是整顿军务，积极备战，时常保持高度警惕。"不久，又上书说："中原为天下根本，希望陛下下诏修葺东京、关陕、襄邓等地，以待巡幸。"张浚敢说直言的性格，给宋高宗留下了深刻的印象，马上重任他为礼部侍郎，还当面对张浚充满感情地说："你知无不言，言无不尽，我打算有所作为，正如欲一飞冲天而无羽翼，希望你留我左右，辅佐国事。"又提拔为御营使司参赞军事。从此，张浚进入了宋高宗的政治决策层，开始了一生的戎马生涯。

然而，对于宋高宗来说，南宋新朝成立于外族入侵、刀光剑影之中，组建匆匆，风雨飘摇，一不小心就有灭亡于襁褓之中的危险。果然，这位有着"泥马渡康王"美妙传说的宋高宗，在上台不久便差点儿泥菩萨过江——自身难保。

事情是这样的，"靖康之变"后，金人本已北去，当听说宋高宗称帝，又迅速挥师南下，要把新朝扼杀在萌芽之时。而新皇帝宋高宗不思抗战，一味南逃，把大片的中原土地拱手让给金人。不仅如此，他还赏罚不公，重用宦官擅权，宦官又狐假虎威，瞎指挥，致使一个个重镇不断失守。建炎三年（1129）二月，金军突袭宋高宗临时驻地扬州，宋高宗仓皇出逃，扬州随即失守。面对如此残局，驻军于杭州奉国寺的武功大夫、鼎州团练使苗傅和御营副将军刘正彦发动兵变，逼迫宋高宗下台，禅位于他那年仅三岁的儿子赵旉，并让隆祐孟太后（宋哲宗皇后）垂帘听政，准备架空皇权，拥兵自重。

在这千钧一发之际，驻守平江府（今江苏苏州）的张浚，传檄中外，号召讨伐苗、刘，并组织大将刘光世、韩世忠、张俊等率领所部勤王。张浚在誓师大会上说："听说叛乱者出重赏买我的人头，若我的举动违背天意民心，大家可以把我的头拿去领赏；若不是这样，请大家听我号令，畏缩不前者，军法处置！"官兵应声如雷，发誓效力。在强大的军事压力下，苗傅、刘正彦出逃，不久被生擒，斩杀于建康。至此，"苗刘政变"平定，宋高宗终于消灭了心腹之患，重新登上了帝位。

对于四面楚歌、受武将裹挟形同"阶下囚"的宋高宗来说，张浚的出现，那才真是一匹下凡的"泥马"，让他化险为夷，平安着陆，真正坐稳了皇位。所以，他对张浚牵头组织平定"苗刘政变"的英勇表现和卓越功劳，可以用感恩戴德来形容。他亲笔书写诏书，重任张浚为知枢密院事，并在行宫单独召见了张浚，问劳再三。他还感慨地对张浚讲了个故事：苗、刘作乱期间，曾借太后名义下诏，要贬张浚于郴州（今湖南郴州）。当近侍告诉他这一情况时，他正在喝羹汤，听后一惊，汤全部倒在了自己的手上，留下了烫伤，至今犹存。说完，宋高宗伸出受伤的手让张浚看，亲热之情，溢于言表。

二、扼守川陕前线，保住了东南半壁江山

张浚进士出身，也是一介文人、纤弱书生。但他与一般文人士大夫不同的是，他既有文人的情怀，又有军人的勇气，更有战略的眼光。面对动荡局面和频仍战事，他夙夜忧虑，心急如焚，担心金人通过陕西侵占四川，那样，则东南半壁江山岌岌可危。为此，他上书宋高宗，提出："中兴当自关陕始"，建议朝廷加强西北防御，并慷慨请行。宋高宗十分赞同张浚的建议，立即任命他为川、陕宣抚处置使，并允许他"便宜黜陟"，对其手下官吏，可根据需要随时奖惩和进退，给了他很大的主动权。

建炎三年（1129）夏，张浚奔赴前线，置幕府于秦川（今陕西中部），察访风俗，调研军情，罢斥奸贼，搜揽豪杰，一时边关上下，军纪整肃，号令严明，唯张浚马首是瞻。他推荐赵开为都转运使，任命曲端为威武大将军、宣抚处置司都统制，任命刘子羽为参议军事，重用吴玠、吴璘兄弟为将军。这些人能谋善断，智勇双全，皆是一时豪杰之士。在张浚的领导下，陕西前线战争形势一度有利于宋军。

建炎四年（1130）初，张浚听闻谍报人员说，金军主力已经渡江南侵。他随即将西北事务交由刘子羽负责，自己率步骑数万人自秦州东进救援。但到房州时，得报金人已经北还，他才率军回陕西前线。然而，大部分金军虽已北归，但金

将兀术所部还留在淮西窥伺。张浚担心兀术再作乱东南，向宋高宗建议转守为攻，牵制金军，让其无暇顾及东南。于是，在宋高宗的同意下，建炎四年（1130）九月，张浚调集熙河路、秦凤路、泾原路、环庆路诸军及吴玠所部，合五路大军十八万人，集结于富平（今陕西富平），他坐镇邠州（今陕西彬县）督战，准备向金军发起总攻。金国听说宋军反攻，惊慌失措，急命兀术、斡里衍等将入援陕西，配合主帅讹里朵，抗击宋军，不久也进至富平，两军相隔四十公里。

面对千军万马对阵，张浚到底缺少实战经验，甚至还有一丝书生气。当时，有人劝张浚不要轻率进攻，应坚守前线，静观其变，遭到张浚呵斥；当金军立足未稳时，有人建议乘机进攻，打金军一个措手不及，但张浚却一定要让金军安顿好后，向金军下一纸战书，约期决战；当金军坚壁不出，以示弱迷惑宋军时，张浚又颇骄纵轻敌；同时，面对五路大军，张浚部署欠妥，调度不协，战斗力不能全部发挥出来。结果，在金军迷魂阵、伏击战、歼灭战几套"组合拳"使出来后，宋军惨败。至绍兴元年（1131），金军反而攻占了原来宋军陕西前线的大部分地区，张浚只得退守阆州（今四川苍溪）。

富平之战，是南宋建立后与金军正面交锋的一次败仗，使南宋丧失了许多土地和战斗优势。张浚也因此战指挥失当，备受朝廷上下的批评。张浚痛定思痛，集中军力，死守入蜀要隘，凭险设防，与金军对峙。值得庆幸的是，此战失败之余，也消灭了金军的有生力量，牵制了金军主力，使其无法入侵东南，保住了南宋半壁江山，为南宋政权的稳定，立下了汗马功劳。所以，张浚因富平之败向宋高宗请罪时，宋高宗没有处罚他，反而亲书手诏给予安慰和勉励，不久还加官检校少保，定国军节度使。

绍兴元年五月，金军分两路夹击和尚原，张浚派吴玠领兵迎敌，迅速击溃金军。十月，兀术率数万金兵猛攻和尚原，吴玠身先士卒，用弓箭手射退敌人一次又一次进攻，随后突出奇兵从侧翼掩杀，经过三天三夜激战，宋军杀敌万余，兀术身中两箭，狼狈而逃。据说，兀术攻和尚原之前不久，金将粘罕曾感慨地对手下说："自我入中国，所向披靡，势不可挡，独张浚誓死抵抗，我在，尚不能取蜀；一旦我死，你们还是死了这条心以图自保的好。"可见张浚对金人的威慑力之大。粘罕死后，兀术不服粘罕之言，率军侵蜀，果然大败。

张浚经略西北多年，颇有建树，但他进退百官，过于草率，尤其是以谋反之罪杀了名将曲端，朝廷上下议论纷纷，也让宋高宗难堪。于是，宋高宗任命王似为川陕宣抚处置副使，为张浚副手，实际上是前来监军。张浚因王似的到来而感到束手束脚，便上书宋高宗，说王似无能，无法胜任副使一职，请求解除王似的职务。宋高宗本就是因疑心而派王似监军，张浚反而要王似解职，这更戳中了宋高宗的痛处。宋朝皇帝，最怕将帅"坐大"，所以才有执行最持久的"崇文抑武"政策，"兵无常将，将无常师"成为军队常态。有鉴于此，绍兴四年（1134）春，宋高宗召张浚回首都临安（今浙江杭州）述职。不久，朝廷便解除了张浚的兵权，让他以提举洞霄宫，赋闲于福州。

三、跃马江淮，积极备战北伐

当张浚解除兵权之后，集聚于川陕的金兵，如同去掉了一个心腹之患，又开始窥视东南，蠢蠢欲动。同时，在张邦昌之后，金国又扶持原宋朝济南知府刘豫，成立了第二个傀儡政权伪齐，建都大名，后迁开封。刘豫当上皇帝后，甘当傀儡，死心塌地效忠金国，成为金国插进中原、挥向东南的一把利刃。

张浚赋闲不久，金军便与伪齐组成联军，杀奔江南。在这万分危急的关头，宋高宗遍搜毂中英雄，无论胆识、资历、威望，能号召全军、震慑金人者，目前无人能出张浚之右。因此，绍兴四年底，宋高宗赶紧把张浚召回，随即重新任他为知枢密院事，统领全军。

当时，金兀术率军十万，驻扎扬州，全力以赴，准备渡江南侵。面对这咄咄逼人之势，重握帅印的张浚，马不停蹄，沿江巡视。又召集各军将帅刘光世、韩世忠、张俊、岳飞等人，分析形势，讨论应对之策。全军将士见张浚重新掌兵，士气大振。经过张浚和他手下将领们的紧张措置，宋军逐渐形成了有效的沿江防线，兵来将挡，水来土掩。兀术打听到张浚再次领军，叹息道："张枢密贬岭南，怎么又到了这里呢？！"加上天气忽降大雪，粮草不足，金太宗又病危，面对诸多不利因素，兀术只得打消南侵计划，连夜拔营，匆匆撤兵北还。

第二年，宋高宗提拔张浚为尚书右仆射、同中书门下平章事，重用为宰相，同时还兼知枢密院事，都督各路军马，集文武大权于一身。当时，不但北方金国和伪齐虎视眈眈，南方的杨幺也率农民军盘踞洞庭湖区，让南宋新政权腹背受敌。这年春天，张浚主动请缨前去平叛。他组织岳飞所部，封锁、进攻、劝降诸手段一齐上，终于平定了这次叛乱，让宋高宗特别高兴。宋高宗在给张浚的诏书中感慨道："天其以中兴之功付卿乎！"把张浚比喻成中兴之臣，可见宋高宗对他的赏识与倚重。

金兀术撤退后，刘豫灭南宋的迫切心情依然没有因金兵的离去而丝毫减弱，他不断挥师南下，又不断遭到南宋军民的强烈反抗，也吃了不少败仗。由于刘豫常败，金国对他开始失去信心，后来他南侵，金国不再出兵协助。

张浚在金和伪齐出现矛盾之时，觉得机会难得，决定整顿江淮兵马，伺机北伐。他安排韩世忠领兵承州（今江苏高邮）、楚州（今江苏淮安），以图淮阳；安排岳飞进军襄阳以图中原；安排刘光世驻扎合肥，张俊驻扎盱眙，杨沂中为其后翼。在张浚的精心布置下，南宋北伐之势形成。

绍兴六年（1136），屡战屡败而又无法得到金国进一步支持的刘豫，决定孤注一掷，组织三十万大军，打着金军的旗号，分三路南下伐宋。南宋闻报，上下戒严。左相赵鼎急忙请求在建康视察的宋高宗返回临安，遭到张浚的强烈反对。张浚一方面请求宋高宗留在建康，鼓舞士气；一方面又到前线检查防御情况，并要求前线将士："今日之事，有进无退。"当赵鼎提出放弃庐南，撤回张俊、刘光世所部，集中兵力固守长江防线时，张浚又耐心做宋高宗和赵鼎的工作，使他们最终打消了逃跑、退让的决策。接着，他火速赶到采石矶，阻挡军队渡江南逃，还告诫全军说："有一人渡江者斩！"

不久，刘光世、杨沂中等将领率军与伪齐交锋，大获全胜，打掉了伪齐的士气，其他地方的仿齐军，遇见宋军便望风而逃，南宋在与伪齐的交战中，获得了决定性的胜利。第二年，金国见刘豫不堪扶持，便废掉了刘豫，取消了伪齐政权。可以说，在伪齐的覆灭中，张浚功不可没，他因此被宋高宗授予特进（文散官，宰相所带官阶），不久又加官金紫光禄大夫，登上了仕途巅峰。

四、绍兴和议，"和平"的惨痛代价

张浚虽然只是一介文臣，但他坚定的抗金态度和赴汤蹈火的大无畏精神，却是很多朝廷大臣无法与其比肩的。他任相那些年，总揽全局，筹措军事，日理万机，尤其是平定了南方叛乱，为北伐做了充分的准备。他每次上书言事，必言报仇雪恨。当被俘至金的徽、钦二帝去世的消息传来，宋高宗悲痛之际，张浚上书说：

"愿陛下挥涕而起,敛发而趋,一怒以安天下之民!"希望宋高宗化悲痛为力量,挥师北伐。

然而,尽管宋高宗也迫切希望收复失地,但在此过程中一些只可意会、不可言传的隐忧却让他耿耿不寐,徘徊不前。一方面,北伐一旦开始,必是集全国人力、物力、财力、军力孤注一掷,胜数多少,他心中没底;另一方面,南宋草创,根基未稳,一些战争中壮大的武夫势力日渐抬头,嚣张跋扈,各自为政,纷纷自称张家军(张俊)、刘家军(刘光世)、韩家军(韩世忠)、岳家军(岳飞)等等,远有老祖宗赵匡胤陈桥兵变的先例,后有他亲身经历的"苗、刘政变",一朝被蛇咬,十年怕井绳,他对军阀、藩镇势力不断坐大简直惧如猛虎,只要有机会,必定快速剪除。后来岳飞之死,与他这种心理是极有关联的。

宋高宗自登基之日起,便一直在主战与主和之间犹豫不决,这从他任命宰相的人选中,也可看出端倪。当他倾向于北伐,主战的张浚任相;一旦因情况有变而犹豫,稍稍保守的赵鼎任相;如果他倾向向金求和,主和的秦桧就出任宰相。所以,张浚的去留与升降,是与宋高宗的政策指向密切相关的。

而最终推动宋高宗彻底主和这一"多米诺骨牌效应"的第一张骨牌,就是发生在绍兴七年(1137)的"淮西兵变"。在与伪齐对垒的过程中,由于兵骄日盛,张浚便与宋高宗商量整编军队,以免尾大不掉。在宋高宗的安排下,这年三月,张浚解去了刘光世的淮西军军权,将淮西军收为自己的都督府,以都督府参谋、兵部尚书吕祉去节制和统率。同时,以刘光世的部将王德为都统制,郦琼为副都统制。郦琼出身流寇,与王德积隙很深,而吕祉又一介书生,难以服众,这种安排为兵变埋下了伏笔。不久,张浚意识到这样安排欠妥,打算召回郦琼,夺其兵权,谁知,消息走漏,被郦琼得知,郦琼于当年八月发动兵变,杀死吕祉,迫使四万多淮西军投降当时还未被金废除的刘豫,史称"淮西兵变"。兵变消息传来,举国震惊,张浚一时成为众矢之的,随即被罢相,以秘书少监分司西京。当时,南宋总兵力才二十余万,"淮西兵变"使南宋失去了一支关键力量,敌长我消,北伐更加难以提上议事日程了。

绍兴十一年(1141),宋高宗解除了韩世忠、岳飞等将领的兵权,制造了岳飞冤狱,取得与金和谈的资格,随后杀掉岳飞,正式与金签订《绍兴和议》。在满足了金国杀害抗金英雄、向金称臣、割地、赔款等诸多屈辱条件之后,南宋得到了所谓的"和平"。自此，宋高宗任用秦桧为独相近二十年，一直执行屈辱的乞和政策。

张浚罢相后，虽然受主和派排挤，被朝廷放逐，英雄无用武之地，但他坚持北伐、驱除鞑虏的信念丝毫没受影响，而且历久弥坚。在漫长的贬官生涯中，他只要有机会，便上书言恢复，要求朝廷北伐。他的谠言直论，让宋高宗既头疼又恼火。宋徽宗对张浚可以说是又爱又恨，爱是其平定了"苗刘政变"，于自己有"复辟之功"。宋高宗在一次接见张浚儿子张栻时说："朕与卿父义则君臣，情同骨肉。"可见他对张浚有感恩戴德的一面。恨是因张浚太执着于北伐主张，与宋高宗求和的政策背道而驰，坊间甚至传言宋高宗说过："宁失天下，不用张浚！"这种发狠的话出自曾对张浚感恩戴德的宋高宗之口，可见此时他们君臣裂痕之深。所以，《绍兴和议》之后，张浚一步一步逐渐成了宋高宗的"眼中钉"。宋高宗把他贬谪到湖南、广东等地，前后放逐二十余年。

五、隆兴北伐，最后的战争

不过，无论张浚去国多久，只要边关报警，只要和约撕破，只要台上的人想到恢复中原，想到北伐，都会不约而同地想到他、重用他。

绍兴三十一年（1161），通过弑君称帝的金主完颜亮撕毁和约，挥戈南下，一直打到长江北岸，中外震动。宋高宗赶紧起用张浚为观文殿大学士、判潭州（今湖南长沙），旋即判建康府兼行宫留守。就在完颜亮杀到长江北岸、计划从瓜洲（今江苏扬州南）渡江时，由于金国起了内乱，完颜亮被部下杀死，进攻之势稍稍停滞。不过，金人灭宋之心不死，不断南犯。重新回来的张浚，在前线奔走，鼓舞士气，布置防御。

绍兴三十二年（1162），十万金兵围攻海州（今江苏连云港），城内宋军危在旦夕。张浚调派镇江府都统张子盖率兵前往救援，大败金兵。后来，宋高宗曾无限感慨地对张浚说了一句意味深长的话："卿在此，朕无北顾忧矣！"宋高宗说完这句话不久，即当年六月，他到底厌倦了久无起色的朝政，以"倦勤"为由，传位于养子赵昚（宋孝宗），安享清福去了。

宋孝宗想做振兴之君，即位后第二个月，他就急匆匆召张浚入朝，共商北伐大计，而这时，张浚已经到了六十六岁的高龄，廉颇老矣！不过，张浚不服老，更不服输。当宋孝宗向他咨询治国之理时，他慷慨建言道："人主之学，以心为本，一心合天，何事不济？所谓天者，天下之公理而已。必兢业自持，使清明在躬，则赏罚举措，无有不当，人心自归，敌仇自服。"宋孝宗回答说："当不忘公言。"

隆兴元年（1163），宋孝宗重起张浚为枢密使，都督建康、镇江府、江州、池州、江阴军诸路军马，积极筹措北伐事宜。然而，别看宋高宗表面退了位，但指挥棒还依然在他手里紧握，影响力丝毫没有减弱，"乞和"的基本政策不能改变，哪怕花钱买和平，哪怕屈辱守残局。因此，尽管宋孝宗大力起用主战人士，积极展开北伐准备工作，但朝廷内部仍有许多大臣跟随太上皇的指挥棒，连宋孝宗也无可奈何。在这种情况下，心急如焚的宋孝宗干脆绕过三省与枢密院，直接向张浚和众将领下达了北伐的诏令，史称"隆兴北伐"。

接令后，张浚急赴扬州，聚兵八万，任命李显忠、邵宏渊为正、副招讨使。李显忠从濠州出师趋灵璧；邵宏渊从泗州出师趋虹县。遇敌后，李显忠在灵璧大败金兵，迫使金将投降。邵宏渊围攻虹县，也迫使金将投降。不久，二人合力攻克宿州，歼灭和俘获金兵一万多人。捷报传来，宋孝宗激动不已，下诏勉励说："近日边报，中外鼓舞，十年来无此克捷！"

但胜利和兴奋却是短暂的。不久，金将纥石烈志宁、李撒率领十几万大军先后进攻宿州。这时，宋军两名主将李显忠、邵宏渊又因为争功发生矛盾，不服从调度和指挥。李显忠一度成功阻击金兵的进攻，但在两部金兵进行合击的关键时刻，邵宏渊却按兵不动，其部下甚至率军逃窜，致使李显忠孤立无援，在符离（今安徽宿州）被金军击败，全线崩溃。张浚的最后一战，以失败告终，南宋再无进攻的激情与力量，朝廷主和势力迅速抬头，众说纷纭。张浚因此被论罢官职，又一次解除兵权。在主和派的交攻之下，初战失败的宋孝宗被迫放弃北伐主张，下令撤防，于当年十二月与金国达成和议，金宋两国皇帝再次以叔侄相称，宋向金再次割地赔款，张浚和一批抗金志士多年的努力，从此付诸东流。隆兴二年（1164）八月，张浚怀揣着自己一生的北伐梦想，抑郁而终，享年六十八岁。

张浚一生行武，领兵千日，有誉有毁，有胜有败。但有一点，无论境遇升腾抑或贬谪，主战始终是他的态度，北伐始终是他的目标，恢复中原始终是他的理想，宏图大志，终生不变。他在临终前给儿子们留下遗言说："我曾出将入相，却始终不能恢复中原、雪祖宗之耻。我死后，无颜葬于先人墓旁，把我安葬于衡山下就可以了。"可见，不能恢复中原，这位一生抗金的民族英雄真是死不瞑目！

力挽狂澜的抗金名相陈康伯

坊间有"北宋无将,南宋无相"一说。这种说法比较片面,就拿宰相来说,南宋李纲、赵鼎、李光、陆秀夫、文天祥等,无论在当时还是后世,均是名声赫赫者。而本文主人公陈康伯,在南宋抗金大局中的作为和贡献,与李纲、赵鼎等相比,也丝毫不逊色。陈康伯历任南宋高宗、孝宗两朝宰相,在金军不断南下攻宋的紧急关头,他力排众议,力主抗金,力挽狂澜,全力以赴,打击了金人的嚣张气焰,保住了南宋半壁江山,故明人冯梦龙评价说:"保宋之帝者,一寇准也;延宋之帝者,一陈康伯也。"

一、有胆有识,为人淡泊

一个人年轻时的作为,基本可以看出这个人的性格特点和价值取向,陈康伯就是如此。

陈康伯(1097—1165),字长卿,江西上饶弋阳县人。他出身于诗书仕宦之族,父亲曾任提举江东常平之职,家教良好,幼有学行。北宋宣和三年(1121),高中进士,从此进入仕途,后升为太学正(佐太学博士施行教典、学规,正九品)。

就在陈康伯任太学正期间,母亲病故,他回到弋阳丁忧。当时,邻县贵溪盗匪作乱,波及他的家乡,陈康伯没有躲避或逃亡,而是挺身而出,号召乡邻中的青壮年,组成自卫队,保卫家乡。在他的感召下,大家齐心合力,迎击盗匪,结果,不但阻挡了盗匪的抢掠,而且还活捉匪首,家园得以保全。这件事,既可看出他的影响力和号召力,同时也可看出他的过人胆识。

陈康伯

后来,又出现过一次类似的交锋,比这一次更惊险。南宋高宗建炎四年

（1130），陈康伯结束丁忧回朝，先被任命为敕令删定官，不久出任衢州通判，朝廷还委托他代行州长职责。其间，衢州白马原发生盗匪叛乱，陈康伯研判形势，周密谋划，组织州兵，并联合朝廷所派来的中央禁军进剿，最终平息了叛乱。

随后，他又被调回京城，在枢密院、户部等部门任职。当时，宋高宗推行向金国求和的屈辱政策，秦桧因贯彻有力，被任为宰相，威权日重。陈康伯在太学时，与当时任太学正的秦桧有旧，关系不错。但秦桧任相后一直奉行投降政策，陈康伯打心眼里瞧不起他，无论是在地方任通判也好，在朝中任郎官、军器监也好，不因故迎合，不因旧巴结，他做他的宰相，自己做自己的小官。所以，在秦桧任相的近二十年间，陈康伯专心应对内外交困的政务，泊然无求，其间甚至还三度奉祠，离岗处闲，时间长达十年。

二、贤能兼具，官拜宰相

事情也有那么一点凑巧的意味，就在秦桧刚刚去世的1155年，也即南宋绍兴二十五年，朝廷忽然记起有陈康伯这么一个奉祠多年的闲官未用，决定重新起用。宋高宗特地召见了他，一谈，很对胃口，本来最初拟任他为汉州知州，谈着谈着就不舍了，改任他为吏部侍郎，把他留在了身边。这一年，他已年近六十了。后又兼任过礼部、户部、刑部侍郎，管过人事、财政、司法，可以说，中央几大要部，他几乎干了个遍；对于他来说，这既是宋高宗的信任，同时也是一种重用前的历练。在这些岗位上，陈康伯向宋高宗提出了很多有利于国计民生的合理化建议，大部分得到了施行，造福了百姓。而他所做的一件影响最大的事，便是他在刑部时，平反了秦桧时期所兴的很多冤狱，《宋史·陈康伯传》说："前此有司希（秦）桧意兴大狱，（陈）康伯平谳直冤，士大夫存殁多赖之。"这一自觉的举动，让许多含冤莫白的士大夫平反昭雪，重见天日，陈康伯因此在士大夫间获得了良好的声誉。

当然，他这也是在帮宋高宗做好事，使高宗得到了更多人的拥护，高宗自然对他刮目相看。他不久就毫无意外地升为吏部尚书，在任命的过程中，还发生了一件趣事。因陈康伯是提拔而非平级重用，有关部门按照惯例，在任命书上拟用"权吏部尚书"发文，以示过渡。但宋高宗一看有个"权"字，对办事大臣怒道："朕且大用，何'权'为？"所以，陈康伯不久就被宋高宗提拔为参知政事，即副宰相。

任副相期间，陈康伯处事勤勉，为人干练、稳重，深得宋高宗信任。宋高宗曾对陈康伯有一评语，说他："静重明敏，一语不妄发，真宰相也。"看来，宋高宗是要重用他为宰相了。果然，1159年秋，宋高宗拜陈康伯为尚书右仆射、同中书门下平章事，以右相与首相汤思退一同辅佐朝政。1161年春，又拜光禄大夫、尚书左仆射，成了首相。

三、力挽狂澜，大败金兵

南宋自1141年与金国签订《绍兴和议》后，宋金二十年间几乎无战事。但到绍兴年末，也就是陈康伯任首相之前不久，出使金国的叶义问、贺允中回国后，向朝廷汇报说金国必会撕毁盟约，再次南侵，建议朝廷早做准备。陈康伯非常赞同他们对形势的研判，遂及时向宋高宗提出四点应对策略：一是将曾在"顺昌之战"中大败金兀术的老将刘锜调至荆南军（今湖北江陵），以加重长江上游力量；二是分画两淮之地，落实诸将的责任，各保其境；三是淮东只有刘宝独挡，力量薄弱，必须调兵遣将，以作增援；四是长江沿线各州郡，要大修城、广积粮，提高抵御金兵的能力。

他的这些建议，得到了宋高宗的肯定，大部分建议迅速得到落实，各地开始积极备战。果不其然，1161年，金主完颜亮撕毁盟约，率六十万大军，兵分四路，气势汹汹地南下伐宋：一路自海道取临安；一路从蔡州攻荆州；一路由凤翔攻大散关；完颜亮自己率军直取寿州（今安徽淮南）。

大敌当前，陈康伯毫无畏惧，立即召集"三衙"（宋中央禁军最高指挥机构，即殿前司、侍卫亲军马军司、侍卫亲军步军司）将帅，到都堂议事，又请来台谏和侍从等朝中大臣一起讨论，他抛出问题的态度异常坚决：不谈和与守，只论战如何！给在场那些久未用兵的将帅们以莫大的信心和鼓舞。

当然，朝中惧敌退缩者不少，阻止用兵者也不乏其人，甚至还有的建议迁都福建、四川，人心惶惶。当时的右相朱倬一句话也不表态，冷冷地旁观。连当家人宋高宗自己也犹豫不决。在这种情况下，陈康伯以天下为己任，耐心做宋高宗思想工作说："金敌败盟，天人共愤，今日之事有进无退，圣意坚决，则将士之意自倍。"他又向高宗陈策：派成闵驻鄂州以守备襄汉中路；遣吴璘守川陕之地以挡西路敌人；命李宝率兵海上迎战；安排刘锜以江淮浙西制置使，守卫两淮。

当年九月，金人渡过淮河，大兵压境，气氛非常紧张。镇守江淮的老将刘锜安排副将王权进军寿春阻敌，王权刚抵达庐州，听说金军前来，还未正面交战，自己便吓得匆匆逃窜，宋军不战而溃，直接导致淮南沦陷。淮南沦陷，临安危急如累卵。消息传来，朝野震惊，整个临安城都处于一种不安之中。许多大臣纷纷安置家眷，作逃亡计。宋高宗甚至想到海上躲避。

陈康伯深深懂得，宋高宗就是抗金的旗帜，旗倒则心倒，必须进一步坚定皇帝的信心。为此，他将江西的家人接来临安，誓死与帝都共存亡；他下令，临安各城门开关如常，以安定民心；他还找时间故意解衣置酒，饮啖自如；为激发士气，他建议宋高宗御驾亲征。这些措置，让宋高宗惊慌的内心稍稍得以平静，但亲征却万万不敢答应。并且，随着逼人形势的演进，宋高宗甚至又开始动摇了，他某日竟然下了一道手诏说："如敌未退，散百官。"陈康伯读完手诏，立即将诏书烧毁了，并继续耐心做高宗的思想工作说："与其散去百官受辱，不如孤注一掷亲征。"通过陈康伯耐心细致的工作，宋高宗最后勉强答应御驾亲征。

随后，朝廷以枢密院事叶义问为督军，以中书舍人虞允文参谋军事，到江淮前线督查各军，积极备战，皇帝随时准备亲征。当时，金军正在赶造战船，准备从和州渡长江。十一月初，虞允文以参谋军事身份到金军对岸的采石矶（今安徽马鞍山西南）督军。由于前线主将王权被罢职，接替者李显忠未到，江防处于无人指挥的状态。金军即将渡江，长江一溃，必然国破家亡。在这种万分紧急的情况下，虞允文挺身而出，组织部队抵御金军进攻。随后，金军渡江攻来，完颜亮亲自在江边指挥。虞允文立即命令宋军驾战舰迎战，他利用金人不习水战的弱点，水陆配合，用箭射，用火攻，经过几天几夜的苦战，终于出奇制胜，取得了采石大捷。其他战场也捷报频传：李宝在海上大破金兵，吴玠在四川痛击敌人。同时，金国此时偏又发生了内乱，完颜雍宣布废去完颜亮，自立为皇帝，夺取了政权。当年十二月，进退无据的完颜亮被部将杀死。

至此，这次金军大规模南侵以南宋胜利告终。而这次胜利，与陈康伯运筹帷幄之中的科学决断和置之死地而后生的过人胆识是密不可分的。这是南宋抗金中极少的几次大胜仗之一，它不但保卫了国土、维护了尊严，也坚定了君臣和百姓的信心，堪称力挽狂澜之战。

四、再膺重命，逝于任上

宋朝皇帝中，有特别敬业勤政的，像太祖、太宗、神宗等皆是。但也有既不勤政又不敬业甚至还没有责任感的，像徽宗、钦宗，还有眼前这位高宗皇帝。1162 年夏，宋高宗名曰倦于朝政，禅位于太子赵昚（宋孝宗），把担子一丢，自己一边休息去了。

宋孝宗即位后，对陈康伯这位先朝老臣格外敬重，曾评价他说："陈康伯有气量，朕扈从太上在金陵，其从容不迫，可比晋谢安。"孝宗不仅请他继续任宰相，还加兼枢密使、封信国公，甚至每次见面都称他丞相而不直呼其名，礼遇有加。

不过，陈康伯有自知之明，孝宗上台，自己作为前朝宰相，眷恋权位，必然会给新皇帝以压力，难以放手施展，所以，他旋即以病为由，请求退休，但遭到孝宗拒绝。第二年，孝宗改元，陈康伯又连连上章，请求致仕，孝宗不好强留，毕竟人家已是六十六岁高龄，身体也确实不好，只好让他以太保、观文殿大学士、福国公判信州，休闲养老去了。临别之际，孝宗还反复请求他说："若有宣召，还万望勿辞。"并安排宰相以下百官，将陈康伯欢送至都门之外，给予了他一个朝臣的最高礼遇。

宋孝宗即位时，才三十六岁，年富力强，试图振兴。他主张抗金，并开始大力起用主战人士。1163 年四月，宋孝宗用抗金名将张浚之议，任命他为枢密使，都督建康、镇江、江州、池州、江阴诸路军马，开启了收复失地的北伐战争，史称"隆兴北伐"。北伐在张浚的领导下，先后败金兵于灵璧，接连收复灵璧、虹县、宿州等地，前线捷报频传。然而，由于前线诸将不和，最后宋军被金军大败于宿州州治符离，南宋渐渐积累起来的军事力量因此受到重挫，南宋不得不再次向金割地赔款，俯首称臣。宋孝宗开始由主战转向求和，并以主和大臣汤思退为宰相。

然而，求和也不一定能保平安。1164 年十月，金国因南宋自汤思退任相后，一味主和，不修边备，遂乘虚而入，渡过淮河，连连攻下楚州、濠州、滁州等重镇。南宋上下，慌作一团。无法，又只得输金送银，向金乞和。这次屈辱求和后，满朝文武纷纷谴责汤思退的无能和软弱，要求他下台。无奈，孝宗只好罢免了汤思退。

汤思退去朝后，用谁为相成了一道技术性难题，朝中主和者多，但目前当然不能用主和者，必须要用一威望高的主战人士，于是，让陈康伯复相的呼声一浪高似一浪。不久，宋孝宗即再次拜陈康伯为尚书左仆射、同中书平章事兼枢密使，又进封他为鲁国公。这时，陈康伯已经六十八岁了，加上体弱多病，家人劝他，身体要紧，应该辞去这个宰相的任命。但是，陈康伯认为，在这个国家受辱的关键时刻，自己不能袖手旁观，他耐心对家人们解释说："我乃国家大臣，今国家有难，责无旁贷，当抱病登车，替主分忧。"

入朝之后，他带病坚持工作，不久因过度工作，病情继续加重。1165年正月某天，陈康伯入朝议事完后，刚出殿门，喘咳不止，回家就溘然长逝，享年六十九岁。

南宋名相确实不如北宋多，但在这不多的名相中，陈康伯是生性淡泊而又最有民族气节者，而且从不摇摆，始终如一。著名小说家蔡东藩在谈到南宋历史时曾说："幸陈康伯劝阻于内，虞允文达权于外，始得侥幸一胜，保全东南。"所以，陈康伯既是抗金民族英雄，同时也是保全南宋免于过早灭亡的大功臣。

叶义问："吃羊肉"不及"吃糟糠"

南宋前期，宋高宗赵构任命秦桧为宰相，时长近二十年。二十年，足以将一个曾经谨小慎微的官吏"磨炼"成一个作威作福的权臣，何况是阴险狡诈如秦桧者。所以，朝廷上下，许多大臣都唯秦桧马首是瞻，轻易不敢发表不同意见。然而，也有少数不怕死的硬骨头，敢于向秦桧说不，叶义问就是最有名的一个。

叶义问，严州府寿昌县（今浙江建德）人。他于建炎二年（1128），入围赵构登基后科考的第一批进士，随后调临安府任司理参军。司理参军是司理参军事的简称，一个从八品的小官。别看他是这样一位连七品芝麻官都算不上的小小司理参军，当官又没几年，却上书弹劾当时的宰相范宗尹，可见其言事之大胆。

宋高宗绍兴年间，叶义问调饶州（今江西鄱阳）任教授，掌学校课试诸事，因知州缺人，朝廷让他代

叶义问

理知州一职。当时，有一个较为有名的僧人犯了罪，叶义问准备按法律对其治罪，但有人马上提醒他，此僧为徐俯的门僧（约定为其做礼忏的僧人），不可轻率对待。徐俯为饶州德兴人，任过翰林学士、签书枢密院事、参知政事（副宰相），曾是当朝皇帝面前的红人，如今荣归故里，退休在家。而且，徐俯对叶义问也不错，刚刚写了一封荐书，准备向皇帝推荐叶义问，委以重任。如果治此僧的罪，无异于同关心他的老领导过不去，身边同僚深知此僧来头，屡屡劝他网开一面。叶义问置之不理，坚持要治僧人的罪。随后，此事到底惊动了老领导徐俯，他拖着年迈的身体，亲自赶到饶州府，当面向叶义问请求释放此僧。然而，叶义问不但不看僧面，而且还不看老领导的佛面，依然不为所动，当场拒绝。徐俯不禁大怒，抽出自己的推荐信，责骂叶义问不讲情面，不知好歹，然后拂袖而去。最后，叶义问将僧人绳之以法。

最能体现叶义问胆量的事情,是他敢在秦桧这个太岁头上动土。大家都知道,秦桧自任相以来,一手遮天,而且以阴鸷和打击报复著称,同他作对,简直是寻死。但叶义问丝毫不惧。他曾任江宁(今江苏南京)知县,秦桧是江宁人,江宁有他的故乡和大批瓜棚搭柳的亲属。以前,这些沾亲带故者皆因秦桧而免掉了应该履行的差役。叶义问来江宁后,听说秦桧亲属不服差役,立刻下令给他们派差。同僚们纷纷劝他别自寻烦恼,叶义问反问同僚们:"他们不服役,何以服他人?"照派不误。

他任江州(今江西九江)通判期间,豫章太守张宗元得罪了秦桧,秦桧示意叶义问的上司张常先处理,张宗元恰好乘船路过九江,张常先便命令叶义问扣押张宗元的官船。谁知,叶义问非但不执行,反而将张常先派人送来的文书丢到地上,并说:"我宁愿获罪,也不干这种缺德事!"张常先向秦桧报告,叶义问因此被罢官,终秦桧一世,未得重任。

其实,在当时,像叶义问这种性格的人,最适合的岗位是当御史,因为御史可以放言无忌而免责。后来,事情也确实是这样发展的。绍兴二十五年(1155),秦桧去世后,在继任者汤思退的推荐下,叶义问进入了宋高宗赵构的视野。因秦桧任相时遍植党羽,包括当说直话的御史,均对秦桧唯命是从。当时,赵构也是睁一只眼闭一只眼,如今秦桧去世,正好要做一番修正和调整,他想起叶义问当年以一介末吏弹劾宰相范宗尹,想必既正直又大胆,便提拔他任殿中侍御史。叶义问到任,果然不负赵构所望,知枢密院事汤鹏举效法秦桧,培植亲信,叶义问上书弹劾,文中有"一桧死,一桧生"之语,掷地有声,汤及其亲信被罢。

这样一个正直大胆的书生,任御史当言官确实干得风生水起。然而,后来赵构却任命他为同知枢密院事,掌全国兵权,这就有点用人失察、措置不当了。为何?叶义问掌朝纲朝纪尚可,但让他掌兵,将阻挡大敌的重任交予他,这就如同拉来黄牛当马骑,用非其人了,以至于连连闹出笑话。

比如,金主完颜亮率军南侵,他到江淮一线督军,有一天,打了胜仗的刘锜来信报捷,当叶义问读到:"金贼又添生兵"时,竟然不知"生兵"(生力军)的意思,茫然顾左右问道:"生兵为何物?"让僚属们禁不住纷纷掩口而笑。

又比如,他到镇江视察,对岸的金军即将渡江来袭,他竟然让老百姓在沙地上挖沟,然后在沟边插上树枝做鹿角(用尖锐坚固的树枝捆绑在一起,形似鹿角状）御敌，还得意地对正在做事的老百姓说："金军如果渡江，就以此抵挡他们。"老百姓一边无可奈何地做事，一边笑着说："枢密大人吃羊肉，其识见为何还不如我们这些吃糟糠的村夫呢？江沙上的工事，如同稻草人，怎么御敌呢？"果然，当夜涨潮，沙沟全平，树枝也都漂得不知去向。叶义问因此落下笑柄。

"吃羊肉"不及"吃糟糠"，历代不乏其人、不乏其事。这说明，用人是个永远的课题。用人得当，则事半功倍，于江山社稷有助；用人不当，小则引人一笑，大则害家误国，像当年金军兵临城下，进攻开封，宋钦宗竟将首都安危全部托付于一江湖骗子郭京，结果城破国亡，留下了最惨痛的教训。

胡铨贬官名天下

胡铨是庐陵人,即今天的江西吉安。庐陵是个物华天宝、人杰地灵、文化厚重之地,两宋三百余年,从这里走出的槃槃大才一个接一个,或名臣,或名相,或名将,或名儒。其中名望最大者六人,分别是欧阳修、杨邦乂、胡铨、周必大、杨万里、文天祥。他们去世后,因为生前贡献卓越,都被朝廷追加了荣耀极高的谥号,欧阳修为"文忠",杨邦乂"忠襄",

胡铨

胡铨"忠简",周必大"文忠",杨万里"文节",文天祥后被明代追谥"忠烈",合为庐陵"五忠一节"。

岳飞之孙岳珂在《桯史·三忠堂记》中,谈到胡铨被追谥为"忠简"的原因时说:"(胡铨)毅然上书乞斩相参虏使,三纲五常赖以不坠,士大夫复翕然尊之,天子从而褒赠",说胡铨的成名,是他曾上书要求斩首宰相。不过,胡铨当时虽然忠勇过人,但他却因此遭到打击和迫害,贬谪十余年,越贬越远,身心备受摧残。

绍兴八年(1138)三月,宋高宗任命秦桧为宰相。秦桧任相后,继续推行投降、主和政策,安排亲信王伦出使金国,与金商谈和议之事。金国派使臣张通古、萧哲赴临安,送国书。虽说是议和,但金国的态度却特别傲慢,条件极不平等,不但要求宋朝承认金为宗主国地位、宋为金国的藩属国,而且要求宋高宗以臣子之礼,跪拜接受金国君主的诏书。对于宋朝来说,这简直是奇耻大辱。然而,南宋小朝廷的皇帝大臣们,早已被金国的金戈铁马吓破了胆子,虽然深觉屈辱,但又不敢反对。于是,在主和的宋高宗和秦桧的谋划下,这一条件竟也"创造性"地实现了,即宋高宗以为刚刚去世的宋徽宗守孝为由,改皇帝跪拜接诏为宰相秦桧跪拜接诏,取得了金国使臣的同意,让人不得不惊叹南宋皇帝和大臣的"聪明"。

至于其他赔钱割地、花钱消灾的条件，当然更加容易，一概满足了金国的要求。

如此一来，满朝沸腾。时任枢密院编修的胡铨，激愤之下，向宋高宗上了他那篇著名的奏章《戊午上高宗封事》。他在奏章中质问宋高宗说："奈何以祖宗之天下为仇敌之天下，以祖宗之位为仇敌藩臣之位！陛下一屈膝，则祖宗庙社之灵尽污夷狄……"他历数秦桧的卖国投降行径，痛斥道："臣备员枢属，义不与桧等共戴天。区区之心，愿斩三人头，竿之藁街。然后羁留敌使，责以无礼，徐兴问罪之师，则三军之士不战而气自倍。不然，臣有赴东海而死耳，宁能处小朝廷求活耶！"要求宋高宗把秦桧、王伦等人斩首示众，表达了与投降派势不两立、誓死捍卫国家尊严的信念和决心。他这篇斗争"檄文"一出，士大夫争相传阅，一时洛阳纸贵。

然而，宋高宗和秦桧既以屈膝求安为旨，一切反对议和之言都是杂音、谬论，当然剪除而后快，胡铨首当其冲。于是，秦桧以胡铨鼓动士大夫反对皇帝为由，反过来弹劾胡铨，把他降职为监广州盐仓；绍兴十二年（1142），又以胡铨恣意议论，把他除名，安置于新州管束；绍兴十八年（1148），再以诗词中有毁谤讥刺朝政之辞，流放到更远的吉阳军，即今天的海南三亚。

胡铨因为反对和议，深受秦桧的报复性打击。然而，他的境遇虽然越来越差，但他在士大夫间的声誉却与日俱增。当年，他上书《戊午上高宗封事》，宜兴进士吴师古把他的奏章刻书印行。据说，金国也听说了这一著名奏章，便以千金购买回国，金国君臣读完后，纷纷惊叹道："南朝有人！"胡铨贬谪广州，监登闻院陈刚中以启为贺，赞扬他说："屈膝请和，知庙堂御侮之无策；张胆论事，喜枢庭经远之有人。身为南海之行，名若泰山之重！"他贬谪新州，同郡王庭珪"以诗赠行"。影响最大的，恐怕要算著名词人张元干为他饯行所作的《贺新郎·送胡邦衡待制赴新州》，词曰：

梦绕神州路。怅秋风，连营画角，故宫离黍。底事昆仑倾砥柱，九地黄流乱注。聚万落千村狐兔。天意从来高难问，况人情老易悲难诉。更南浦，送君去。

凉生岸柳催残暑。耿斜河，疏星淡月，断云微度。万里江山知何处？回首对床夜语。雁不到，书成谁与？目尽青天怀今古，肯儿曹恩怨相尔汝！举大白，听金缕。

张元干通过此词，把对胡铨的钦佩之情，表达得淋漓尽致。胡铨舍生忘死、与投降派斗争到底的精神，也因张元干的词而广为人知，胡铨因此扬名天下。

后来，宋孝宗上台后，立志收复失地，打算北伐雪耻，重新起用主战派人士，胡铨得以复官，并屡屡升迁，历任兵部侍郎、工部侍郎、龙图阁学士、端明殿学士等要职，最后以资政殿学士致仕。

岳飞案背后的世道人心

岳飞被供奉于庙宇,享千年的烟火;秦桧被铸成铁人,在岳飞墓前下跪。然而在当时,岳飞作为朝廷钦定要犯,名声不如后来显赫,与之迅速划清界限的有之,检举、揭发者有之,为求个人荣华富贵而落井下石者亦大有人在。

先说说他的僚属姚岳。姚岳,字松卿,京兆府(陕西西安)人。南宋初,陕西陷落,姚岳逃奔四川,于绍兴二年(1132)考中流寓进士(在寄居地考上进士)。当时,岳飞任知潭州兼权荆湖东路安抚使、都总管。岳飞因自己姓岳,母亲姓姚,一次偶遇姚岳后,大喜,立即辟为幕僚,引为亲信。后来,岳飞获罪,姚岳却极力避嫌,矢口否认曾为岳飞属官。为了进一步与岳飞划清界限,他还神经兮兮地向宋高宗上书请求将地名中有一"岳"字的岳州改为纯州,其节镇岳阳军改为华容军。不想,宋高宗竟然"从谏如流",接受了这一堪称"史上最荒唐的建议"。《宋史·本纪·高宗》载:"(二十五年六月)癸卯,以言者追谮岳飞,改岳州为纯州,岳阳军为华容军。"看来,有怎样的昏君,就有怎样的佞臣。

姚岳之类,在南宋初的官场,不是少数,有些人甚至助纣为虐地迫害岳飞家属。据南宋王明清《玉照新志》记载,岳飞被杀害后,除岳云随父遭冤杀外,其余子孙亲属分别被流放到洞庭湖以南的蛮荒之地,以及福建之北的崇山峻岭之间,朝廷每月仅给少量米粮,条件恶劣,生活艰苦,不过苟延残喘而已。即便是对于这遭受灭顶之灾的家庭,当时仍有一位漳州知州上书,建议朝廷取消对岳飞亲属仅有的一点米粮供应,以斩草除根,真是卑鄙龌龊至极。难怪王明清在书中评论道:"士大夫为官爵所钓,用心

岳飞

至是,可谓'狗彘不食其余'矣!"因此,王明清不在书中透露其姓名,免得玷污了缙绅的清名。

一个案子,可以洞悉世道人心。

不过,天下乌鸦并不一般黑,还是有一些一身正气的士大夫,敢于向邪恶说不。

枢密院编修胡铨上书宋高宗,请求斩秦桧,为岳飞鸣冤雪耻,结果被秦桧贬谪海南。布衣刘允升、知浃纷纷上书朝廷,要求释放岳飞,被秦桧及其党羽下大理寺处死。上至朝官同僚,下至布衣百姓,他们都齐了心似的为岳飞鸣冤,明知会遭到打击报复,但明知山有虎,偏向虎山行,并无丝毫畏惧和退缩,这既体现了他们不惧强权的勇气,也体现了岳飞的民族精神在士大夫和老百姓心目中的地位。

处于中间地带的人又如何呢?如韩世忠,作为与岳飞、张俊同为南宋"中兴四将"之一的他,与岳飞交情还不如同张俊深厚,张俊助秦桧构陷岳飞,韩世忠却始终不相信岳飞谋反。《宋史·岳飞传》载,岳飞系狱,韩世忠抱不平,秦桧说:"岳云写给张宪的策反信虽未查明白,其事体莫须有。"韩世忠说:"莫须有三字何以服天下?"这说明,韩世忠虽不偏袒岳飞,但他心存正义,希望看到证据。

就连羁押岳飞的狱卒都伸出正义之手。狱卒隗顺,非常同情岳飞遭遇,岳飞就义后,他将岳飞尸体偷偷抱出,掩埋于杭州栖霞岭,他担心被发现获罪,一直不敢声张。临死之际,他才把儿子叫到跟前,告诉儿子偷埋岳飞一事,还说:"将来岳飞必有昭雪的一天,到时朝廷若雪此冤案,必悬赏求岳飞遗骨,届时你可向官府如实相告,坟上植有两棵橘树,岳飞身上有他原来佩戴的玉环,棺上铅筒刻有'大理寺'字样,均是我埋葬时特意做的记号。"绍兴三十二年(1162),宋孝宗继位,随即为岳平反,依礼改葬,不知原葬处,果然悬赏求尸。隗顺的儿子报告,才使岳飞之墓堂堂正正地出现在后人面前。

天道好还,公道自在人心,岳飞虽然沉冤日久,但冤案终将昭雪,因为像他一样的忠勇之士,是中华民族的脊梁。

"莫须有"与"必须有"

岳飞一案，秦桧给岳飞定罪的"莫须有"三字，因其似是而非、模棱两可的荒诞性，而成了历代习用的成语。这说明，历史上许多奸臣，虽然祸国殃民，但在其作恶的过程中，却常常"弄拙成巧"地对文化做出了"贡献"，让人不禁哑然失笑。

此语流传最广的版本出自《宋史·岳飞传》，《传》载："狱之将上也，韩世忠不平，诣桧诘其实，桧曰：'飞子云与张宪书虽不明，其事体莫须有。'世忠曰：'莫须有'三字，何以服天下？"

南宋绍兴十一年（1141），秦桧以谋反之罪将岳飞下狱，照律要处死。当他准备将案子上报宋高宗时，与岳飞同为"中兴四将"之一的韩世忠内心颇不平，到秦桧那里追问证据，秦桧以"莫须有"三字搪塞，史家常常解释为"也许有""或许有"，老百姓则以此作为成语，形容凭空诬陷。

不过，史书上还有另外一说。南宋徐自明《宋宰辅编年录》卷一六"高宗绍兴十一年八月"条载："先是，狱之成也，太傅韩世忠尝以问桧，桧曰：'飞子云与张宪书不明，其事体必须有。'世忠曰：'相公言必须有，此三字何以使人甘心！'固争之，桧不听。"

南宋熊克所著《皇朝中兴纪事本末》一书中，也记载为"必须有"。

到底是"莫须有"还是"必须有"呢？从说话人身份、说话前后语境和案件的审理过程等方面来推敲，倒能看出一些端倪。

从说话人身份来说，一个是宰相，政府首脑；一个是枢密使，三军司令。两位都是当朝一言九鼎的大人物，要定一位同为大人物、地位仅次于自己的枢密副使（岳飞）的罪行，岂可用模棱两可的话去搪塞，蒙混过关？别人不笑、后人不笑，他自己都会笑。

从前后语境来说，前面说岳云与张宪的谋反信虽未查明，后面接着的，应该是一个肯定的"但是"句,怎么会这个虽未查明,那个也许有呢?语境上亦不成立。

从案件审理的过程来看,岳飞入狱后,秦桧动员给岳飞罗织罪名的包括张俊、万俟卨、何铸、罗汝楫、王贵、王俊等若干人,倘若一个"莫须有"就能过得了堂的话,那还何须动员这么多人、罗织这么多罪,何况还加上严刑伺候。

而从秦桧自身的立场上来看,倘非"必须有",他那"南人归南,北人归北"的投降之策便兜售不了,最关键的是,他那如日中天的权位牢固不了。所以,秦桧彼时彼境所表达的意思,不会是也许有、或许有甚至"这个可以有",应该是:"这个必须有!"

清代厉鹗等人所著《南宋杂事诗》一书注文言及此事也记载为"必须有"。附在此注后有一段按语说:"此三字与《中兴纪事本末》(即《皇朝中兴纪事本末》)同,今皆作'莫须有',恐不若纪事之得其实也。"

可见,清代大儒也认为秦桧所说"必须有",是更接近事实一些的。

赵雄的气节

赵雄参加科举考试获得省试第一名的这一年，正是南宋隆兴元年（1163）。

这一年，宋高宗赵构禅位于养子赵昚，是为宋孝宗；这一年，宋孝宗在宋高宗还在世的情况下，下诏书为岳飞平反昭雪；这一年，宋孝宗起用张浚为枢密使，发动了"隆兴北伐"。这一系列对于南宋朝廷来说足以震惊朝野的大事件的发生，注定会给赵雄这位即将入仕的读书人以激荡和震撼，也必然对他将来从政后的世界观产生深刻影响。后来的事实也的确如此。

赵雄，字温叔，资州（今四川资中）人。赵雄于1163年获得了省试第一的好成绩之后，由此进入了南宋名臣虞允文的视野。虞允文以"采石大捷"大胜金军而震惊朝野，时任川陕宣谕使，正全力筹备恢复中原的抗金事宜，多事之秋，急需用人，当他得知省试第一者为赵雄，又是四川人，当即辟为干办公事，协助军务。后来，虞允文回朝出任宰相，遂将赵雄推荐给朝廷。

赵雄才学兼备，品性优良，面对外族入侵的国恨家仇，他年轻的内心早已涌起一股爱国情怀，加上在虞允文幕府中的耳濡目染，使他不仅树立了抗金理想，而且这种理想和信念越来越坚定。所以，当虞允文将他引荐于朝廷，宋孝宗于乾道五年（1169）单独召见他时，他直抒胸臆，谈论北伐见解。宋孝宗听后很惊异，有感于年轻人的识见与担当，当即任命赵雄为秘书省正字。

乾道六年（1170）五月，宋孝宗派遣起居郎、假资政殿大学士范成大使金，向金索求北宋诸帝陵寝之地。范成大临行前，孝宗曾召见赵雄讨论时政，赵雄借范成大使金一事，慷慨激昂，极论恢复中原大计，让孝宗惊喜朝中有人，马上任命他为右史（掌起居舍人事），才短短两个月，又升他为舍人（即知制诰），不到一年，再骤升为中书舍人，将他重用为草拟诏命的近臣，可见孝宗对赵雄的信任。

金国派耶律子敬为使节，来宋廷祝贺会庆节，赵雄出任馆伴使。他借与耶律子敬接触的机会，了解到了一些重要的情报，及时向孝宗报告，有时甚至连夜进宫当面报告孝宗，使孝宗掌握了许多对于和金谈判有价值的信息。耶律子敬回国之前，即将辞行，按宋金之间的惯例应当奏乐。赵雄以朝廷郊祭、天子斋戒为由，反对奏乐。孝宗认为有理，但又怕得罪金使，两难之际，赵雄说有此理由，金使不敢不从，若有变故，我必将对方带至驿馆说服。后来，耶律子敬辞行时果然未用乐，也未引起外交事端，这为本来已经十分屈辱的南宋朝廷稍稍挽回了一点面子。同时，在为孝宗服务的过程中，赵雄还多次建议孝宗设置恢复局，以牵头北伐事宜，宋孝宗本有志于北伐，虽说之前"隆兴北伐"以失败告终，但这样的建议到底还是合乎他真实的心意，所以，赵雄深得孝宗信任。

赵雄政治作为上最浓墨重彩的一笔，是他的使金之行的凛然表现。当时，赵雄以祝贺金主生辰为由，出使金国。虽然名义为祝贺金主生辰，但赵雄与孝宗商议的真实出使目的是争取迁回诸先帝陵寝，以及确定受书仪式问题。这都是涉及国家主权和尊严的问题，所以，在赵雄面见金主争取权益的过程中，自然阻力重重，但面对金主的霸道和金国大臣们的虎视眈眈，赵雄丝毫不惧，据理力争，金国大臣屡屡起哄，他依然舌战群臣，抗争到底。赵雄此行，震惊金国上下，金人将这次廷争喻为"龙斗"，可见当时的惊险。

出使归来，赵雄先后被任命为礼部侍郎，除端明殿学士，签书枢密院事，同知枢密院事。淳熙五年（1178），被孝宗拜为右丞相。赵雄以恢复中原为己任，每每进见孝宗，必言"二帝在沙漠"，多次建议北伐。宋孝宗登基之初，本有恢复中原大志，但自"隆兴北伐"失败后，于1164年与金人签订了屈辱的《隆兴和议》，投降外交成了常态，朝中也大都以主张忍辱的大臣为多，但赵雄却坚持抗金北伐，并且不改初心，始终如一，堪称气节之臣。

然而，"隆兴北伐"的失败，不仅造成了南宋国力大损，也使朝中反对北伐的人越来越多，加上宋高宗以太上皇身份时时干预，朝中难以形成上下一心、众志成城的统一战线，致使孝宗有心无力，遂也在战、和之间摇摆不定。基于环境如此，赵雄任宰相，注定时间不会很长。果然，做相不久，赵雄即遭人弹劾而罢相。后来，他还在江陵、湖北、潼川等地任职，重视民生，关心百姓，颇有政声。

宋光宗绍熙四年（1193），赵雄去世，终年六十五岁。

这只"老虎"好厉害

南宋有一个官员,被朝廷委以钦差去"打老虎",结果在老虎的"阴谋决策"下,不但虎没打成,自己还差一点被老虎给吃掉,最后身败名裂,这个人叫韩璜。

韩璜,开封府(今河南开封)人,宋高宗建炎四年(1130)赐进士出身,历任右司谏、广南西路转运判官等职。说到韩璜这一经历,不能不说到另外一个人,王铁。王铁有点来头,他的曾祖王珪是宋仁宗时期的宰相,他的祖父王仲山任过抚州知州,他的姑父更加了不得,是当朝宰相秦桧,他的姑姑,就是杭州岳坟前与秦桧并肩而跪的那位王氏,可谓背景厚实,家族显赫。

王铁因为秦桧这层裙带关系,被推荐于朝廷,任过提举江西东路常平茶盐公事、直秘阁等职。绍兴年间,他又主政广州番禺。王铁这位"官二代",颇有点公子哥儿性格,仗着秦桧的权势,在地方上吃喝玩乐,嫖赌逍遥,贪污腐化,鱼肉百姓,以至声名狼藉。朝中许多正直的大臣见此,不惧秦桧,纷纷弹劾王铁,一时朝野震惊。

据南宋罗大经《鹤林玉露》载,绍兴六年(1136),朝廷特任韩璜为广南东路提点刑狱公事,"令往廉察"。提点刑狱公事是朝廷的差遣官之一,也是监司官之一。这里包含两个意思:一者提点刑狱公事不完全属地方官,相当于中央派到地方核查刑狱的官员,等同钦差;二者提点刑狱公事属于监司官之一,也就是说他不仅有刑狱和司法之权,还有监察之权,负责对本路和下属州、县官员的监察。而"令往廉察",说得直白点,也即让他去查案子、搞巡视、打老虎,朝廷用意十分清楚。韩璜接到任命后,感觉责任重大,精神为之一振,立马收拾行装赴任。提点刑狱公事的办公地点在韶关,当他风风火火到达任所后,第一件事就是带领能员干吏前去番禺调查。

王铁与秦桧乃姻亲关系,按照宋朝的回避制度,对于这种事情,秦桧必须避嫌,无权横加干涉。所以,王铁一听朝廷来了巡视组,姑爹秦桧暂时又有权不能任性，顿时吓得魂飞魄散。王铁天天焦虑，夜夜叹息，寝食俱废，半月下来，人比黄瓜瘦。

王铁生活糜烂，妻妾众多。正在他愁肠百结之际，其中一位小妾看在眼里，急上心头，关切地问他："主公何忧？"王铁将事情的来龙去脉向小妾倾诉了一遍，说完又连声叹气。小妾一听是韩璜来，笑了，说："韩璜，就是那位韩九啊，他来，主公大可高枕无忧。"

你道小妾为何如此大话放言？原来，韩璜与小妾是老相好。小妾原是南宋临时首都杭州的著名歌妓，王铁纳她为妾之前，慕名到她家的公子王孙、书生新贵络绎不绝，而韩璜则是去得最殷勤的公子哥儿之一，当年韩璜在她家里，几乎无"乐"不做。小妾附耳向王铁说："韩九来后，主公只需如此这般，保准他兴冲冲而来，灰溜溜而去。" 在小妾的一番"肯定、必然、保证"之下，王铁转忧为喜。

韩璜赶到番禺，他就成了名正言顺的朝廷钦差"韩提刑"，铁脸一张，铁板一块。王铁听说韩璜已到，赶快整衣正冠，亲自到郊外迎接。然而，韩璜避而不见。到了番禺城中，韩璜才与之相见，却又"不交一谈"，一句话也不说，点头示意而已，一脸的阶级斗争。

第二天，韩璜按照规矩回访王铁。喝完茶后，王铁请韩璜游览衙署园林，韩璜一摆手，不去。在王铁的再三恳求下，韩璜才勉强同意。游罢园林，王铁又邀请韩璜到他特意安排的宾馆，只见"水陆具陈，伎乐大作"，山珍海味摆满了桌，弹者奏起来，舞者跳起来，皇帝来了招待也不过如此。韩璜开始局促不安，既想把持威严，又有点心旌飘摇，半推半就坐下，客气地动动筷子。

王铁见"韩提刑"并未义正词严地拒绝这一系列安排，知道他上钩了，于是，"韩提刑"又成了公子哥儿韩璜。王铁抓住机会，让这些歌妓换装假扮成侍女的样子，拉拉扯扯拥着韩璜到后堂继续喝酒。美女成群结队地围着，烈酒亦是美酒，酒过三巡，高潮迭起，韩璜已有醉意。

此时，那位出"金点子"的小妾，又不失时机地隔帘唱起了当年韩璜赠予她的词，唱得如怨如慕，如泣如诉。韩璜一听，惊喜交集，脱口而出道："原来你也在这里！"他马上要求与这位当年的情人相见，小妾却让他别急，先满上，又满上，再满上，韩璜又一连干了三四杯，然而，小妾还是不肯"卷珠帘"。韩璜心里开始抓狂，不断催促老相好出来。小妾说："韩提刑以往在我家最善跳舞，今日若能为妾跳上一曲，妾即出来相见。"这时，韩璜已经大醉，不知所以，只要相好的出来，杀人越货都可以，何况轻松如跳舞？小事一桩！他即要人取来舞衫披上，不顾汉官威仪和书生斯文，涂粉抹墨，跟跟跄跄地扭动起来。结果，人还未站稳，就往下一倾，劈柴一样地跌倒于地，顿时人事不省。心已醉，人已倒，好在命没丢。

一旁的王铁见目的已经达到，赶快叫来马车，命人把韩璜抬上车，将他送至他自己乘坐的船上，扶上卧榻，不管了。昏然酣睡到五更时分，韩璜的酒才醒，他翻身起来找水喝，感觉衣服有点不对劲，让人点燃蜡烛拿镜子一照，发现衣不是衣，脸不是脸，不禁大吃一惊，才猛然回想起昨晚的一幕，顿时无地自容。丢足了丑的人，还有什么资格去查别人？羞愧难当的他，只好吩咐手下松缆走人，灰溜溜地回韶关了。

韩璜从此臭名远播，不久便遭人弹劾，随即被罢官。王铁这只老虎呢？他扳倒了韩璜之后，朝廷也再没派人去继续调查，加上有姑爹秦桧罩着，从此不但稳坐钓鱼台，而且官儿做得风生水起，最后还当上了广东经略使兼广州知州。

自己的屁股不干净，还指着别人的屁股说"有屎有屎"，那人家也会反过来说你"有屎有屎"，那你的"屎"就比别人的更臭，最后往往自取其咎。

韩璜的经历，验证了一句话：打铁还须自身硬。

盗亦有"道"

在庄子的笔下,"坐怀不乱"的柳下惠,却有一个强盗弟弟柳下跖。柳下跖,又名盗跖,他从卒九千人,横行天下,驱人牛马,取人妇女,所过之处,万民苦之。这样一个凶神恶煞之徒,却说出过一句经典名言:"盗亦有道。"

门徒问盗跖:"盗亦有道乎?"盗跖回答说:"何适而无道邪!"天下何处而无道?在盗窃的过程中,知财物所在者,圣人;先入室者,勇士;后出室者,义士;懂何时下手的,智者;分配公平的,仁者。此五者不备而能成大盗的人,天下未之有也!

盗跖认为,只有具备了"圣、勇、义、智、仁"这五种道德品质的盗贼,才真正称得上大盗,此谓"盗亦有道"。

按照盗跖的"盗论",《水浒传》中的"鼓上蚤"时迁肯定算不得大盗,因为他只是个钻山打洞、偷鸡摸狗之徒,一个"小毛贼"而已,既见不了光亮,也上不了台面,可见此盗无"道"。

民国年间,军阀混战,民不聊生,河北涿州出了个赫赫有名的侠道"燕子李三",原名李景华,学武出身,后因洛阳警备司令白坚武鱼肉百姓,他看不过眼,夜入白家,盗其随身佩枪,特留下一张纸条,上书"燕子李三到此一游",让这位以保一方平安为职责的警备司令大丢其丑。"燕子李三"专偷高门大户,不扰百姓,因此名声远播,也算"盗亦有道"。

而宋朝有一盗贼,坐在牢里竟还作下惊天大案,也成了当时闻名朝野的大盗。据明人田汝成编著的《西湖游览志余》一书载,南宋宁宗年间,作为首善之区的临安府,也出过一位与"燕子李三"一样的"义盗",只偷富豪,不扰百姓,且作案后有留名的特殊习惯,每干完一票,必在富豪家的大门或墙壁上用白粉留下"我来也"三个醒目大字。慢慢,"我来也"就成了此盗的专属,每一出现,必然道路流布,官府头痛,也必令那些高官巨贾好一阵心惊肉跳。

在上面的一再催逼之下,时任临安府尹的赵师睪急得火烧火燎,催令捕快,活要见人，死要见尸，限期破案。重赏之下有勇夫，重罚之下也有勇夫，经过挖地三尺般的搜寻，捕快们终于抓到一位，向赵府尹报告说，他就是"我来也"。然而，捕到后，此贼却打死不认罪，又无赃证人证，赵师睪只好将其收监待审，慢慢对证。

此贼抓捕后，"我来也"果然在临安城销声匿迹。真是他！赵府尹开心极了。当然，也不能过于草率，因为在那时，案子办错了比没破案的责任更大，后果更严重。他也怕办错案，因此还准备等等，他想，只要再过数日，临安达官贵人家的墙壁上不再出现"我来也"，此案便可办成铁案了。

被收监一段日子后，贼便与专门看管他的狱卒熟了。一天，贼对狱卒说："长官，我虽然确实曾经偷窃，但我绝不是'我来也'，我自知暂无脱罪之理，只请求你老人家稍松刑具，给予宽待，我有金银藏于西湖北岸宝石山上的保俶塔某处，拿到即是你的。"狱卒半信半疑，好耍似的去了一遭，果得金银若干，窃喜，不仅为贼松刑具，还以酒肉犒赏他，如同朋友。

不一日，贼又说："我还有一批金银珠宝，藏于侍郎桥下某处，你即可取之。"狱卒又去，所得更多，大喜，二人遂成兄弟。后来某晚，贼对兄弟说："我离家日久，无奈上有高堂待养，下有稚儿待哺，让我回家一趟，尽点孝心，四更当归。"狱卒面有难色，贼进一步做工作说："你尽管放心，我不会让你担罪，退一万步来说，即便我去而不归，我给你的金银，抵失囚之罪绰绰有余，如不答应，可别后悔哦？"收人钱财，替人消灾，狱卒只好同意。自盗贼兄弟去后，狱卒在数着时间候之。是夜四更一到，只闻屋上瓦响，贼已飞身而下，如约而归，狱卒悬着的心才终于放下。

第二天一早，循王府的人匆匆来报案说："昨夜王府被盗，府门上大书'我来也'三字。"赵府尹闻之大惊，拍着脑袋庆幸道："几误此案，几误此案！"差点就办成了冤假错案，看来，此贼并非"我来也"，于是，将他杖责处罚后，当庭释放。

狱卒归家，老婆眉飞色舞地告诉他说："昨天半夜有人敲门，开门后，有人立于门外，一声不吭，扔下一个包袱，转身就走了，竟是……"狱卒打开一看，全是黄白宝物。

一个盗贼，坐在牢里还能自证"清白"，保全性命，也算"盗亦有道"。不过，此道乃道高一丈之"道"。

不知有怨，只知有才

史浩任宰相，与其他宰相颇有不同，人家任人唯亲，他却任人唯贤，甚至任人唯"仇"。当然，并不是因为他故意选择那些与他有"仇"的人推荐给皇帝以显摆自己的豁达和公正，而是他推荐给皇帝重用和提拔的人，恰恰与他有仇隙、怨恨、过节。

史浩，字直翁，号真隐，明州鄞县（今浙江宁波鄞州区）人，宋高宗绍兴十四年（1144），史浩考上进士，任绍兴余姚县尉，从此步入宦海，不久升太学正、国子博士，成为南宋一名学官。史浩因上章建议立太子，受到宋高宗赏识，后任建王府教授，成了建王赵昚的老师。赵昚继位，是为宋孝宗。之后，史浩历任翰林学士、知制诰、参知政事、尚书右仆射，成了宰相。

宰相乃朝廷重臣，一人之下，万人之上，其职责在于辅佐天子、统领群僚，权力如日中天，尤其是手握进退百官的建议权、用人权，人才或者歪才在他手里均可翻手为云、覆手为雨，高升抑或贬谪，平步青云抑或原地踏步，全看他的好恶和态度，当然，最重要的还是看他的胸怀气度和用人品格。

史浩无论任相前还是任相后，对推荐人才一贯地充满热情，不遗余力。说句题外话，他还是第一个建议为岳飞平反的大臣，宋孝宗上台不久，史浩即上书要求为岳飞平反，使岳飞冤案得到昭雪、后代得到照顾。与此同时，他向宋孝宗举荐了许多主战人士，如后来发动"隆兴北伐"的著名儒将张浚、因痛骂秦桧而闻名天下的忠直之士胡铨、数十年如一日以诗歌鼓动北伐的诗人陆游等。任相期间，他又向宋孝宗推荐了一大批儒生和能臣，如，淳熙五年（1178），史浩推荐朱熹出任南康军；淳熙八年（1181），史浩一次就向宋孝宗推荐了杨简、陈谦、叶适、袁燮、薛叔似、赵善誉等十六人，后来又陆续推荐了周葵、陆九渊、王十朋、吕祖谦、张栻等人，将他们当作朝廷栋梁举荐，一一安排到十分重要的岗位。这批人，后来或成了旷世大儒，或成了著名诗人，或成了能臣干吏，光耀当时，名垂后世。

史浩荐人就是这样，不论对象、不论出身、不论门第、不论好恶，只论有才无才，有才的人，即便与自己有过节、怨隙的仇人也极力荐举，可谓"荐举不避仇"。关于这一点，《宋史·史浩传》中列举了两个代表，一是陈之茂。陈之茂曾在人前人后诋毁史浩，捕风捉影，歪曲事实，连宋孝宗都曾风闻，但有一次，史浩却上书推荐陈之茂"进职与郡"，即推荐他到地方出任封疆大吏。宋孝宗与史浩君臣相亲，自然以实相告，说："陈之茂曾经诋毁过你，你推荐他，岂不是以德报怨？"史浩回答说："臣不知有怨，只知有才，若以陈之茂的诋毁为怨而用德报之，乃是有心为之，做作罢了。"照荐不误。

另一个是莫济。莫济上书弹劾王十朋，因史浩是王十朋的推荐人而"诋浩尤甚"，如同"死敌"。然而，史浩后来却推荐莫济掌内制，即一个参与皇帝机密、给皇帝起草诏令的要职。宋孝宗非常奇怪，问史浩："莫济难道不是非议过你的人吗，为何还荐此要职？"史浩付之轻松开朗的一笑，坦然回答说："臣不敢以私害公。"于是，莫济升任中书舍人兼直学士院，成了皇帝身边的重臣。

作为宰相，权倾天下，推荐和使用人才，易如反掌，而挟私报复，压制人才，也易如反掌，甚至可以不着痕迹。而史浩只存为国举才之念，不知有怨，唯喜荐才，为政数十年，推荐的人才不可计数，名动当时、泽被后世者多达四十余人，可谓任人唯贤，唯才是举，奖掖后进，不遗余力。史浩去世后，他推荐过的名臣叶适，便在其《祭史太师文》一文中感叹道："我不知公，公亦荐我。"由衷表达了他对史浩用人之公的敬佩和感激之情。

带刀皇后是贤妻

宋高宗的一生遭逢乱世,经历过亡国之痛、流离之苦,虽然后来终于求和成功,保住了半壁江山,位居九五之尊,但前面十余年被金军追杀的惊险与惶惧,也是非常人所能忍受的。好在,在金军铁蹄紧追与刀剑相逼的过程中,有一位妃子在他身边不离不弃,始终相随,给了他莫大的安慰,堪称乱世贤妻,她就是吴氏。

吴氏,开封人。2012年,《今古传奇》杂志曾刊登过一篇以她为原型的传奇小说《带刀皇后吴芍芬》,称她为吴芍芬,这恐怕是小说家之言,查遍有关史书,均不载其名。

吴氏十四岁时,被当时还在潜邸为康王、后来被拥立为皇帝的宋高宗选为妻。之后不久,"靖康之难"发生,当时,宋高宗因在外调兵勤王得以幸免,尤其幸运的是,吴氏因随侍在侧而未遭此难。之后,吴氏参与和见证了赵构登基、逃难、抵抗、求和等一系列大事,经历了天上人间的轮回,饱受颠沛流离的磨难,尝遍东躲西藏的艰辛,是赵构最忠实的追随者和同甘甜共患难的至亲。

《带刀皇后吴芍芬》一文为何称她吴芍芬?或是源于《宋史·宪圣慈烈吴皇后传》。《传》载,吴氏父亲吴近曾梦到一亭,亭的匾额写着"侍康",康者,即指康王。亭旁植有芍药,唯独盛开一枝,妍丽芬芳,十分可爱,随后吴氏降生。吴氏后来果然选入康王府,人说吴近之梦是"侍康"征兆。

虽然此名不一定确切,但带刀却确有其事。《传》载:"王(康王)即帝位,后常以戎服侍左右。"吴氏一身戎装,侍卫一般立于宋高宗左右,刀剑相随,威风凛凛,给人一种英姿飒爽的感觉。

吴氏配刀携剑在朝堂之上、皇帝身边,倒不是宋高宗故意作秀,那是因为吴氏的表现的确既勇敢又机智,堪称女中豪杰。建炎四年(1130)正月,被金军追杀得四处逃窜的宋高宗到了明州(今浙江宁波),准备从明州再至海上去避难。

为了顺利出海，宋高宗安排宰相吕颐浩和副宰相范宗尹牵头负责调配船只，安排乘船事宜。吕颐浩等根据调配的船只多少来安排上船人员，由于船只有限，卫兵和小吏家眷无法全部上船，最后规定每个卫兵和小吏只能带两名家眷，其他的走陆路或留在明州。这一安排引起了卫兵的极度愤慨，以张宝为首的卫兵百余人围住吕颐浩要求带上全部家眷，当听说宰相不能解决问题后，他们又闯进宋高宗的行宫，要求皇帝出面解决。宋高宗亲自写了诏书，让宦官出面宣读，答应明天解决问题，卫兵们才散去。

到了第二天，卫兵们又赶到行宫，要求宋高宗同意他们携带家眷。船只无法增加，对卫兵们的要求，宋高宗也无能为力，他又安排宦官出来搪塞。卫兵们见又不能解决，先你一句我一句地吵闹，继而在行宫内到处寻找宋高宗，几乎是要逼宫造反了。这时，吴氏出来，当众给卫兵们做思想工作，在她机智的应对和苦口婆心的劝说下，卫兵们最后悻悻而退，一场差一点激发兵变的危机暂时被吴氏化解。《传》载这段经历说："（吴氏）从幸四明，卫士谋为变，入问帝所在，后绐之以免。"

吴氏喜欢读书，又擅长翰墨，可谓文武双全。她先封才人，又封婉仪，再封贵妃，深得宋高宗宠幸。吴氏加封贵妃后，宋高宗本想随即进封她为皇后，但因为之前曾有一个封邢秉懿为皇后的插曲，故暂时没有封吴氏为皇后。邢秉懿被俘北去后，多次为金将所逼迫，还被送入洗衣院（又称浣衣院，供金国皇族选女人及宫女的地方，也是劳役惩罚有罪女人的地方），受尽凌辱。后来，一同被俘北去的武义大夫曹勋受宋徽宗之托逃回南方，临行，邢秉懿摘下一只金耳环给他说："请转告大王（宋高宗），希望能像这只耳环一样，早日夫妻重见。"宋高宗收到金耳环后，非常同情她的遭遇，遂"遥册（邢秉懿）为皇后"。绍兴九年（1139），邢秉懿在金国五国城抑郁而终，年仅三十四岁。不过，宋高宗当时并不知晓，直到绍兴十二年（1142），宋、金达成《绍兴和议》后，金人将宋高宗的生母韦氏送回，他才从母亲口中得知邢秉懿已经去世，后来便封吴氏为皇后。

吴氏虽贵为皇后，但她一如既往地贤惠，她知道宋高宗惋惜发妻，为了安慰他，她让侄儿吴珣、吴琚分别迎娶邢秉懿娘家的两个女子为妻。宋高宗膝下无子，收养了赵氏宗族两个男孩,一为赵伯琮,一为赵伯玖,吴氏又躬亲抚养,视同己出。赵伯琮后来顺利继承皇位,是为宋孝宗。

吴氏一生经历了宋高宗、孝宗、光宗、宁宗等四朝,作为皇后、太后、太皇太后,始终勤勉、谨慎而又慈祥。宋宁宗庆元三年(1197),吴氏去世,享年八十三岁。

宋朝名人当"枪手"

如今高考有一种帮人代考的"职业"叫"枪手",不过,都是左手收钱,右手代考,谋利的勾当,算不上奇闻,更乏趣味。宋朝也有"枪手",但他们不是金钱驱动,而是才高技痒,又巧遇一露身手的机会,而且被代的人又无巧不成书地考上了进士,于是,便有嚼头了。

到宋朝,科考制度已日臻完善,考试也很严格,建立了考场内的巡察制度,设巡察官员,监察考官与考生的行为。每每一场科考完成,考官和监考官须在试卷末尾签署姓名,一旦发现代考、受贿或其他作弊行为,考官、监考官均要受处分。经过乡试选拔进入京城礼部会试的考生,还要求有十人担保,一旦发现弄虚作假或其他违反考试规定的行为,这十人须"连坐",考生要取消考试资格。在如此严格的纪律面前,还帮人代考,不是找死么?然而,偏有不怕事的,比如北宋大文豪欧阳修和南宋诗人方蘷。

王铚《默记》记载,宋仁宗天圣八年(1030),欧阳修以乡试第一名的优异成绩,来到汴京参加礼部会试。考试中,他邻座是一位姓李的考生,然而李生进入考场后,却面色惨白,似有疾病。原来,临近考试,李生忽犯疫气,勉强来到考场后,终于不能支撑,最后倒在桌上呼呼大睡,不省人事。时过晌午,欧阳修已经考完,见李生还在昏睡,都是经过乡试严格选拔的考生,不至于因为不会动笔而昏睡,倘若继续下去,考试结束时必交白卷,十年寒窗将付之东流,欧阳修觉得可惜,便去挠邻座的腋窝,企图挠醒他。

几下之后,李生果然惊起。欧阳修问李生为何不做,李生说患了疫气,浑身无力。欧阳修说:"科场难得,既然已经到了考场,勉强也要考完啊。"又再三劝他试试。在欧阳修的鼓励下,李生试着下笔,倒也能构思。欧阳修见他能动笔了,很高兴,悄悄告诉他赋题中可用的一些典故和其他注意事项,后来还干脆把自己的试卷铺在李生的案上,说:"我乃国学解元欧阳修,我的试卷你尽可拿去参考。"

受了欧阳修试卷的启发后，李生顿感文思泉涌，三下五除二就将试卷做完了。后来，考试结果张榜公布，欧阳修考了第一，高中会元，李生也名列前茅。

欧阳修是名震古今的大文豪，他的文学成就和名气毋庸赘言，而方翥何许人也？方翥，字次云，莆阳（今福建莆田）人，生于宋末，南宋绍兴八年（1138）年进士。初授闽清县尉，未及一年，即辞官归里，闭门读书十八载，研究理学，吟咏诗歌，后曾任秘书省正字。方翥是南宋诗人，其诗清新有趣，如《立秋》："星光如月映长空，惊起愁眠夜向中。残暑不妨欺枕簟，隔窗鸣叶是西风。"又如《临安江上》："来时雪片杨花落，今见杨花作雪飞。独立暮江心似醉，羡他一叶钓船归。"

据《宋稗类抄》载，方翥当年参加会试，已经考完准备交卷时，忽感觉脚下有什么东西绊了一下，随手捡起，发现是一份未做完的试卷，三张卷子做了两张，最后一张未完成。方翥看了看试卷，其文通畅，文笔优美，试卷上虽有姓名，但互不相识，对不上号，不知是谁丢的。

方翥觉得弃之可惜，加上尚有些时间，便将第三张试卷接着做完，顺手交了上去。后来，他在朝廷任秘书省正字时，一日与同僚无意中谈及此事，也是一笑而过。不承想第二天，有一位昨天在座的同僚、也是当年一起参加会试的进士同年穿戴十分整齐地上门来拜访，当面感谢方翥的"无私帮助"，原来，他就是当年由方翥帮着做完试卷的考生。他说，会试当天，他感到身体不适，一度不能站立，考完两场后，实在无力支撑下去，跌跌跄跄地离开了考场，试卷也不知所踪，对结果更是没抱希望。后来放榜，却发现自己的名字赫然在列，高中进士，自己也莫名其妙，以为有神助。他昨天听到方翥一席话才恍然大悟，原来是方同年所助，于是，特登门拜谢，感激的话说了一箩筐。方翥听完，也很惊异，随即哈哈大笑起来，赶快说不用谢。

名人代考做"枪手"，当然不是什么值得鼓励和追捧的事，然而在当时士大夫们的眼里，却是雪中送炭的好事、救急施援的义举。因为，考场如战场，人人都是竞争对手，能如此坦然相助玉成好事者，既见自信，又见宽宏，也见读书人惺惺相惜之风，所以他们在茶余饭后津津乐道，在野史笔记之中反复记载，传为佳话。

汤思退之难

汤思退难在何处？为人难，做官难，归去难，人生何处不为难！

汤思退是处州（今浙江丽水）人，南宋绍兴十五年（1145）举进士，以右从政郎授建州政和县县令，后考取博学宏词科第一名，出任秘书省正字，从此，进入中央首脑机关，参与朝政，历任多职，按照《宋史·汤思退传》的说法是："登郎曹（尚书省各部郎官），贰中秘（中书省秘书省合称），

汤思退

秉史笔（修史）。"他于绍兴二十五年（1155）升任端明殿学士，签书枢密院事，随后重用为参知政事（副宰相），成为朝廷核心决策层的重要一员。

绍兴是宋高宗赵构的年号，也是他最后一个年号，前后共三十二年。高宗自绍兴十一年（1141）与金国签订《绍兴和议》以后，不图北进，偏安于江南。所以，主和的秦桧稳坐宰相之位，认真贯彻着高宗的求和政策，苟延残喘。

而作为南宋政府班底的一员，上面有权力如日中天的宰相秦桧，再上面有翻云覆雨的皇帝高宗，而下面还有一群天天上章要求皇帝北伐的主战人士，汤思退这个夹在中间的副宰相，便有些上下为难。比如，他要讨得高宗的欢喜，不得不想方设法，绞尽脑汁。

元人笔记《湖海新闻夷坚续志》载一事：宋高宗一日与随侍在侧的汤思退闲聊，高宗问汤思退的家乡有什么奇闻趣事，汤思退为凑趣，随口杜撰道："我家乡有一石头雕刻的僧人，旁有题刻曰：'云作袈裟石作身，岩前独立几经春？有人若问西来意，默默无言总是真。'"高宗听后，拍案叫绝，"遂大称旨"。然而，皇帝一高兴，汤思退却急了。为啥？因为所谓石僧题刻一说，石僧虽在，但题诗却子虚乌有，没这个东西，诗是他为讨好高宗而杜撰出来的。他担心高

宗哪天想起石僧或会去验证，所以连夜安排人回到家乡，赶快将自己杜撰的诗刻于石僧旁边。你说要让皇帝表扬一下"称旨"，难不难？

秦桧去世前，也给汤思退出了一道难题。绍兴二十五年（1155），秦桧病入膏肓，眼看不日就要撒手而去。临终，秦桧特将参知政事董德元和汤思退召至病榻前，交代后事，并各赠黄金千两。面对如此巨额馈赠，两位副宰相都犯难了，董德元担心不受会让宰相以为人未死就开始疏远他，不敢推辞，收了。而汤思退呢？却担心收了后，秦桧会以为自己盼他早死，遂非常不好意思地拒绝了。

不过，他的拒绝虽然万般无奈，却也给他带来了一个仕途上的柳暗花明。秦桧去世后，宋高宗虽然知道秦桧一直在忠实地贯彻着自己的求和偏安政策，但由于秦桧任相时间尤其是独相时间太长，其党羽遍布朝中，对于继任者，当然不能是秦党，否则，皇权可能架空。于是，高宗因为汤思退拒绝了秦桧的馈赠，断定汤思退绝非秦桧一党，便将他作为宰相培养，不久升汤思退为知枢密院军事，后拜尚书右仆射，重用为宰相。

然而，宋朝的宰相并不好当，因为有一帮台谏、御史成天眼睛像猎豹一样紧紧盯着你，不做事吧，他说你抱残守缺，不思进取；做事吧，他说你作威作福，有权就任性。所以，汤思退任相没几年，御史就以"挟巧诈之心，济倾邪之术"而弹劾他，结果他被高宗罢官，以观文殿大学士奉祠，让他一边休息去了。只是，他的去职，并不是因为路线错误，而是御史的信口开河恰恰对上了宋高宗的好恶，可见伴君的确如伴虎。

绍兴三十二年（1162），宋高宗厌倦了朝政，便传位于养子赵昚，是为宋孝宗。孝宗希望振兴，起用主战派张浚为宰相，于隆兴元年（1163）发动了"隆兴北伐"，结果损兵折将，大败而归。北伐失败后，求和又成朝廷主旋律，孝宗再次起用汤思退为相，主持求和事宜。由于在求和的过程中金人狮子大开口，索地要钱，贪得无厌，汤思退在其中左右为难，最后落下很多口实，御史们又群起而攻之，导致他复相才一年多便再次罢相，而且"责居永州"，如同放逐发配，可见处罚之重。然而，主战是孝宗，求和也同样是他孝宗，其向天下交代的责任却要汤思退负，这不是明摆着要他代人受过？所以，为官难，为相更难。

据说，汤思退在被贬的路上，曾作一首《西江月·被谪怀感》："四十九年如梦，八千里路为家。思量骨肉在天涯，暗觉盈盈泪洒。玉殿两朝拜相，金旨七度宣麻。

番思世事总如华，枉做一场话靶。"

　　两朝拜相，七度宣麻（要职任命），如今却驮着残阳归去，甚至还是代人受过，想必他的悲苦之情，当如死灰吧。但即便如此落寞凄凉，许多人仍不愿放过他，太学生张观等七十二人联名上书，弹劾汤思退奸邪误国，招致敌人前来，要求将他斩首。当汤思退听到这个消息后，日夜不安，心如刀绞，不几日竟然在路上惊悸而死。

　　死了，也就解脱了。

古君子赵善应

何谓古君子？有人从道德层面定义说："君子者，权重者不媚之，势盛者不附之，倾城者不奉之，貌恶者不讳之，强者不畏之，弱者不欺之，从善者友之，好恶者弃之，长则尊之，幼则庇之。为民者安其居，为官者司其职，穷不失义，达不离道。"一个人如果秉持这种行为规范，而且慎终如始，一生坚持，则可称为古君子。南宋赵善应，就是这样一位古君子。

首先，赵善应是一个"长则尊之，幼则庇之"的孝子。赵善应，字彦远，出身于皇亲贵胄，是宋太宗赵光义的七世孙，为其长子赵元佐一脉，经过北宋末之乱，南迁至饶州余干县（今江西上饶余干县）定居。南宋建炎（1127—1130）初，赵善应入仕为承信郎，历任修武郎、监秀州崇德酒税、江西兵马都监等职。

赵善应是一个特别孝顺的儿子。父母病了，他曾依药方，刺血和药为双亲治病。年老的母亲害怕打雷，每次听到天空中雷声响起，无论多早，抑或多晚，他都会立刻赶到母亲床榻前探视，生怕雷声惊吓了母亲。他曾经在一个特别寒冷的深夜远归，到达家门前，随从准备敲门，赵善应担心惊醒母亲，立即制止，就这样在自家门前忍冻一夜，坐至天明，直到早上，家里人从里面打开门才起身进去。

后来，母亲因病去世，孝顺的赵善应日夜守在灵柩边哭泣，直哭到吐血，几日下来，哀毁骨立，悲痛得身体好像只剩下一副骨架子撑着。终丧之后，与亲友们对谈，只要一言及母亲，他又会立即泪如雨下；母亲生日这天，他也会在家庙里好一场痛哭。母亲生于卯年，属兔，他因此终生不食兔肉；父亲死于肺病，他以后再也不食动物肺脏。

赵善应虽出身贵胄，但到他这一代，家境已非常贫困。他对双亲既孝顺，对弟妹亦呵护有加。在弟妹没有添置新衣的时候，他从不先行添置，弟妹已经添置但还未穿，他亦不会先穿。即使从外得到小如新鲜瓜果这样的吃食，他也必然郑重其事地留待与弟妹一起品尝，在幼小的弟妹面前，有长兄如父的慈爱。

其次，赵善应是一个"为民者安其居，为官者司其职"的好官。据《宋史》记载，他在地方官任上，只要听说哪里有旱情、哪里出现水灾，他立刻满脸忧愁。每每看到长江、淮河水灾的警报传来，他会情不自禁地为之流泪，整日饮食不进，祈祷百姓免受水灾之祸。如果遇到同僚聚饮，必会在酒席旁义正词严地规劝道："这种百姓生灵涂炭之际，诸君怎能饮酒作乐啊！"直到大家罢席为止。

再者，赵善应是一个"穷不失义，达不离道"的好人。他的朋友去世了，留下一个孤女无亲可依，赵善应在征得同意后，征聘为自己的儿媳，尽了朋友之义、友爱之道。他的一个同僚病逝于任上，家里很穷，无钱安葬，同僚的儿子又在外地做雇工。为此，他专程去外地找到同僚的儿子，给了他一笔钱，让他安葬父亲，终于使同僚入土为安。

赵善应还有一颗博爱之心，尤其同情弱者。他每每见到病倒在路边的穷人，总会把他们叫到家里照顾，亲自为其熬药治病。遇到饥年，他则将全家的饮食减半，节省下来的粮食，全部拿去救济灾民。

可以说，赵善应一直在用传统美德规范着自己的言行，几乎到了极度刻板的境地。因此，在今天许多圆滑、世故、机巧者的眼里，他是一个迂腐的典型。然而，精明人往往明察秋毫，不见舆薪，只见小节，不见大德。至坚者至纯，正是这种刻板的自律，而且一生践行，让我们看到了赵善应的纯朴和高尚，故当时的著名文学家尤袤在听说赵善应的事迹后，由衷赞叹他为"古君子也"。他去世后，时任宰相的陈俊卿亲自为他题写墓碑曰："宋笃行赵公彦远之墓"，以为表彰。

赵善应就是那个时代的道德楷模，放之今天更是。

杨万里：文章盖一世，清节励万世

南宋"中兴四大诗人"中，杨万里和陆游在当时的名声最大，用钱钟书先生的话说是，俨然等于唐诗的李白和杜甫。这不特是因为杨万里的诗多，一生作诗两万多首，传世四千多首，而且，还因为他是宋朝诗风转变的主要推动者和实践者，开创了更加新鲜泼辣的"诚斋体"写法，被誉为一代诗宗，留名千古。同时，杨万里之所以名声卓著，还在于他立朝刚毅，为人正直，一生不慕荣利、不阿世俗、不惧威权、不怕打击、坚守气节、保持本真，从而成了历代士大夫楷模，好评如潮，明人解缙便赞扬他说："文章足以盖一世，清节足矣励万世！"

一、求学名师，终身自厉

杨万里（1124—1206），字廷秀，吉州吉水（今江西省吉水）人。他出生于一个书香之家，在父亲的影响和教育下，从小刻苦读书，四处求学，除了接受正常的儒家诗书教育外，还学到了许多做人处世的道理，其中，有两位老师对他的影响至深：一位是王庭珪，另一位是张浚。

王庭珪是一位有胆有识的爱国诗人，与杨万里同郡，也为吉州人。当年，时任枢密院编修官的胡铨，

杨万里

因为反对与金和议，主张北伐，向宋高宗上书乞斩秦桧，遭到秦桧贬官报复。在政治主张上高度一致的王庭珪写诗支持胡铨，结果也被秦桧流放岭南。杨万里拜其为师时，王庭珪已因秦桧去世而恢复自由，他的北伐主张和刚正品格，对杨万里产生了深刻的影响。

绍兴二十四年（1154），杨万里举进士，从此步入仕途，先任赣州司户参军，后调任永州零陵（今湖南永州零陵区）县丞。在永州，杨万里幸运地结识了被

秦桧排挤而贬官于此的原宰相张浚。张浚是一个大学问家，曾受教于理学家谯定，为程颐的再传弟子，学识渊博，而且以坚定的抗金主张闻名朝野，是那个时代中流砥柱式的人物。这样一位大学问家、大政治家在身边，哪能错过？因此，杨万里到永州后，非常急切地希望拜张浚为师。

然而，当时的张浚屡遭放逐和打击，心情抑郁，闭门谢客，更无闲心授徒教学。但杨万里求师心切，一连三次上门求见拜师，遭到拒绝。杨万里仍不死心，他因与张浚的儿子张栻交好，便求张栻推荐，最后在张栻的力荐下，才得以拜于其门下，成为张浚的学生。

张浚是个学问家，要么不接受这个学生，一旦接受，便尽心竭力，谆谆教诲。他以"正心诚意"之学教育杨万里。正心诚意出自《礼记·大学》，是儒家倡导的一种道德修养境界。正心，即心要端正，不存邪念。诚意，即意必真诚而不自欺。意思是，只要意真诚、心纯正，达到道德上的自我完善，就能实现家齐、国治、天下平的理想。张浚的学问、节操以及力主抗金的爱国精神，给了杨万里至深的影响，杨万里服膺其教，将自己的书房取名"诚斋"，自号为"诚斋野客"，而且，"终身厉清直之操"。可以说，是张浚和王庭珪这些大家名士的教诲，成就了杨万里的学问和品格。

二、立朝刚毅，坚守大节

作为张浚的门生，杨万里的人生经历注定离不开这位名臣的影响。

绍兴三十二年（1162），宋高宗赵构以"倦勤"为由，禅位于养子赵昚，是为宋孝宗。宋孝宗上台后，锐意恢复，起用主战的张浚为相，积极准备北伐。张浚拜相后，推荐杨万里入朝任职，被任为临安府（今浙江杭州）教授。接到任命的同时，杨万里又接到了父亲去世的消息，于是，未赴任而归家丁忧了。

就在杨万里丁忧期间，张浚也因北伐失败，在忧愤中离开了人世。乾道三年（1167），杨万里到达临安，拜见了因领导"采石大捷"而升任枢密使的虞允文，上《千虑策》三十篇，其中包括"君道""国势""治原""人才""论相""论将""论兵""刑法""民政"等等。他在文中总结了南宋以来治国的教训，批评了屈辱的外交，提出了促进国家强大、民族复兴的良方，充分显示了他的远见卓识和文韬武略，虞允文读后不禁大声赞叹道："东南乃有此人物！某初除，合荐两人，当以此人为首。"于是，立马推荐。

在虞允文的推荐下，乾道六年（1170），杨万里出任隆兴府奉新（今江西奉新）知县。在奉新，他的能力得到了施展。古代的国家治理当中，征收赋税是头等难事，催缴太急，扰民，而公差不能自律地顺手牵羊，又伤民。同为"中兴四大诗人"的范成大，就在诗中描写过一个贪得无厌的公差，他在百姓已经赋税的情况下，还通过验看交租"文书"，索要酒钱，可见，这种敲诈勒索现象在当时司空见惯。同时，官府若方法不当，百姓又抗税不缴。面对这种两难情况，杨万里在奉新县采取了收税新规，一方面严禁公差随意下乡征税，另一方面又将未交税的百姓名单张榜，公开曝光，既杜绝了敲诈勒索，又让百姓互相监督。这些措施推行后，百姓心服口服，税收如期缴纳。

不久，虞允文出任宰相，他和另一位宰相陈俊卿，共同推荐杨万里，于是，杨万里被召回朝，任命为国学博士。入朝之后，在威严的皇帝和大臣身边工作，杨万里不但没有战战兢兢，反而遇事敢言，刚正不阿。当时，宋孝宗和虞允文打算重用张说为签书枢密院事，相当于武相。张说是外戚（太上皇赵构的连襟），此人又品行不端、口碑较差。因此，方案一提出，时为宋孝宗侍讲的张栻认为不可，结果惹怒宋孝宗，将他贬官出朝。当那些胆小怕事的朝官都噤若寒蝉之际，作为小小国学博士的杨万里却挺身而出，极力反对放逐张栻，他上疏规劝宋孝宗收回成命，又上书指责曾有恩于自己的虞允文，朝野为之震惊。

至乾道九年（1173），杨万里一直在朝为官，不过因其性格刚正，耿介切直，未得大用。淳熙元年（1174），宋孝宗任他为漳州知州，后调任常州知州。淳熙八年（1181），杨万里调任广东提点刑狱，恰遇福建强盗沈师率军进犯梅州，杨万里率军征讨，一举剿平。宋孝宗得报后，赞他有"仁者之勇"，赠他直秘阁荣衔，遂有重用之意。

淳熙十一年（1184），宋孝宗召杨万里入朝，出任尚书右郎，后又任吏部员外郎、吏部郎中。宰相王淮敬重杨万里，有一次问他什么事是宰相的先务之急，杨万里答曰人才，并上书《淳熙荐士录》，极力推荐朱熹等饱学之士六十人，均先后得到了朝廷的任用。

其实，宋孝宗一直非常欣赏杨万里的才学，也多次有大用之意。不久，宋孝宗为太子赵惇选择授书讲学的侍读，也相当于太子的老师，便毫不犹豫地选择了杨万里，宋孝宗对他的青睐和重视，可见一斑。然而，尽管皇帝信任有加，但杨万里耿直性格丝毫未变，遇到不平一声吼。

淳熙十四年（1187），太上皇赵构病逝，在选择配飨其庙大臣的时候，翰林学士洪迈不待集体商议，便以已故宰相吕颐浩等人姓名上报宋孝宗。杨万里听说上报名册中没有那位将一生都付诸抗金北伐的宰相张浚时，当即上书，力言张浚当配飨高宗庙，说洪迈独以吕颐浩等人上报，简直是"指鹿为马"。这无异于将洪迈比喻为赵高，而将宋孝宗比喻为秦二世胡亥，其疾恶如仇的性格，暴露无遗。这下却惹怒了宋孝宗，他看完奏章恼怒地说："万里以朕为何主？！"马上将杨万里驱逐出朝，贬官筠州（今江西高安）。

虽然杨万里被贬官了，但朝廷大小官员对他的胆识和勇气却十分佩服，"公论伟之"。杨万里刚正不阿的性格，也给后人留下了深刻的印象，纪晓岚在论及此事时，就赞叹道："万里立朝多大节。若乞留张栻，力争吕颐浩等配享及灾变应诏诸奏，今具载集中，丰采犹可想见。"（《四库全书》）

三、淡泊名利，不恋权位

淳熙十六年（1189），宋孝宗自称太上皇，传位于太子赵惇，是为宋光宗。宋光宗曾受教于杨万里，有师生之谊，为太子之时还亲书"诚斋"二字赐杨万里，可见师生融洽。

宋光宗主政，即将杨万里从筠州召入朝，任为秘书监（掌古今经籍图书、国史和实录等）。杨万里秉性不改，刚刚入京，就连续三次上书宋光宗，大谈"帝王治道之要"，即五要："一曰勤，二曰俭，三曰断，四曰亲君子，五曰奖直言。"希望宋光宗亲君子，远小人，勤俭治国，务实担当。句句都堪称药石之言。

然而，正如宋孝宗在位，上面有个太上皇赵构、处处掣肘一样，宋光宗的上面也有一个太上皇赵昚。宋孝宗虽退居二线，但影响依旧，何况生于深宫之中、长于妇人之手的宋光宗，其气宇和识见远不如其父，他甚至还是个非常惧内的皇帝，这些特点注定了他在位期间，不会有什么惊天动地的作为。因此，对于杨万里的药石之言，他不过礼貌性地回应而已，背地里却早已束之高阁。然而，杨万里还是不忘谆谆教诲，时不时地上一札子，将满腔的恢复理想和政治抱负，寄希望于这位刚刚登上至尊之位的皇帝。这样，宋光宗的尊敬，渐渐变成了敷衍。

南宋三代皇帝，从宋高宗、宋孝宗到宋光宗，虽然都对杨万里的才情欣赏，但他们对杨万里毫无忌惮的言论却无一例外地不喜，甚至厌恶，尤其是宋高宗和宋孝宗。宋高宗当年朝堂策论，杨万里将他比作毫无进取之心的晋元帝，宋高宗就非常不快地说："杨某殿策比朕为晋元帝，甚道理！"还评价他："杨万里直不中律。"意思是说，杨万里这个人不讲规矩。宋孝宗也曾说："杨万里有性气。"意思是，杨万里这个人有性格。都不约而同地对他畅言无忌的性格进行了批评。对此，杨万里毫无检讨，还得意地自赞道："禹曰'也有性气'，舜曰'直不中律'。自有二圣玉音，不烦千秋史笔。"可谓"死不悔改"。

所以，当《孝宗圣政》稿成时，按规矩应由杨万里为进奉官，但宋孝宗还记着"万里以朕为何主"，不但不高兴由杨万里进奉，反而施加影响，将杨万里调出朝，任江东转运副使。绍熙三年（1192），又改任赣州知州。此时，杨万里已年近古稀，年老体衰加上对现实的失望，使他心灰意冷，当即辞官不赴，告老乞祠，宋光宗挽留不住，只好任命他秘阁修撰、提举万寿宫。

其实，杨万里一贯淡泊名利，不迷恋权位。南宋同为吉水人的罗大经，在其笔记《鹤林玉露》中说，杨万里在朝为官并不短，但他从未有久留之意，一直存着一笔由京城回老家的路费，锁在小箱中，藏于卧室，还反复告诫家人不许购物，以免成为归家的累赘，天天如同一个整装待发的归客，真是视权势富贵如浮云。

四、不畏权贵，悲愤而逝

在政治上，杨万里力主抗战，反对屈膝乞和。他向皇帝进呈的《千虑策》，以及其他向宋孝宗和宋光宗的多次上书，无一不是力陈恢复大计，批评投降误国，其爱国之心历久弥坚。同时，这种爱国情怀在经过无数次失望和打击之后，又转化为了内心深深的忧虑，这在他的一些诗歌中得到了印证。

绍熙元年（1190），宋光宗命杨万里到淮河边迎接金国派来的"贺正使"，杨万里徘徊在淮河边，远眺对岸的中原故地，禁不住忧愤难当，当即写下《初入淮河》几首绝句，其中一首曰："两岸舟船各背驰，波痕交涉亦难为。只余鸥鹭无拘管，北去南来自在飞。"

淮河原为宋朝腹地，如今却成了宋、金国界，淮河两岸渔民本是一家，如今不得不背道而驰，形同陌路，只有天上的鸥鹭无人管束，自在飞翔。他在诗中将一江隔两国、同胞苦分离的痛苦，做了婉转而深沉的表达，爱国之情溢于言表。

乞祠后，杨万里便回到了吉水，幽居老家，不再入朝。

绍熙五年（1194），宋孝宗病逝，宋光宗却拒绝主持丧礼，朝野为之哗然，大臣赵汝愚、韩侂胄等人在太皇太后吴氏的支持下，迫使宋光宗退位，拥立嘉王赵扩为帝，是为宋宁宗。后来，韩侂胄将赵汝愚排挤出朝，以拥立之功，官拜宰相。

韩侂胄任相后，独断专权，不可一世。庆元六年（1200）前后，韩侂胄获赐吴山下的皇家园林——南园，继而斥巨资对南园进行了整修和完善。工程才告竣，因杨万里德高望重，又是桀桀大才，韩侂胄遂请杨万里为南园作记，给自己脸上贴金，并许以高官为报。杨万里回复道："官可弃，记不可作！"严词拒绝，誓死不从，丝毫没有遮掩和回旋，一派凛然正气如昨。韩侂胄碰了一鼻子灰，转而写信请陆游作，陆游答应了他的请求，作了《南园记》，而且，陆游用诗一般的语言，将《南园记》写成了一篇传世佳作。然而，此记一出，陆游却名声受损，有人谓之："由是失节，清议非之。"

韩侂胄当政，杨万里对他深恶痛绝，因此忧愤成疾，家人都不敢将朝中之事讲给他听。开禧二年（1206）某日，一远房亲戚前来做客，和杨万里谈起韩侂胄当国，如何专横，如何跋扈。而且，韩侂胄在未做充分准备的情况下，贸然发动对金国的北伐战争。

杨万里虽然一辈子都梦想着北伐金国，恢复中原，但韩侂胄这种为巩固个人权威而儿戏似的发动战争，是非常草率的，更是对国家、民族和百姓极不负责任的。所以，杨万里闻之，恸哭失声，立刻让家人拿来纸笔写下："韩侂胄奸臣，专权无上，动兵残民，谋危社稷，吾头颅如许，报国无路，惟有孤愤！"随后，笔落而逝，享年八十三岁。

罪及风月话陆游

南宋光宗绍熙元年（1190）秋天，罢官归里的陆游就自己屡遭贬谪的经历和感受写了两首七绝：

其一
扁舟又向镜中行，小草清诗取次成。
放逐尚非余子比，清风明月入台评。

其二
绿蔬丹果荐瓢尊，身寄城南禹会村。
连坐频年到风月，固应无客叩吾门。

陆游在这两首七绝之前的"诗题"中说："予十年间两坐斥，罪虽擢发莫数，而诗为首，谓之'嘲咏风月'。既还山，遂以'风月'名小轩，且作绝句。"诗人以轻松、诙谐的笔调，把自己的仕途坎坷调侃了一番，说自己的放逐与众不同，居然连吟风咏月都成了御史台们弹劾的理由，可笑之极！以前自己犯错总是牵累朋友知交，这次甚至牵累到了"风月"，看来，再也不会有人敢进我的家门，与我把酒酬唱，高歌致慨了……"嘲咏风月"之类的所谓"罪名"，使诗人连遭"坐斥"，竟似宿命，如影随形地贯穿了他仕宦浮沉的一生。

陆游（1125—1210），字务观，自号放翁，越州山阴（今浙江绍兴）人。他做过很长时间的福州宁德县主簿、夔州通判、成都府安抚司参议官、提举福建

陆游

路常平茶盐公事之类的地方小官，也做过朝议大夫、礼部郎中这样的朝官。作为南宋著名爱国诗人，其诗歌量多质高，成就彪炳史册，被誉为南宋"中兴四大诗人"之首，历代推崇不已。同朝宰相周必大称他"小太白"；朱熹赞他"放翁老笔尤健，在今当推为第一流"（《答巩仲至》）；诗人刘克庄说："放翁记问足以贯通，力量足以驱使，才思足以发越，气魄足以陵暴。南渡而后，故当为一大宗。"（《后村诗话》）清代诗人兼诗评家沈德潜说："放翁七言律对仗工整，使事熨贴，当时无与比垺。"（《说诗晬语》）但无论评价多高，大家无一例外是从文学创作的角度审视他。从友辈范成大、杨万里、尤袤，到后代的李东阳、胡应麟、王士祯、姚鼐诸家，无不是盛赞其"丰腴""俊逸""豪宕"的诗风抑或"流丽处似秦观、雄放处似苏轼"的词风，对他坚贞不屈的品格、爱国爱民的思想多趋避之，甚至还不乏怀疑他人品、讥讽他"恢复之梦"的品评，几近失真。直到内交外困、烽火连天的近代，梁启超喊出"诗界千年靡靡风，兵魂销尽国魂空。集中什九从军乐，亘古男儿一放翁"；"辜负胸中十万兵，百无聊赖以诗鸣。谁怜爱国千行泪，说到胡尘意不平"（《读陆放翁集》）这振聋发聩的吼声，才恰似山谷久久鼓荡的历史回音，还原了陆游真正的民族气节和爱国情怀。钱钟书先生曾把陆游与李白、杜甫以及陆游同时代的吕本中、杨万里诸家做过比较，认为上述诗人的爱国诗篇虽然也有与陆游"扫胡尘""靖国艰"相似的内容，但前者只表达了对国事的忧愤或希望，远不如陆游，不仅写爱国、忧国的情绪，而且声明救国、卫国的信心，并投身于灾难，把生命和力量皆交付国家支配。

纵观陆游一生的文学创作和生活经历，会发现陆游的理想从来就不是或者说不仅仅是做一位诗人，他写过很多"少鄙章句学，所慕在经世。诸公荐文章，颇恨非素志"（《喜谭德称归》）这样的诗句，表达了不想寻章摘句、切盼经世济国的理想。宋宁宗庆元元年（1195）初冬，七十一岁的陆游写下了《读杜诗》，说："向令天开太宗业，马周遇合非公谁？后世但作诗人看，使我抚几空嗟咨"，意思是假若杜甫也知遇慧眼明主，同样会有马周之于唐太宗的君臣遇合，认为"杜甫之才应立功，而不应仅仅立言"（余光中语）。其实，这与其说是他对杜甫的惋惜，不如说是对自己蹭蹬一生的慨叹。陆游一生的理想，就是仗剑去国、恢复中原。但在他数十载的仕宦生涯中，从来就没有真正进入过北宋王朝的权力核心，绝大部分时间只是一个官场小吏，而且频繁从一个闲曹冷职向另一闲曹冷职间或升或降，空有朝天志，空有平戎策。他满腹经纶，却只能吟哦诗赋；他一心报国，却总是朝天无门。但即便如此，命运还在他颠沛流离的同时，使他不断地因诗获罪、因言获罪，不断地被迁逐、贬窜、罢归，而那些所谓的"罪名"，又次次如"嘲咏风月"般可笑、可悲、可叹！

陆游遭逢的第一次人生挫折便是才华与权势的搏击，而且纯粹出于当权者的私欲膨胀。绍兴二十三年（1153），当时系荫补登仕郎的陆游，赴行都临安参加两浙转运司锁厅试，考取了第一名，同参加这次考试的秦桧的孙子秦埙为第二名。秦桧时为丞相，一心要通过自己的影响，使孙子高登榜首，状元及第，便因为主考官陈之茂没有把秦埙擢为第一而震怒不已，唯才是举的陈之茂险些因此酿成大祸。第二年，陆游又参加了礼部的考试，依然名列前茅。秦桧考虑到凭真才实学的比拼，陆游始终会是秦埙前途的障碍，必须先下手为强，便因陆游"喜论恢复"，示意主考官不得录取，终于让他名落孙山。据史载，这场礼部考试舞弊现象十分严重，密封的试卷被提前拆开，中途有人翻墙报信，而主考官又均是秦桧党羽，把陆游在科考中黜落实在是轻而易举的事。科场如此黑暗，令陆游心灰意冷，从此，他再也没有参加过类似的考试。并且，直到秦桧死后，他才得以出仕，可见当时当权者枉法徇私的猖獗和对抗金救国情绪残酷压制之一斑。

绍兴三十年（1160），陆游被推荐为敕令所删定官，后迁大理寺直。虽不是要职，但供职行都，接近权力中枢，便于表达政见。陆游出身官宦世家，受父亲和父执们的影响，深具忧国忧民的情怀，很早就心存杀敌保国、济世安邦的志向。这时，相去屈辱的《绍兴和议》已经十九年了，国家和百姓背负不平等条约带来的物质与精神的双重压迫，深陷内忧外患的泥沼。面对艰难时局，陆游一心盼望着为国效命，力挽狂澜。他上书同知枢密院事黄祖舜说："敢誓糜捐，以待驱策"；他给高宗赵构上《条对状》，建议朝廷布政施纲时要信诏令、慎名器、察奸蠹、容直谏；他甚至面对赵构坦陈政见，"泪溅龙床，面请北征"。这都是他"位卑未敢忘忧国"的生动写照，更是他执着一生的政治理想。

绍兴三十二年（1162），倦于朝政的赵构宣布退位，以太上皇身份隐于深宫发号施令，把皇位禅让自己的养子建王赵昚，是为孝宗。孝宗一继位，便把当时建王潜邸门客龙大渊、曾觌破格提拔为要职。龙、曾才德俱无，因在建王府给赵昚陪乐解闷、趋奉高明而得宠。孝宗继承大统，龙、曾二人遂成"升天鸡犬"。他俩身居显要，却专事招权纳贿，树党营私，为朝臣所不耻。朝臣们在奏折中也含沙射影地提醒过孝宗，而他对这种奏折往往纳而不报，置若罔闻。陆游行走朝中，对龙、曾的行为颇多了解，深恶这种宵小品格和行径，加上孝宗刚刚即位，他希望新朝能团结正直的臣僚，同仇敌忾，统一中原，所以视龙、曾为恢复掣肘，希望早日剪除。一天，他对参知政事张焘说，龙、曾二人招权肥私，荧惑圣听，您作为朝廷副相、肱股大臣，若不及时向皇上反映，将来恐尾大不掉。于是，张焘找了个机会，向孝宗报告了朝臣们对龙、曾二人的反映。孝宗反问张焘哪听来的，张焘照实回答。孝宗对龙、曾二人极为宠信，听后不禁恼羞成怒，认为陆游拨弄是非，离间君臣，立马将他贬出临安，降为镇江通判。

宋代皇帝虽说在"与士大夫治天下"这一点上有代代相传的默契，某些时候表面上甚至还善听读书人的意见，但具有战略眼光和博大胸怀者绝少，大都软弱，尤其表现在性格上的心浮气躁、行动上的意志不坚。无论是兴冲冲推动"庆历新政"的仁宗，还是重用王安石铺开"熙宁变法"的神宗，均是虎头蛇尾，有始无终，反映出宋代帝王脆弱的一面。孝宗对恢复大业，亦过于操切。即位之初，面对官庸于上、民怨于下、异族蹂躏、国无宁日的逼人形势，他也曾试图振作。他首先为岳飞平反昭雪，恢复了岳飞的原有官衔，按相应的礼仪改葬，表面上做出了一些有志恢复的姿态；甚至对陆游这样的抗金情绪激昂者，也赐进士出身，升他为枢密院编修官兼编类圣政所检讨官。但国力的衰竭和对金军事上战略眼光的短浅以及态度上的暧昧，使他的政治作为色厉内荏，首鼠两端。

隆兴元年（1163），张浚以枢密使都督江淮兵马，按照孝宗的指示积极北伐。陆游听到这一消息之后，异常兴奋，在给张浚的贺启中表达了殷切的期望。陆游从小熟读兵书，在对金战略上有自己的清醒认识和独到洞见，欣喜的同时，他还明确提醒张浚，在对金军事上"岂无必取之长算，要在熟讲而缓行"，建议张浚在抗金问题上不能鼠目寸光，只有坚定信心，放眼长远，蓄积力量，然后反攻，才能取得最后的胜利。但在孝宗的主导下，宋军匆忙北伐。战争结果被陆游不幸言中，五月的"隆兴北伐"终因出兵轻率，大败而归，十天就结束了，史称"儿戏战争"。北伐失败后，孝宗很快打消了收复疆土的念头，以"和戎"政策主导对金关系，投降纳贡，一隅偏安了。从此，南宋对金的国书上便赫然写着"侄宋皇帝睿，谨再拜致书于叔大金圣明仁孝皇帝阙下……"字样云云，是为国书定式。

第二年春，张浚以右丞相都督江淮兵马，驻节镇江，又积极营缮城堡、添置战舰、招募游勇、训练军队、复图反攻，声势十分浩大。陆游恰在贬所镇江，以世侄名义晋谒，两人因为政治主张一致，交流颇欢，张浚对这位后生"顾遇甚厚"。陆游借此机会，又对北伐提出了自己的见解。只是，张浚这时的备战不过是他的一厢情愿罢了，北伐的失败以及太上皇赵构的频频施压，已经使孝宗早下了向金求和的决心。求和就必须牺牲主战派向金表达"诚意"，与当年赵构为实现《绍兴和议》杀岳飞向金献媚如出一辙。四月，张浚罢相，窜逐福州。而作为坚定主战派的陆游，也在这一余波中未能幸免，孝宗乾道二年（1166），在隆兴通判任上的陆游因曾"力说张浚用兵"免归，神色黯然地回到了故乡镜湖三山，过上了闲居生活。

四年后，四十五岁的陆游被朝廷再次起用为夔州通判，与此前的镇江、隆兴任一样为通判。只是，夔州位于南宋西北边陲，离政治中心临安越来越远了。罢归故里，无疑是对他的警醒；起用夔州，则是观其后效。面对打击，陆游不仅没有改变自己的主张，反而更加激进。入川前，他还投诗参知政事兼同知枢密院事梁克家，表达自己效力军营、为国雪耻、不畏堕指之寒的希望和决心。入川第三年，他被四川宣抚使王炎招为宣抚使司干办公事兼检法官，治所在南郑（今陕西南郑）。南郑是南宋对金的西北国防前线，前控三秦，后据两蜀，堪称军事锁钥，战略位置十分重要。北方人民犒劳王师、传递情报、盼望北伐的热情深深感染着陆游，中梁山下、诸葛祠前、韩信拜将坛上，都留下了他跃马射猎、舞剑图强的身影。宋金对峙的最前线仙人关、大散关下的鬼迷店、广元道上的飞石铺，都留下了他侦察敌情的足迹。能"上马击狂胡，下马草军书"的陆游，甚至在大散关附近与三十名士卒合力杀死了一只老虎。无用武之地的英雄挺戈杀虎，未尝不是把一腔对敌的仇恨，在食人猛虎身上疯狂发泄。在南郑期间，他还屡屡向王炎献进取之策，认为经略中原，必自长安始；取长安，必自陇右始。目前关键是要积粟练兵，有衅则攻，无衅则守。从当时的战争现实来看，这些观点确实切中肯綮。王炎也是一位爱国将领，宣抚四川期间正在积极进行收复失地的准备，只待朝廷一声号令，便能挥师北上。然而事与愿违，当年十月朝廷就把王炎匆忙调回，遣散了幕府。朝廷意旨陆游一看就明白，故有"良时恐作他年恨，大散关头又一秋"（《归次汉中境上》）之叹。

陆游旋即去了成都府任安抚司参议官，又在嘉州、蜀州、荣州等地任过职。在入川的漫长岁月里，陆游无时不在盼望着王师北进，"但忧死无闻，功不挂青史"（《投梁参政》）成了他一生的心病。他等待着朝廷挥师北进的冲锋号，一再渴望着杀敌沙场，以身许国。只是，朝廷的大臣虽然走马灯似的频繁调换，但"和戎"政策却根深蒂固，丝毫不能撼动。于是，在颠沛的仕途羁旅，在无尽的冷官生涯，他便常常唱酬诗友，结交剑客，寻访方外隐逸，流连歌肆酒楼，用"天地何心穷壮士，江湖自古著羁臣"（《哀郢》）、"和戎诏下十五年，将军不战空临边"（《关山月》）这种低沉的诗句表达悲愤之情，矛头直指颁下"和戎诏"书的孝宗皇帝。这种明显有悖于朝廷"主旋律"和冒天下之大不韪的论调，怎会不令孝宗以及那些只知道"吾皇英明神武"的当权者震怒？孝宗淳熙三年（1176）夏，他再次被论罢，罪名是"燕饮颓放"。当然，这不过是欲加之罪，与冠于岳飞头上的"莫须有"出奇地相似。所以，陆游离蜀东归途经叙州时，便借咏黄庭坚，愤然说出"文章何罪触雷霆"的话，一语道破。此后，他索性自嘲"放翁"，并以此为号。

忧民爱民是陆游思想中不容忽视的重要部分。宋王朝南渡后，不断以割地、赔款、称臣的办法向金求和，屈辱地维持着半壁江山，苟延残喘。然而，金朝的胃口显然不能轻易满足，就像当年宋太祖南征软弱的南唐时放言"卧榻之侧岂容他人鼾睡"一样志在必得。金朝南侵依然不时发生，兵燹荼毒，加上天灾人祸，使老百姓处于水深火热之中。陆游在战乱中长大，后来虽入仕途，但很长的时间被投闲置散，游离于官僚体制外，与百姓有较多接触和交流，对百姓有一种超越一般士大夫的深刻理解和同情。"少小遇丧乱，妄意忧元元"（《感兴》）、"万钟一品不足论，时来出手苏元元"（《五更读书示子》），老百姓的生存冷暖，让陆游牵挂一生。他甚至为自己坐食俸禄寝食不安，说："齐民一饱勤如许，坐食官仓每惕然"（《露坐》）。赋闲故乡时，他学会了耕田种菜，自食其力；还为无钱求医的百姓探病施药，救助了许多邻里。老百姓总是念念不忘那些真正关心爱护过他们的官吏，为纪念陆游，乡亲们常常以他的"陆"姓给孩子取名。

一流的文人都具有文人品格、文人关怀,忧国、忠君、爱民三位一体,坚不可摧。淳熙六年(1179)冬,陆游被任命为提举江南西路常平茶盐公事,治所在抚州。来年夏天,抚州大雨倾盆,浩瀚喷薄,一连下了半月余。田园淹没了,村庄淹没了,老百姓扶老携幼往山上奔逃。命是留住了,但仅有的一点口粮却被大水冲得无影无踪。在百姓生命系于一发之际,陆游当机立断,一边向朝廷奏请,一边迅速安排人打开义仓,派小舟载粮食沿丘阜送给被困灾民,并命令所属州县迅速开仓赈济,关键时刻帮助受灾群众渡过了难关。然而,这件事到了朝廷却成了罪状,以给事中赵汝愚为首的臣僚认为陆游在救灾中擅权做主,以"不自检饬,所为多越于规矩"弹劾他,把他免了职。救灾爱民竟有罪,陆游不禁哑然失笑,遂吟唱着"江路迢迢马首东,临川一梦又成空"(《早行》)的诗句离开了江西。

陆游自从六十五岁被谏议大夫何澹以"嘲咏风月"罪名论罢归里后,除了七十八岁曾入都修史一年外,就再也没有被朝廷起用。从光宗绍熙元年(1190)到宁宗嘉定二年(1209)冬逝世,整整二十年的漫长岁月,陆游大都是在镜湖三山的湖光山色中度过的。即使在那通信和交通极不发达的骡马帆船时代,即使痼疾频年白发苍苍,蛰居故乡的陆游也始终关注着战争的态势和人民的疾苦,每当听到女真内乱的消息传来,他便欣喜若狂;每当听人讲起王师北伐,更是彻夜不眠。他从没停下自己的笔,哪怕千夫所指;他从没停止恢复中原的呐喊,哪怕是弥留之际。

但是,朝廷对他的打击,并未因退休而稍有减少。宁宗开禧二年(1206)五月,韩侂胄发动了北伐战争。韩侂胄,北宋名相韩琦五世孙,因其父娶高宗皇后之妹,以外戚恩荫入仕,凭宁宗赵扩争夺皇位时跑腿有功,渐得宠信,成为宁宗早期的权臣。初拜少傅,再迁少师、太傅,开禧元年(1205),宁宗任他为平章军国事,立班宰相之上,权倾天下。此时,金朝北疆的蒙古渐渐崛起,屡击金朝,加上金朝境内小规模农民起义不断,好大喜功的韩侂胄为进一步巩固权势,匆忙发动了"开禧北伐"。消沉了二十多年的恢复情绪此时犹如洞开了泄洪之闸,呼声空前高涨,喷涌而出。当时陆游已是八十二岁高龄,恨不能冲锋陷阵,发出"老不能从"的慨叹,并说:"日闻淮颍归王化,要使新民识太平"(《赛神》),用诗歌积极声援北伐。但这次北伐,朝廷上下颇有争议,比较集中的意见是说韩侂胄发动北伐是欲"立盖世功名以自固"。就连战争经验丰富、恢复意志坚定的辛弃疾，也认为不精确估计敌我实力就贸然出兵，只会"赢得仓皇北顾"，为此，还被韩侂胄以"好色贪财"论罢。北伐最终因为准备不足、用人不当，特别是西线主将吴曦叛变投敌而全线溃败。嘉定元年（1208），"开禧北伐"以败衄乞和、增贡称侄、韩侂胄首级献于金而草草结束。

第二年春，奉祠在家的陆游因曾为韩侂胄作《南园记》再次被纠劾，革落宝谟阁待制之职。朝廷颁发的"制词"有"岂谓宜休之晚节，蔽于不义之浮云"句，讥他攀附权贵，晚年失节。其实，陆游与韩侂胄的交往，无非是从团结各种力量、一致对外、恢复中原这一贯主张出发的，与辛弃疾所谓"务为仓促可以应变之计"，在目标上是高度一致的。至于攀附权贵、为子孙谋之说，在他对秦桧的态度和因此而遭受的打击中便不攻自破。何况从当时的情况来看，也只有韩的权势，才可能真正鼓动宁宗北伐。至于杀韩侂胄并牵连到陆游，则是帝王们翻手云覆手雨的惯用伎俩，不足为奇。倒是陆游退休多年仍逃不过爱国信念带来的厄运，则确实始料不及，以至发出"乞身七年罪未除"这深深的叹息。

孔子说："道不同，不相为谋"，这个"道"，可以生发为理想、信念、追求等，上升到国家的层面，则是政治理想、治国策略乃至对外方针。在这点上，陆游对内主张轻徭薄赋，休养生息，对外主张抗金驱虏，恢复中原，而且这种主张始终忠贞不渝，至死不易，甚至不惜抛弃进士前列的青云阶梯，默默忍受良师益友如朱熹、杨万里的曲解误会，坦然面对官任期满连回家的路费都没法筹措的寒碜境地……而当朝最高统治者和那些以附和偏安作为晋升阶梯的当权者，则从宋朝南渡特别是秦桧自金放归并执掌朝政后，构建了顽固不化的"和戎"政策，割地赔款、俯首称臣，对主张收复山河的爱国志士进行了无情的排挤、打击和迫害，陆游首当其冲。尽管当朝皇帝对他的文学、史学才华均表示过称道，如有"名动高皇"的记载，孝宗褒扬他"力学有闻，言论剀切"，宁宗在他耄耋之年还请他入都修史等，但正如诗人在《枕上感怀》中所言："君王虽赏《于芳于》，无奈宫中须羯鼓"，这种帝王们一时心血来潮甚至为博得"爱才"虚名而给予的赏识，并不能改变他救国无门、备受打击的命运。关键是他激昂的斗志和爱国爱民的思想与南宋小朝廷的投降政策背道而驰，这点上的毫厘之差，造成了结果上的霄壤之别，屡屡远谪便成必然。但是，陆游决不因此退缩和妥协，他面对这些可笑的罪名，反而悲歌不绝，历久弥坚，始终卓然杰立于丧权辱国的颓波之外，利用诗歌作为武器，向那些以屈膝求和、苟且偷安为主基调的投降行径进行了无情鞭笞。所谓"白发萧萧卧泽中，只凭天地鉴孤忠"（《书愤》），于陆游自己来说，主观上却永远是对国家的热爱和对皇帝的忠诚。然而，在封建帝王的字典里，因为忠而频施贬黜，则实在是个悖论。

范成大：事业文章两足尊

范成大在历史上更多的时候，是以诗名世的，他与陆游、尤袤、杨万里三人被合称为南宋"中兴四大诗人"。在后代，四人中以他和陆游最为著名，到了清朝初，甚至有"家剑南而户石湖"（剑南指陆游，石湖指范成大）之说。钱钟书在《宋诗选注》中称他为中国古代田园诗的集大成者，元末明初，他的《四时田园杂兴》已然是公认的经典，其田园诗成就与陶渊明相比，堪称"后来居上"。范成大的诗歌世人传诵已多时，然而许多人或不甚了解的是，在南宋那个多难之秋，他还是一个经历丰富的封疆大吏，从政数十年，南至桂广，北使幽燕，西入巴蜀，东薄邓海，所到之处，创义役、兴水利、减赋税、赈饥民，政绩卓著，南宋诗人张镃有诗赞曰："石湖仙伯住吴门，事业文章两足尊。南北东西曾遍历，焉哉乎也敢轻论。"那么，作为一个南宋官员，他有哪些不俗的从政经历和卓越贡献呢？

一、忧心于稼穑

范成大（1126—1193），字致能，号石湖居士，平江吴县（今江苏苏州）人。宋高宗绍兴二十四年（1154）举进士，主要从政经历在宋孝宗朝，历任处州（今浙江丽水）知州、礼部员外郎兼崇政殿说书、中书舍人、静江（今广西桂林）知府兼广西经略安抚使、四川制置使、吏部尚书、参知政事、明州（今浙江宁波）知州兼沿海制置使、资政殿大学士，宋光宗绍熙四年（1193）去世，赠谥号文穆。

范成大

范成大生前即诗名远播，至南宋末形成高潮，历代不衰，尤其在明清时为最。明朝人汤沐的《公余日录》有一个"段子"，说宋孝宗曾有让范成大当宰相的打算，但经过一段观察，认为范成大"不知稼穑之艰"，便放弃了，范成大为此特作数十首田园诗替自己表白。钱钟书在谈到这个"段子"时说:"假如这个传说靠得住,它只证明了宋孝宗没调查过范成大的诗,或者没把他的诗作准,那末再多写些《四时田园杂兴》和《腊月村田乐府》也不见得有效。因为《石湖诗集》里很早就有像《大暑舟行含山道中》那种'忧稼穑''怜老农'的作品,而且不论是做官或退隐时的诗,都一贯表现出对老百姓痛苦的体会,对官吏横暴的愤慨。"确实,范成大不仅深知稼穑之艰,还创作了大量的忧心于稼穑的诗歌,更做出了许多关心民生的政绩。

范成大一生创作了许多脍炙人口的诗歌,题材广泛,数量不少。如果要细细分类,主要有三个方面:一是使金见闻诗。他在使金途中,将其对沦陷区的见闻付诸笔端,创作了近百首绝句,那山河破碎的景象、人民困苦的生活,在诗歌中如图景一样徐徐展开,表达了他深沉的爱国思想和忧民情怀。二是隐居田园诗。他晚年隐居石湖十载,写了不计其数的田园诗,描写了农家田园牧歌式的生活,展现了一幅幅美丽的乡村画卷,让人欣喜。

而第三个方面的成就,正是他忧心于稼穑和民生疾苦的诗歌。比如《催租行》:"输租得钞官更催,踉跄里正敲门来。手持文书杂嗔喜,我亦来营醉归耳!床头悭囊大如拳,扑破正有三百钱。不堪与君成一醉,聊复偿君草鞋费。"范成大在诗中,描写了一个贪得无厌的地保,在老百姓已经交租的情况下,还跑来验看交租"文书",乘机敲诈,索要酒钱,老百姓存钱罐里最后一点钱都不放过。诗歌表达了他对老百姓频受盘剥的同情,和对官吏横征暴敛的揭露和批判。这类诗歌,范成大写得精练、冷隽、深刻,其批判现实的力度丝毫也不亚于白居易的呐喊和疾呼。

二、执着于民生

范成大举进士后,曾在朝任著作佐郎,旋即升吏部郎官,但言官认为由著作佐郎转吏部郎官属于越级升迁,被论罢,随后奉祠,等于刚出道就让他赋闲了,而且一闲就是多年。

乾道三年(1167),这个出道颇早却又过早赋闲的范成大,于四十二高龄,终于被宋孝宗任命为处州知州,这是他第一次出任地方主要官员,也算是宋孝宗对他的重用。范成大到任后,第一件事想到的就是民生。当时处州百姓劳役繁重,且摊派不均，经常因劳役摊派而争讼公堂，老百姓苦不堪言。范成大在广泛调研的基础上，推行了"义役法"，按民户的贫富不等筹集银钱，用于购买义田，再以田租补助给服役者，轮流服役。这样，既解决了劳役摊派不公的问题，义田田租又可持续，争讼问题得到妥善解决。此法报到朝廷后，宋孝宗很赞，遂颁其法于诸路，全国推广。

不仅如此，范成大在处州期间，还多次请求朝廷减捐免税，如请求减免处州盐捐、减免浙东丁口税等等，得到了朝廷的许可，为老百姓减轻了负担。其他诸如修水利、架桥梁、设义仓等，为老百姓做了许多实事和好事。其实，从到任到离任，范成大在处州真正投入工作前后不到一年，然而在如此短暂的时间里，却做出了这么多政绩，一方面体现了他执着于民生的精神，另一方面也可看出他工作能力之强和工作效率之高，故有丽水今人评价说："范成大是丽水历史上任期最短、百姓最爱、政绩最显著的处州知州。"

乾道七年（1171），范成大出任静江知府兼广西经略安抚使，他治桂三年，主要有两个方面的政绩：一是理顺盐政，二是改革马政。广西偏远贫困，地方财政收入单一，仅靠盐利，中央财政对地方又没有转移支付，只有索取，没有支持。后来，宋孝宗又改官卖法为钞盐法（商人用现钱向政府部门购置营销通行证，凭证支盐和销售）后，盐利尽归漕司，地方极度困窘，入不敷出，只得向老百姓摊派，老百姓苦不堪言。为此，范成大多次上书，要求改变盐政上交比例。在他的努力下，朝廷终于同意核减静江府上交额度，地方财政压力得到缓解，老百姓身上的重负也有所减轻。

南宋与金对峙，战马是战备中最重要的物资之一。广西并不产马，不过广西横山寨（今田东县平马镇）却是南宋购买战马的一大市场，大理等西南诸少数民族都通过横山寨马市，将饲养的战马向南宋销售。朝廷每年向广西摊派征购战马任务一千五百匹，但多年来，马政积弊丛生，主要有三个方面：一是当地人向卖给朝廷的马中掺杂病马，以次充好；二是买草料的专项拨款常为官吏层层贪污，致使马经常因无草料而饿死；三是朝廷又一度提高战马收购标准，致使广西常常无法交货，西南诸族卖马的积极性受挫，不愿意出售。

范成大到任时，朝廷在广西年收购战马数量跌至历史最低，仅二十七匹。为改革弊政，范成大请示朝廷同意，重新恢复了原来的购马标准，规定了公平交易原则，并严厉打击贪污，加强对收购马匹的护理，多管齐下，既提高了外族卖马的积极性，又促进了交易中的公正公平，更提高了战马收购的合格率。于是，弊政迎刃而解，范成大任内，朝廷在广西年收购战马数量达到三千匹，为历史之最。

后来，范成大在地方上还任过四川制置使、明州知州兼沿海制置使。范成大在四川，发挥自己的优势和长处，推行了整军经武、加强边防、轻徭薄赋、为民减负、招抚并用、改善与少数民族关系等一系列举措，治蜀两年，颇有政声。他离任之时，成都百姓自发送行，万人塞途。

三、慷慨于外交

在南宋的政治舞台上，像范成大这样在政治生活中如庖丁解牛一般精于地方治理的能臣干吏并不多见，在仕途上能留下骄人政绩的更是少之又少，这既体现了他精明强干的能力、务实担当的精神，也体现了他关心民生疾苦的博大情怀。令人惊异的是，这位精于地方治理的能臣还精于外交，曾受命出使金国，留下了宁死不屈的身影。

乾道六年（1170），范成大受宋孝宗之命，以起居郎、假资政殿大学士，充任祈请国信使，出使金国，虽然前后仅仅四个多月时间，但这却是范成大一生中最奇特的一次行旅。

宋孝宗安排范成大此行，目的是借"祈请"之名，索求赵宋皇陵所在的河南巩、洛之地。宋孝宗"隆兴北伐"失败后，被迫与金国达成了《隆兴和议》，和议规定：金、宋为叔侄之国，岁贡改称岁币，金、宋以淮河为界。和议达成后，宋孝宗内心却还有一块心病，就是赵宋皇陵在金国域内，对于标榜以孝治天下的宋孝宗来说，连自己祖先的坟墓都在敌国境内，连对祖先正常的祭祀都不能在皇陵开展，何孝之有？宋孝宗深感脸上无光，为此，他三番五次派人出使金国，索求祖先陵寝地。范成大这次受命出使金国，即此目的。

然而，"弱国无外交"，金国作为战胜国，到口的肥肉怎会轻易送还？所以，宋孝宗虽然屡屡派使者索求，但金国当然从未答应。而且，对于南宋派出的使者，金人往往颐指气使，随意处置，轻则扣留，重则处死，许多人对于出使之任常常避之唯恐不及，而范成大此次出使，却是他主动请缨的。范成大临行前，宋孝宗还安慰他说:"朕不败盟发兵,何至害卿。"

其实,对于出使可能面临的危险,范成大并不在意。他关心的是,此行不仅索要陵寝之地,他还因《隆兴和议》细则中未明确双方受国书的礼仪,宋朝大臣使臣赴金总是被要求行跪拜之礼,希望宋孝宗在国书中提出议定两国受书礼仪的要求。不过,宋孝宗担心惹怒金人,不同意写在国书中,尽管宋孝宗自己对于《隆兴和议》没有议定受书礼仪也耿耿于怀。

皇帝没同意,范成大决定自己单干。他抵达金国,向金主完颜雍递交请求归还陵寝之地的国书后,又当场拿出自己擅自写就的、建议受书礼仪的"私书",要求完颜雍同意。完颜雍对范成大交"私书"的行为相当意外,那些在侧的金臣对他的"越礼"更是震怒,纷纷要求杀掉他。范成大早已将生死置之度外,毫无畏惧,依然慷慨陈词,继续要求金主接受他的建议,而且不断请求。完颜雍当然不会同意,不过也没有因范成大的"越礼"和咆哮朝堂而杀他,后来反倒对他的气节十分欣赏,认为这种精神"可以激励两国臣子",范成大因此逃过一劫。

范成大在金廷表现出来的视死如归的精神和坚贞不屈的气节,成为南宋外交史上亮丽的一笔,令人感佩。

四、不容于时俗

有人认为宋孝宗是南宋一个励精图治的好皇帝,诚然,他也确实有过试图振兴的构想和收复失地的尝试。只是,在北伐上,他却如辛弃疾所言:"元嘉草草,封狼居胥,赢得仓皇北顾",匆匆开始,草草而归,北伐未成,反倒再添一个屈辱的和议。而在治国振兴的构想上,又摇摆不定,首鼠两端,结果,大事未成功,小事不屑做,最后一事无成,徒添叹息。

作为臣子,范成大虽有满腹诗书、一肚学问,有能臣之干才、英雄之胆识,但遇到这样一个犹豫的主子,其才华不但不能与理想形成良好互动互促,不能尽职、尽力、尽才,有时反而让自己置于许多双妒忌的眼光之下,成了众矢之的。他在多地任过一把手,干一个地方就干得风生水起,旧貌换新颜,不可谓不能。宋孝宗为此而重用他为参知政事(副宰相),但朝臣们打了个小报告,宋孝宗随即就将他免了职,而且免得干净彻底,让他奉朝请,也就是无职无权的一个只拿俸禄不做事的闲官,投闲置散了。这一方面反映了同僚们因妒生恨的倾轧乱象,另一方面更是反映了宋孝宗在用人上的草率和乖张,在这样的皇帝手下做事,往往做不好挨骂,做得好挨整。

范成大对此非常失望。淳熙十年(1183),他以病为由,连续五次向宋孝宗请求退休,最后获准。于是,他在故乡石湖筑室赋闲,以诗娱情,安心养病。宋孝宗时不时还会想起范成大这个能臣,还亲自御书"石湖"二字赐他,以示宠幸,后来还曾主动表达希望再次起用他的意愿。然而,范成大已无心于此,之后,他一直隐居石湖,前后十年,直到去世。

这十年,范成大醉心于石湖的湖光山色,写下了大量脍炙人口的诗文,传世名作《四时田园杂兴六十首》,就创作于这一时期,表达了他对生命的热爱和对老百姓的关切之情。

范成大要才有才,要德有德,妙手著文章,经纶济天下。故宋孝宗曾说:"卿(范成大)南至桂广,北使幽燕,西入巴蜀,东薄邓海,可谓贤劳。"评价他"气宇不群"。而同为南宋"中兴四大诗人"之一的杨万里则说,中兴以来,"知政几二十人,求天下之所谓正臣,如公(范成大)才一二辈",给予了极高的评价,可谓中肯之评。

绍熙四年(1193),范成大因病去世,享年六十八岁。

太上皇是个什么官

皇帝也有难当的时候，尤其是他上头还有个太上皇。

宋高宗赵构倦于朝政，五十六岁便提前退休，把位子禅让给自己的养子赵昚。赵昚登基后，尽管位居至尊，但他在其位、难谋其政，做起决断来处处受制。比如，作为一国元首，他屈辱于对金称臣，不甘心苟且偷安，立志直捣黄龙，收复河山，每次同父亲在一起的时候，他都会提及"北伐"，希望得到父亲的支持。开始，太上皇以为他年轻气盛，说说也就会罢了，谁知赵昚似乎铁了心，不仅重新起用主战人士，而且摩拳擦掌，积极备战，这可把当年以"外求和、内偏安"为大政方针的太上皇惹恼了。一次，皇帝又提及"北伐"，太上皇发怒道：大哥呀（高宗的两个养子中，赵昚大，故称），你还是等我"百年"之后，再考虑这个问题吧！父亲简直把话说绝了，等同于以死要挟，儿子从此不敢再提"北伐"。

大事上如此，小事上又如何呢？赵构每年生日，那些内外大臣、州牧郡守，甚至知事县吏，都会有固定的孝敬，或奇珍异宝，或地方特产。有一年生日，这些孝敬忽然比往年减少了许多，赵构过目清单后，震怒不已，指桑骂槐地咆哮了一通，吓得赵昚张皇失措，赶紧把宰相虞允文喊来商议。虞宰相听了情况，决定去拜见一下太上皇，调和一下父子关系。谁知，虞宰相刚走进太上皇的宫殿，就迎来了劈头盖脸的一顿臭骂，末了，太上皇还酸溜溜地诅咒：我这老不死的，为什么不早点死去呀，死了就不会遭人厌恶了！无论太上皇骂得多难听，虞宰相都听着，老老实实地充当"出气筒"，直到他骂累了，气缓了，才说，皇帝是个孝子，他本来无意减少这些孝敬，罪在我这个具体办事的，说您万寿无疆，百姓膏血有限，减少百姓有限的膏血，有益于您这无疆的圣寿啊。虞宰相设法替皇帝开脱，又主动承担了责任，还不失时机地恭维了太上皇一大堆好话，总算化险为夷。只是，父子间的分歧常常是原则问题，这种骨子里的矛盾又怎能调和如初呢？

退休后的赵构，经常到灵隐寺的冷泉亭闲坐。一天，寺内一个和尚为他端茶递水，十分谦恭的样子。太上皇看他待人接物，不像个和尚，便说，我猜你绝不是真正的出家人。对方立马给皇帝叩了个响头，哭着说，我本来是某郡郡守，因得罪了上司，被其诬陷，罚为庶人，如今没法糊口，只好托身灵隐寺，苟延残喘而已。说着，又是一把鼻涕一把泪，十分凄惨。赵构觉得他可怜，承诺回去就让儿子给他安排个职位。过了几天，他再去冷泉亭闲坐时，却发现那人还在，太上皇不高兴了。

第二天，当儿子请他们夫妇到聚景园游玩时，他不言不笑，儿子问候他，他也装聋作哑，权当没听见。太后说，儿子好意招待我们夫妇，你为什么老大不高兴呢？赵构窝了一肚子火，没好气地说，我老了，说话没人听了！儿子顿时心惊肉跳，赶忙追问什么事。父亲说，灵隐寺那个人，明明我打了招呼，你却至今不做安排，你让我怎么还好意思去灵隐寺呢？赵昚赶紧解释说，您交代后，我马上就同宰相商议了，但宰相说他在郡守任上贪污腐化，声名狼藉，没被处死已经万幸了，复用万万不能。不过，对于您打过招呼的事，再难也是小事一桩，请放心，明天就办好，今天还是请您开怀畅饮吧。一番话说得赵构转怒为喜。后来，赵昚同宰相商议的时候，宰相还是坚持不能复用，赵昚拉下脸说，昨天太上皇震怒，害得我无地自容，恨不能从地上找条缝钻进去，无论如何，他就是犯了十恶不赦的谋反之罪，你也给安排个好职位！于是，这位罪该万死的原郡守，因为太上皇一句话，不仅官复原职，而且被照顾到了比原来更重要的地方。

从郡守来说，只要上头有过硬的人打招呼，贪污腐化也好，声名狼藉也好，总能遇难成祥，步步高升。从太上皇来说，虽然退休了，但打个招呼、用个干部，那还不易如反掌？谁又敢不把太上皇当领导？唯一可怜的是皇帝，虽说是一把手，但坚持原则，就会得罪太上皇，丧失原则，就会得罪满朝文武，往往里外不是人。赵昚当了二十七年的皇帝，赵构当了二十五年的太上皇。这二十五年间，赵昚大事不能干，小事干不得，受尽了有职无权的鸟气。父亲死后，他还干了两年，因为积重难返，终于心灰意懒，便把位子让给儿子，自己也去过了一把太上皇的瘾。

帝王家的烦心事

宋孝宗赵昚虽然只是宋高宗赵构的养子,但他继位成为九五至尊的皇帝后,也始终把太上皇当成亲生父亲孝顺,把吴太后当成亲生母亲供养,小事同父母商量,大事听父亲决断,有时哪怕是太上皇的一些无理要求,他也想方设法给予满足,为此甚至不惜得罪满朝文武。然而,就是这样一位孝顺的皇帝,却教育出一个极不孝顺的儿子,和一个骄横蛮悍的儿媳妇。

宋孝宗

儿子宋光宗赵惇当太子前后,表现得勤奋好学、谦恭有礼,父亲情绪好时,他也喜形于色,父亲情绪不好时,他亦愁容满面,还经常在诗中称颂父皇的功绩,那种孝顺,让赵昚非常满意。但赵惇继承皇位后,却来了一个天大的转变,露出了原形。开始,他也一度效仿孝宗侍奉高宗的先例,每个月四次向父亲请安,偶尔还陪宴饮、游玩,但没多久,他就烦恼于这种"例行公事",忍受不了这种"做作",托词回避了。父亲是极重感情的人,儿子连正常礼节都不履行了,心中十分郁闷。

有一次,赵惇率内外大臣和嫔妃们游览聚景园,却没有邀请孤零零待在重华宫的父亲,大臣们急上奏章,说孝宗当皇帝的时候,每次出游,都会恭请高宗同行,而如今光宗独享美景,颇不合孝道。赵惇接到奏章,大为光火,恰好此时父亲安排人赐一玉杯过来,赵惇余怒未息,接过后半真半假地掉在地上打碎了。这件事恰好又被父亲知道了,让他更加不快。

到后来,儿子甚至一年多不去见父亲,这种行为,在以孝治天下的当时,简直大逆不道。于是,朝野上下,宫廷内外,乃至市井里巷,对皇帝的不孝之举更是议论纷纷,近百人上书要求皇帝履行做儿子的义务,而赵惇不为所动,依然故我，这让父亲的心都碎了。一天，赵昚登临潮露台，看见偏僻小巷里一些小孩子争闹，一小孩争吵不赢，想找救星，脱口连喊："赵皇帝来，赵皇帝来。"赵昚一听，不禁自言自语道："我喊他尚且不到，你喊，简直是白费力气！"悲愤之情，溢于言表。

儿子不孝，本已让赵昚伤透了心，而儿媳又从中作梗，火上浇油。儿媳李凤娘作为皇后，本该是后宫的表率，但她却独霸后宫，到了十分残忍的地步。赵惇即位后，曾经宠爱过一位侍姬黄氏，并把她晋升为贵妃，李凤娘担心她影响自己的地位，趁赵惇到郊外祭祀天地之机，派人谋杀黄贵妃，然后报告说黄贵妃"暴病而亡"。还有一天，赵惇洗手时，见端着洗脸盆的宫女双手圆润细白，便多看了几眼，不料被李凤娘看在眼里。几天后，醋意大发的李凤娘派人给皇帝送来一具食盒，赵惇打开一看，里面装的竟是上次那个端盆宫女的双手，顿时把他吓得个半死。

儿媳不仅独霸后宫，而且常常无事生非，离间关系。为太子妃时，她就不断在高宗、孝宗、太子之间搬弄是非，弄得祖孙三代相互猜忌，关系紧张。后来当了皇后，更是肆无忌惮。有一回，赵惇生病，父亲从良医那弄了些好药制成一个药丸，本来想让人送给儿子，但又担心儿媳为难，便想等儿子过来问安时当面给他。正好多舌的太监向李凤娘汇报了此事，李凤娘便派人到太上皇寝宫暗中观察，发现果然有药。于是，她认定太上皇要谋害皇帝，便抱着儿子，在皇帝的床前一把鼻涕一把泪地数落太上皇，把他们父子关系说得连仇人都不如，这让儿子对父亲既恨又怕，从此，皇帝再也不去重华宫看望父亲了。

皇帝立储，按制度当然得太上皇首肯，否则通不过。赵惇和李凤娘想立自己的儿子，但太上皇鉴于自己的失败经验，犹豫不决。一次家宴上，李凤娘又向太上皇提出立儿子嘉王为太子的要求，赵昚当时表示不同意，李凤娘勃然变色，大声质问道："我是你赵家三书六礼明媒正娶来的，嘉王又是我亲生的，为什么不能立为太子？"儿媳这样撒泼、要挟，如同给了以孝著称的公公几耳光，使他蒙受了奇耻大辱。在儿子、儿媳的轮番夹击之下，太上皇赵昚夙夜忧虑，急火攻心，遂一病不起，不久抑郁而终。然而，即使是父亲驾鹤西行之际，儿子也连丧礼都不主持、不出席、不服丧，安居深宫，宴饮如故。人之无情，乃至于此！

谁说"贫贱夫妻百事哀"？你看，富贵如此的帝王家，却父子离心，夫妻反目，天天勾心斗角，夜夜刀光剑影，哪还有心思享乐呢？就这一点来说，还不如贫贱之家，虽然没啥好吃的、好穿的，但既不要算计别人，也不要担心遭人算计，内心平静，一世安稳。

朱熹：在辞官的道路上奔跑

我曾有意无意间，对《宋史·朱熹传》中的"辞"字做过一番检索，一检索，吓一跳，《朱熹传》中的"辞"字竟达三十二个之多，其中除了仅有五个"辞"是文辞等他意之外，其余全部是朱熹辞官的表述，也就是说，朱熹一生至少有二十七次辞官经历，辞、力辞、又辞、再辞、辞不拜、以疾辞……这些字眼在传中几乎随处可见，简直是在做官的道路上不断辞官。朱熹作为科举制度下的儒生，做官本是实现人生价值的正道，他为什么要捐弃正道而屡屡辞官呢？

一、英烈后代，聪明早慧

朱熹（1130—1200），字元晦，号晦庵，徽州婺源人（今江西婺源）。其父朱松，进士出身，官至吏部郎中。从很小的时候开始，朱熹就处处表现出异乎寻常的早慧，刚学会讲话，父亲指天对他说："这就是天。"他却反问父亲："天的上面有何物？"朱松听后，既意外，又惊喜。入塾后，老师教他《孝经》，他竟在书的

朱熹

扉页题下："不如此，非人也。"他与一群同龄孩子在沙地上玩，人家在堆沙山，他却一个人独坐一处，画八卦图。

然而，天有不测风云，十四岁那年，父亲去世。临终，父亲将朱熹母子托付好友建州崇安（今福建武夷山）刘子羽，并让他投至胡宪、刘勉之、刘子翚诸位名儒门下学习。刘子羽感念好友旧情，收朱熹为义子，在自己的宅旁建造紫阳楼，供母子居住，并对朱熹如亲子一样悉心教养，让朱熹有了良好的学习环境。

通过学习，朱熹打下了扎实的儒学功底。生父和义父的言传身教，又培养了他满腔的爱国情怀、坚定的抗金思想。生父朱松，因为上书反对议和而被贬斥，抑郁而终；义父刘子羽，曾是南宋川陕前线的抗金名将，后因多次反对秦

桧投降乞和，遭到报复和打击，最后干脆辞官归乡，隐居崇安五夫里，不问世事，颐养天年，同时悉心教育少年朱熹，直到去世。

朱熹是英烈的后代，那些父辈们的忠君爱国之思想、抗金未了之心愿，都一一在他少年的心里生根、发芽，渐渐成长了理想的参天大树。

二、初入仕途，成效不菲

绍兴十八年(1148)，十九岁的朱熹考取了进士，授泉州同安县(今厦门同安区)主簿，从此进入了南宋官场。在宋朝，主簿只是一个掌本县官物出纳、注销簿书的九品小官。不过，朱熹的官虽小，眼光却非常长远，他以"敦礼义、厚风俗、劾吏奸、恤民隐"的理念履职奉公，勤政务实，还热心于当地教育，挑选本县德才兼优的人进入县学做生员，自己当老师，每天给这些学生讲授古圣先贤的"修己治人之道"，几年下来，当地学风渐浓，民风渐淳，成效不菲。

朱熹在同安一共干了五年，任满后，宋高宗闻其贤名，召他赴京面见，朱熹以病辞谢。随即，他正式拜理学家李侗为师，砥砺苦学，埋头钻研。李侗是杨时的学生，杨时又是程颢、程颐的学生，朱熹因此也就成了"二程"的三传弟子，得以承袭"洛学"正统，为将来把儒学发扬光大，奠定了坚实的基础。此后一段时期，他在亦学亦教中过着自由自在的耕读生活。然而，在心底，他却从未停止对国家前途和民族命运的思索。

绍兴三十二年（1162），宋高宗禅位养子赵昚，是为宋孝宗。宋孝宗鉴于朝廷对金的软弱，试图振作，因此广开言路。朱熹先上书三札，后又应召到京入见，当场向宋孝宗提建议。归纳他的上书及面见所谈，其大意有三：一者，建议宋孝宗留心格物致知、意诚心正之学，以应天下时务；二者，希望宋孝宗立纪纲、厉风俗、近君子、远佞臣、勤勉治国、锐意进取；三者，力陈南宋与金有不共戴天之仇，若想恢复中原、振兴国家，必须内修政教、外御强敌，并说："非战无以复仇，非守无以制胜"，强调抗金是国家和民族的唯一出路。

然而，朱熹上此抗金主张之时，恰逢"隆兴北伐"失败，南宋被迫再次向金割地赔款、俯首称臣，所以，朱熹的主张最终未被采纳。朝廷随即任朱熹为武学博士，朱熹见自己的主张与朝廷政策不合，知道做官也无多少作为，遂辞官而归，回到了居住地崇安。

三、南康之任，暴得大名

宋孝宗乾道年间（1165—1173），朱熹因其渊博的知识和创新的著述，引起朝野的广泛关注，朝士频频推荐，朱熹却频频辞官。参知政事（副宰相）陈俊卿、同知枢密院事刘珙、工部侍郎胡铨先后向朝廷推荐朱熹，朱熹以为母守丧未终推辞。

三年丁忧结束，朝廷召入授官，朱熹以"禄不及养"（薪水不够养活家人），辞。乾道九年（1173），宰相梁克家推荐朱熹出任枢密院编修官，又辞。梁克家上奏宋孝宗说，朱熹屡召不起，淡泊权位，应予褒奖。宋孝宗说："朱熹安贫乐道，谦让可嘉。"为褒奖朱熹，特授他既轻松又有俸禄的祠官：主管台州崇道观。朱熹怕别人闲话"求退得进"，于心不安，再次推辞。直到淳熙元年（1174），才勉强接受。不久，宋孝宗又拟提拔朱熹为秘书郎，朱熹力辞，并自请主管武夷山冲佑观闲职，归乡著书立说、教书育人去了。

淳熙五年（1178），宋孝宗任命朱熹知南康军，为了使他能够接受此任，宋孝宗特降旨，让他"便道之官"，意思是让他不用入朝谢恩，由家直接赴任。朱熹又辞。这次，宋孝宗铁了心要看看朱熹理论之外的实干才能，故尽管朱熹以身体有病为由，四上《免知南康军状》，反复推辞，但依然未得到宋孝宗的许可。朱熹无法，只得接受。

对于政事，朱熹要么不接受，一旦接受任务，就会尽心竭力。当时南康军属江南东路，背倚庐山，面朝鄱阳湖，下辖星子、都昌、建昌三县，治所置星子县，素有"西江锁钥"之称。南康军固然位置重要，然而军内土地贫瘠，人丁稀少。为改变穷乡面貌，朱熹政教俱下，标本兼治，做了许多实事和好事。

朱熹赴任后，正值南康久旱无雨，农田绝收，灾情严重，为使天灾不演变成人祸，救老百姓于水火，他将"荒政"作为一项重要的施政措施，多管齐下进行救助。他下令，丁钱、和买（政府春季贷款给农民，夏秋时令农民以绢偿还）、役法诸事，凡有不利于老百姓生活的，悉数调整或革除。为了筹集救灾粮钱，朱熹力劝部分南康富户捐出救灾粮食近两万石，老百姓终于安然度过了灾年。为了感谢富户们雪中送炭，他曾多次请求朝廷表彰奖赏这些"纳粟人"。

朱熹在知南康军期间，还做了一件影响深远的事情，那就是重建了星子县境内位于庐山的白鹿洞书院。白鹿洞书院始建于南唐，当时号庐山国学，宋初在此建立书院，后毁于兵火。当时，官学偏向功利化，士子以利禄为志趣、以沽钓为手段，读书只为"稻粱谋"，与儒学当初所提倡的追求学问、探索知识、完善自我的初衷相背离，以致儒学凋零，人心不古，这让朱熹痛心疾首。为此，他立志继承儒学、改革儒学、复兴儒学。他看到白鹿洞书院破败不堪，遂向朝廷奏请重建书院，希望书院建成后，成为当时读书人真正可以认真讨论学问、发展和传承儒学的精神殿堂。得到朝廷许可后，他随即全身心投入到了书院的重建工作中去了。

朱熹一是筹集了重建书院的专款；二是为书院购置了田产，当作书院运转的资费来源；三是向各地广泛征集书籍，作为书院藏书；四是延聘教师，除自己讲学外，还聘请名师前来授课；五是制学规、定课程，撰写《白鹿洞书院揭示》，作为教育方针和生员守则。书院建成后，广大学子纷纷奔赴庐山，朱熹的教育思想逐渐发扬光大，而白鹿洞书院，也开始跻身"中国四大书院"，名重一时。

四、履职浙东，全力救灾

淳熙八年（1181），全国大旱，老百姓处于水火之中，宋孝宗下旨让监司、郡守条陈民间利弊。朱熹上疏说："天下之务莫大于恤民，而恤民之本，在人君正心术以立纪纲。"并历数宋孝宗远贤臣、近小人导致号令不出于朝廷而出于一二权臣之手的弊政，宋孝宗阅后大怒。时任宰相的赵雄向宋孝宗建言说："士之好名，陛下疾之愈甚，则人之誉之愈众，无乃适所以高之？不若因其长而用之，彼渐当事任，能否自见矣。"意思是说朱熹好名，皇帝越是批评和嫌弃他，他在士大夫间的声誉反而越高，不如适当提拔重用，以职务和政事困住他，使他无暇说三道四，这样，既能用其所长，又能让其闭嘴。宋孝宗听后，深以这种"升官封嘴"的办法为然，随即重用朱熹为提举江西常平茶盐公事，不久，又以在南康救灾有功，升任直秘阁，朱熹皆以"前所奏纳粟人未推赏"为由，力辞不就。

淳熙八年，宰相王淮推荐朱熹出任提举浙东常平茶盐公事，收到朝廷任命，朱熹"即日单车就道"，火速赴任。朱熹平时有官就辞，这次为何立刻接受，而且火速赴任呢？因为，当时浙东七州四十余县久旱不雨，发生了百年不遇的大饥荒，农田龟裂，老百姓处于水深火热之中。朝廷鉴于朱熹救灾经验丰富，故将他调往浙东，以解燃眉之急。

朱熹到任后，经过调研，采取了几项紧急措施：一是下拨米钱赈济灾民。他先后申奏朝廷拨米十四万七千石、钱九万贯，又从衢州、婺州调拨义仓钱，从明州调拨义仓米救灾。二是请求朝廷减免或缓收灾区夏税、秋苗丁钱。三是向朝廷争取政策，推赏那些救灾的富户。四是打击贪官，惩办恶霸和救灾不力者。通过这些举措，有效地缓解了灾情给老百姓带来的损伤，颇见成效。

后来，有不待见朱熹的同僚说他"疏于为政"，宋孝宗却说："朱熹政事却有可观。"这是宋孝宗对朱熹难得的一次好评。浙东事毕，朱熹又一次辞官而归。

五、得罪权贵，抑郁而终

淳熙十四年（1187），宰相周必大推荐朱熹出任提点江西刑狱公事，他以疾辞，朝廷不许，只得赴任。他在入京奏事时曾向宋孝宗说了一番非常耿直的话语，他说："陛下即位二十七年，因循苟且，无尺寸之效可以仰酬圣志。"接着反复分析宋孝宗在位期间的因循苟且、治国无效的根源，并提出改变现状、振兴国家的建议。可以说，南宋大臣之中，无一人讲话比朱熹更耿直，他的话常人都无法接受，何况平时优越惯了的皇帝呢？

然而，听完朱熹的话后，宋孝宗竟然反常地没有发怒，只是淡淡地说："今当处卿清要，不复以州县为烦也。"意思是你不是老辞官吗？以后朝廷就顺从了你，投闲置散，不再以政事为烦。宋孝宗对朱熹的态度，由此可见一斑。

尽管宋孝宗对朱熹开始不冷不热，但朱熹却从不挂心，辞官照辞，建议照提，而且语气依旧。不久，他又以口说未尽，向宋孝宗上疏，建议宋孝宗目前处理好六大要务，分别是："辅翼太子，选任大臣，振举纲纪，变化风俗，爱养民力，修明军政。"疏入，依旧石沉大海。朱熹上书不久的淳熙十六年（1189），倦于朝政的宋孝宗，禅位于儿子赵惇（宋光宗），自己当上太上皇，一边优哉游哉去了。

无论是宋光宗一朝，还是后来继位的宋宁宗一朝，朱熹依然故我，凡有委任，少有拜命，辞、力辞、又辞、再辞、辞不拜等官语，成了他回复朝廷的口头禅。不过，这并非朱熹无能，他对于朝廷任用，要么不接受，接受了必然干得风生水起。朱熹就是这样，虽长时在野，却心怀国家，对皇帝提意见和建议也是家常便饭，俨然以帝王师自居。而且，所讲所系皆是国家民族的大事，无一丝富贵之图、权位之恋。

然而，朱熹在读书人之间的影响，到底吓坏了当政者。庆元二年（1196），监察御史沈继祖弹劾朱熹"十大罪状"，朝廷以此掀起了一场对朱熹和理学的清算，斥理学为"伪学"，朱熹为"伪学魁首"，朱子门人流放、坐牢者甚众，史称"庆元党禁"。庆元六年（1200）春，朱熹在忧愤中去世，享年七十一岁。

朱熹入仕较早，在南宋官场沉浮进出五十年，但真正任职从政的时间并不长，也就断断续续二十七年左右，而且绝大部分时间都是在基层任职，其余的日子一直以各种理由辞官。他之所以屡屡辞官，既非所谓"求退得进"，更非沽名钓誉，这源于他对南宋朝廷因循苟且、屈辱忍让、一隅偏安的深深失望。于是，他另辟蹊径，集中精力著书育人。他希望潜心改造儒学，通过改造的儒学来改造时代的精神和心灵，继而改造世界。他的理想高尚而远大，他的影响广泛而深远。

张栻：经世济民的政治家

提起南宋张栻，人们想到的便会是"朱张会讲""孔庙先儒""湖湘学派"这些让人眼花缭乱的名词术语。的确，张栻与朱熹讲学于岳麓书院，成为儒学史上一大盛事；张栻家学深厚，师承当代名儒多人，兼收博采而又能独出己见，著作等身，遂成一代理学大师，从祀于孔庙；张栻从小扎根于湖湘之地，长期主持岳麓书院和城南书院，吸引了全国成千上万的学子前来求学问道，有人甚至"以不得卒业于湖湘为恨"，使"湖湘学派"成为名极当时、影响深远的一大学术流派。而其实，张栻不但是学术上的巨擘，还是一位经世济民、敢于直言、大胆反贪的地方官，甚至创造过一天内革职查办贪官污吏十四人的纪录，给腐败成风的南宋政坛吹进了一缕清风，堪称南宋反贪第一人。

一、早慧力学的"少年夫子"

张栻，字敬夫，号南轩，世称"南轩先生"，汉州绵竹（今四川绵竹）人。绍兴三年（1133）冬，张栻诞生于父亲张浚在战争前线的阆州（今四川苍溪）官衙。当时，张浚正以前线最高统帅——川、陕宣抚处置使，与金军鏖战、对峙于西北，虽说曾一度败退，但最终还是把金军抵挡在了川、陕的交界处，牵制了金军主力，保住了四川，提高了刚刚创建的南宋小朝廷的稳定系数。为此，宋高宗于绍兴五年（1135）提拔张浚为宰相，同时还兼知枢密院事，都督各路军马，集文武大权于一身。

张栻

北宋灭亡后，由于南宋根基未稳，以宋高宗为首的新朝廷，不得不依靠一批爱国志士和军民，以抵挡住金军南下的铁蹄，李纲、宗泽、张浚、韩世忠、岳飞，一时间英雄辈出，杀敌无数，让金军闻风丧胆。然而，战争是残酷的，败退至临安（今浙江杭州）的宋高宗，一方面担心金军越过长江，把新朝廷消灭于摇篮中，另一方面担心抗战中成长起来的军队壮大，重蹈武夫夺权的覆辙，便乘脚跟站稳之机，把政策由主战抵抗，转向一味向金投降乞和。于是，一大批爱国将领、民族英雄，纷纷被贬官，甚至以"莫须有"的罪名被处死。张浚是坚定的抗金英雄，朝廷政策的转向，直接改变了他的命运。绍兴七年（1137），张浚遭秦桧排挤，罢去宰相一职，以秘书少监分司西京，贬居永州（今湖南永州），年仅五岁的张栻随父迁往谪地，后定居长沙城南妙高峰。

张浚虽说领兵西北，有过跨马横刀的戎马生涯，但他亦是一介文臣，学养深厚。张浚曾受学于理学家谯定，是程颐的再传弟子，著有《紫岩易传》等书，南宋名人王十朋、杨万里、王大宝等，皆是他的门生。张浚仕途上在"滑坡"，但这反而让他有更多的时间花在孩子的教育上。此后一段时期，他分别迁谪于湖南永州、衡阳、长沙和广东连州等地，少年张栻得以跟随父亲苦读诗书，受到了良好的家学熏陶。

让张浚欣慰的是，张栻从小聪明伶俐，好学善悟，是一棵值得培养的好苗子。据朱熹《右文殿修撰张公神道碑》："（张栻）生有异质，颖悟夙成，忠献公（张浚）爱之，自其幼学，而所以教者，莫非忠孝仁义之实。"十四五岁，张栻随父谪居连州时，父亲便开始亲授他《易经》，竟能有所领悟。有一次，宋高宗召见张浚时顺便问道："卿儿想甚长成？"张浚回答说："臣子栻年十四，脱然可与语圣人之道。"（宋代罗大经《鹤林玉露》）宋高宗听后，十分赞许。当时，五十四岁的王大宝出任连州知州，张浚甚至还安排少年张栻与这位门生谈文论学，《宋史·王大宝传》说："（大宝）知连州，张浚亦谪居，命其子栻与讲学。"这进一步佐证了张浚向宋高宗所说"脱然可与语圣人之道"并非虚妄之言，真可用"少年夫子"来形容张栻的早慧。

埋头于经史子集的同时，翩翩少年张栻还流连于连州的风光胜景，醉心于大自然的鬼斧神工。他曾与诗人宋子飞结伴浏览连州湟川河，指点江山，激扬文字，张栻连作诗歌八首，结为《湟川八景》组诗。其中，《圭峰晚霭》云："浮云翳落晖，策杖瞰清溪。茫茫北山道，霭霭暮烟低。孤峰突群岫，壁立如信圭。苍翠倚天半，缓视如云梯。"《静福寒林》云："朔风天外来，寒色方严冽。驾言通山游，苍松隆劲节。群鸦竞鸣噪，乱啄青山雪。羽衣去千年，高峰挂霜月。"这一系列平实自然、意蕴深厚、浑融流转、韵味绵长的诗歌，竟然出自一位十四五岁少年的手笔，而且这组诗甚至还被选入《全宋诗》，成为千古流传的经典，让人不得不惊叹少年张栻的卓绝才华！

二、大胆提出自己的政见

绍兴三十二年（1162），宋高宗以"倦勤"为由退居二线，禅位于养子赵昚，是为宋孝宗。宋孝宗上台后，不甘苟且偏安，即位第二年，他改元隆兴，希望重振国势，有所作为。他顶住太上皇的压力，为岳飞昭雪平反，并重新起用张浚为枢密使，都督建康、镇江、江州、池州、江阴诸路军马，积极筹措北伐事宜，慨然有恢复中原之志。同年，三十一岁的张栻以父荫被朝廷授官，出任父亲的宣抚司都督府书写机宜文字、直秘阁，佐父治军。

张栻长期在父亲身边接受教育，耳濡目染，从小就树立了杀敌报国的爱国主义思想。他才能卓异，随父出入幕府，筹措军事，应付自如，深得张浚手下文武将官们的钦佩。他虽一介末吏，但敢说敢言，他利用向宋孝宗汇报军务的间隙，直言朝政缺失，提出改进建议，他说："陛下上念宗社之仇耻，下闵中原之涂炭，惕然于中，而思有以振之。臣谓此心之发，即天理之所存也。愿益加省察，而稽古亲贤以自辅，无使其或少息，则今日之功可以必成，而因循之弊可革矣。"（《宋史·张栻传》）提醒宋孝宗唯有励精图治、勤政务实，才能重振大宋雄风。他因此得到了宋孝宗赏识，"遂定君臣之契"。

隆兴元年（1163），宋孝宗重起张浚为枢密使，都督建康、镇江府、江州诸路军马北伐，史称"隆兴北伐"。由于太上皇的反对，以及诸路将官内部不和，"隆兴北伐"以失败告终。隆兴二年，在太上皇的横加干预下，朝廷又一次向金乞和，宋孝宗通过努力在社会各阶层激起的那股抗金勇气和激情毁于一旦。张浚看到抗金无望，灰心丧气，随即请求退休，并在当年八月撒手人寰，抑郁而终。张栻遵父遗嘱，扶柩归潭州（今湖南长沙），将父亲葬于衡山之尾的龙塘（今湖南宁乡市官山）。

不久，朝廷任命汤思退为宰相，汤思退主张向金让地乞和，并在朝廷的同意下，答应金国的无理要求，割海、泗、唐、邓等四州给金国，以取得议和资格。一时间，抗金情绪遭到压制，耻辱外交占了上风。张栻深恨莫当，把丧事办完，便冒哀上书道:"我与金人有不共戴天之仇,从前朝廷曾兴'缟素之师',然而随即就派出'玉帛之使',说明朝廷讲和之念未忘于胸中,这是节节败退、国土丧失的根本原因。不过,如今虽为奸臣所误,招致丧权辱国、敌寇逼近,但这说不定正是上天的昭示和警醒。希望皇上深察此理,使我心如明镜,而无丝毫迷惑。同时,建议诏告中外,公行赏罚,以快军民之愤,如此则人心悦、士气充,却敌不难。从今以后,希望皇上坚定北伐之志,誓不言和,专务自强,虽折不挠。只要做到这些,再假以时日,则何事不成、何功不济啊!"张栻看清了朝廷在战、和之间的摇摆,是节节败退、国土丧失的根本原因,他在上书中对这种"讲和之念未忘于胸中"的投降行径进行了无情的鞭笞。然而,此时的宋孝宗早已被太上皇的干预和责骂吓坏了,进退失据,张栻的奏折送到宋孝宗手上后,便如泥牛入海,音讯杳无。

朝廷主和者比比皆是,太上皇和宋孝宗也是如此,但张栻反对和议、力主抗金的主张从未改变,他多次为宋孝宗做参谋、提建议,坚定宋孝宗的抗金决心,表达自己的政治主张。其间,张栻提出了几个最著名的论断,一是:"夫欲复中原之地,先有以得中原之心,欲得中原之心,先有以得吾民之心。"想要北伐,当有北伐的基础,关键要得民心,得民心者得天下。而得民心就必须轻徭薄赋,发展生产。二是:"必胜之形,当在于早正素定之时,而不在于两阵决机之日。"战争的胜败不决定于两阵对决之时,而决定于平时的努力。三是:"下哀痛之诏,明复仇之义,显绝金人,不与通使。然后修德立政,用贤养民,选将帅,练甲兵,通内修外攘、进战退守以为一事。"只有这样,才能运筹帷幄,决胜千里,直捣黄龙,恢复中原。

这些重要的战略思想,都是从根本上考虑问题,都是从长远考虑问题,具有远见卓识。宋孝宗听到这些意见和建议后,认为这是以前闻所未闻之论,连连感叹,还表示要任张栻为讲官,好当面讨论这些问题。

三、敢于犯颜直谏的大臣

乾道六年(1170),三十八岁的张栻被宋孝宗提拔重用为吏部侍郎、兼权起居郎侍立官。在京任职虽然只有短短的一年时间,但他前后被宋孝宗召见多达七次。而最为人所称道的,是他在这短短一年间,多次不避斧钺,犯颜直谏,与朝廷冒进思潮和投降主义进行了坚决的斗争。

抗金名将虞允文时任宰相，他戎马一生，多次与金军对垒鏖战，赢得过著名的"采石大捷"。他任宰相后，以恢复自任，当时金国内乱，又饥馑连年，盗贼四起，以为正是可图之时，便建议宋孝宗，整军北伐。然而，虞允文看清了敌国的形势，却没有看清本国的形势：从国情上来说，经过多年的战争，宋朝早已今非昔比，饥馑连年、盗贼四起之势与金国无异；从士气上来说，民族英雄岳飞没有牺牲在抗敌前线，却死在了自家的刑场，对抗金士气浇下了一盆冰凉的冷水，重振士气，需要时间；从朝中意见来说，主张抗金的有，但主张"乞和"的则更多，人心不齐是北伐最大的障碍。因此，贸然出兵，恐怕会重蹈"隆兴北伐"失败的覆辙。听到虞允文的"冒进说"后，位低权轻的张栻冒着得罪宰相和皇帝的风险，向宋孝宗极言不可。宋孝宗问："你可知敌国情形？金国如今饥馑连年，盗贼四起，正是可图之时啊。"张栻说："金国之事，臣虽不知，但境中之事，则非常清楚。"然后，他直截了当地向宋孝宗列举了一系列时弊，如天灾、民贫、兵弱、财匮、官慵、心散，等等，并说目前金国确实是可图之时，但恐怕本国实力不够。他又提出当务之急是：修德立政，用贤养民，选将帅，练甲兵……宋孝宗被张栻一番话折服，否定了虞允文的北伐建议。

宋孝宗重用史正志为发运使，名义上是"均输"，但在实际操作中，史正志却疯狂掠夺州县财赋，弄得远近骚动，民不聊生。朝中一些有正义感的士大夫，争相论说其害处，张栻也加入论战的队伍，而且声音最大最亮。宋孝宗说："史正志说这些财赋皆取之于州郡，并非取之于民。"张栻辩驳道："现在州郡财赋，自给都捉襟见肘，若取之不止，手就自然伸向了百姓，所以，那不过是巧立名目掠夺百姓罢了。"宋孝宗听了一惊，连忙说："倘如你所说，这就是我借发运使之手来盘剥百姓了。"他随即安排人核查实情，果如张栻所言。于是，宋孝宗立即罢免了史正志。毕沅的《续资治通鉴·宋纪一百四十二》记载有宋孝宗为此事特下的诏书，诏曰："史正志职志发运，奏课诞谩，广立虚名，徒扰州郡；责授团练副使，永州居住，其发运司罢之。"可佐证于此。

张栻渊博的学识、深邃的洞察以及敢言的性格，给宋孝宗留下了深刻的印象，不久即让张栻兼侍讲一职，掌读经史、释疑义、备皇帝顾问。恰在此时，宋孝宗和宰相虞允文拟提拔知阁门事张说为签书枢密院事，掌全国兵权。张说是太上皇的连襟,也是他曾经的宠臣,在朝中品行不好、口碑很差。因此,拟用张说的方案一提出,朝野为之喧哗,但鉴于他是外戚,都不敢当面表达反对,唯有张栻连夜起草奏章,极言不可。第二天,张栻在朝堂之上当面指责虞允文说:"宦官执政,自蔡京、王黼任相时开始,近习执政,自你虞允文任相时开始!"蔡京、王黼时曾用太监童贯为枢密使,为朝臣所不耻。他又上奏宋孝宗道:"皇上任用这样一位品行和口碑的人,这非但不能使文臣心服,说不定还会激起武臣的反对和愤怒啊。"虞允文被说得面露惭愧之色,宋孝宗也稍有感悟,命令随即中止。然而,与其说重用张说是宰相的动议,不如说是皇帝宋孝宗的主张,所以第二年,张说便又被任命为签书枢密院事了。

而一贯敢于与宰相作对、向皇帝说不的张栻,终因口无遮拦、目无尊长而被宋孝宗逐出了京城,安排他出任袁州(今江西宜春)知州。不久,宋孝宗干脆让他解职,赋闲于家。张栻随后便受聘于长沙城南书院和岳麓书院,当了很长一段时间的教书先生。

四、从治贪入手抓政风

张栻的学问,最初来自于父亲张浚的悉心教导。前面说了,张浚受学于理学家谯定,谯定是程颐的弟子。所以,张栻的学问之基,也是来自于"程门"。年近而立之时,他又拜隐居衡山、潜心修学的胡宏为师,因为胡宏是"程门四大弟子"之一、"程门立雪"典故主角杨时的学生,为他加深对二程学问的理解,提供了更多视角和参照。张栻在胡宏门下时间虽短,但学业大进,尤其是胡宏作为"开湖湘学统"的先驱,他的学术思想对张栻构成了一生的影响。张栻以此为起点,提出了"学贵力行""知行并进""贵实用而耻空言""天下之理,惟实为贵""成就人才,以传道而济斯民"等一系列经世致用的学术思想,并通过自己创办和主持城南书院、岳麓书院的契机,在普天下学子间广为传播,形成了影响巨大而深远的湖湘学派。

北宋以来的宋学和理学,简单地说,就是对儒家思想的继承与发展,他们一方面力图改变前代一味寻章摘句的学风,追索天道义理;另一方面,他们又特别注重经世济民、经世致用。而在这一点上,张栻则更进一步,不但主张把"匹夫匹妇"看作"王政之本"(《孟子说》),强调"人生之职莫大于保民",而且把理论付诸实践,利用在基层工作的机会,为老百姓做了许多实事好事。

张栻被宋孝宗解职后,一直在长沙主持城南书院和岳麓书院,潜心教学。他前后主持岳麓书院多年,从学者达几千人,初步奠定了湖湘学派的规模。其间,朱熹曾携弟子从福建武夷山到岳麓书院向张栻交流学问,两人彻夜长谈,三天三夜不想睡觉,前后辩论两个多月,史称"朱张会讲"。"朱张会讲"进一步扩大了岳麓书院在全国的影响,许多学子"以不得卒业于湖湘为恨"。

由于在学问和教育上的巨大影响,宋孝宗又想起了这位曾经让他用之有点烫手、弃之又觉可惜的"顾问"。淳熙元年(1174),离开体制近四年的张栻,被宋孝宗起用为静江(今广西桂林)知府、经略安抚广南西路。广西地处边陲,民族众多,民风彪悍,异常难治。张栻到达广西后,立刻精兵简政。他精选州兵,强化训练,提高了军队的战斗力;加强与少数民族的联系融合,规劝各溪峒首领消除积怨,和睦相处;他上书朝廷,请求减免修仁、阳朔、荔浦三县赋税,让老百姓休养生息;他大力发展教育,重新修建静江府学,重修后的府学让朱熹钦慕赞叹不已:"殿庑崇邃,堂宇广深。师生之舍,环列庑外。隆隆翼翼,不侈不陋。"(朱熹《重修静江府学记》)

当时,朝廷在横山寨(今广西田东)设横山博易场,这是广西古代最大的贸易市场,也是朝廷征集战马的重要场所,但天长日久,积弊丛生,许多地方官吏借机敛财,与民争利。百姓无利可图,还遭受盘剥,许多养马边民不再卖马,致使朝廷买马有钱无市。张栻详细了解实情后,把这些积弊整理成六十多条,上书请求革除。弊政革除后,老百姓养马重新有了利润,争相以好马出售。张栻经略广西三年余,革除了很多弊政,为民办了很多实事,形成了社会繁荣、民心稳定的局面。

淳熙五年(1178),宋孝宗见张栻治理静江有方,特施恩升迁他进直宝文阁,又升秘阁修撰、荆湖北路转运副使,后改知江陵府(今湖北荆州)、荆湖北路安抚使。湖北也是有名的难治之地,贪官多、盗贼多,贪官鱼肉百姓,盗贼横行乡里。张栻到任伊始,就从治贪入手抓政风,以政风的转变促治安的转变。他首先就弹劾了江陵府一位无所作为、放纵盗贼的大官吏,使其罢官去职。他甚至创造过一天内革职查办贪官污吏十四人的纪录。他又严惩那些窝藏盗贼的平民,使盗贼无处安身，纷纷逃亡。于是，江陵治安不断好转，政风焕然一新。湖北离边境不远，当地虽有驻军，但兵不服将、将不服帅，严重缺乏战斗力，一旦边关有事，这样的军队简直不堪一击。为此，张栻作为湖北各军主帅（安抚使即行军主帅），对诸将动之以情、晓之以理，一段时间后，终于使他们服服帖帖。他又提高士兵待遇，以忠义精神鼓励他们，有功者旋即加官晋爵，使他们感奋不已，战斗力大大加强。

张栻是一位有担当精神的地方官，正义感和责任感都极强，而且眼睛里揉不得沙子，哪怕是与自己无关、与职责无关的事。当时，信阳太守刘大辩广招流民，虚报数字，套取朝廷补贴。又仗势欺人，夺人田产。张栻明知他是宋孝宗的宠臣，后台硬，但依然上书弹劾。然而，弹劾之书上去后，却石沉大海，没有回音。张栻不服，又继续弹劾，前后上书多次。宋孝宗依旧不为所动，只把刘大辩调至他郡，还是太守一个。张栻见皇帝对贪官竟然姑息、纵容、包庇，不禁义愤填膺，上书请求辞职。不想这位曾经正义感极强的孝宗皇帝，竟然在君子与小人的掂量中，把砝码加在了小人的一边，毫无挽留地同意了张栻的负气之求，让才刚刚四十七岁、正当年富力强的张栻去职赋闲了。张栻忧愤难当，于第二年抑郁而终，年仅四十八岁。

纵观张栻一生，无论学术、才华、实干、品行、操守，均是偏安一隅的南宋小朝廷难得的槃槃大才。《宋史》评价他有"公辅之望"，他也的确曾以帝王师自期。据南宋张端义《贵耳集》，他广西任满调京任职的时候，曾把自己的著作以及奏议讲解百余册，整理装潢后进献给宋孝宗。当他把这些书籍铺陈在宫殿上时，一小黄门忽然问道："什么文字这么多？"张栻骄傲地回答说："这些书籍都是用来教皇上治国平天下的。"小黄门不屑道："孔夫子曾说过：'一言可以兴邦'啊。"宋孝宗正好在旁，闻听后不禁哈哈一笑。而宋孝宗这一笑，尽道出了他心中所向和内心对张栻的真实态度。所以，张栻心比天高，却命如纸薄，虽有以帝王师自期的雄心壮志，但他遇到的不是唐宗宋祖这样的明君圣主，而是宋孝宗这样一位被宋高宗压制二十多年不能做主、而在性格上又苍黄反复的"傀儡"皇帝，他的政治抱负最终无法尽情施展。好在张栻毕竟是位博学鸿儒，即便政治上受挫，他在学术和教育上还是做出了骄人的成绩和卓越的贡献，他的文化影响和历史地位，是许多位宋孝宗叠加在一起都无法比肩的。

韩彦古行雅贿

韩彦古是南宋抗金名将韩世忠的第四子,一个"将二代"。

韩彦古颇有诗才。唐圭璋先生所编《全宋词》收录了他的词《浣溪沙》:"一缕金香永夜清,残编未掩古琴横。绣衾寒拥宝缸明。坐听竹风敲石磴,旋倾花水漱春醒。落梅和雨打帘声。"清代厉鹗辑撰的《宋诗纪事》收录其在富阳县(今杭州富阳区)所撰诗歌《大智院明月巢》,诗曰:"清风去无尘,白云来无心。一笑玉溪上,落花流水深。"韩彦古的诗词清新淡雅,意境深远,给人潇洒出尘的享受。

元代脱脱所著《宋史》中,韩彦古无传。查阅古籍,他的经历,好像只有清代徐松《宋会要辑稿》、清代毕沅《续资治通鉴》、南宋周密《癸辛杂识》和《全宋词》中有一些零星记载。《全宋词》附有他的小传,因短小,不妨全文转录:"(韩)彦古,字子师,延安人。韩世忠之幼子。隆兴二年(1164),将作监丞。乾道二年(1166),知严州,与宫观。三年(1167),知泰州,未赴罢。六年(1170),考功员外郎兼权大理少卿。七年(1171),权知临安府。八年(1172),右司员外郎兼权刑部侍郎,除秘阁修撰知台州。淳熙二年(1175),敷文阁待制知平江府,落职放罢。四年(1177),户部侍郎。五年(1178),户部尚书,送临江军居住。七年(1180),与在外宫观。九年(1182),新差知隆兴府再任宫观。绍熙三年(1192)卒。"

南宋建立之初,父亲韩世忠平定"苗刘之乱"、解救宋高宗、黄天荡大败金兀术、大仪镇大破金国与齐(伪齐,刘豫政权)联军,可谓平乱有勇、抗金有谋、护国有功。宋孝宗接替宋高宗登上皇位后,特追封韩世忠为蕲王,赠谥号忠武,还让他配飨宋高宗庙庭。因为功臣之后的缘故,宋孝宗自然对韩彦古关怀备至、厚爱有加,加上他也略有些小聪明,所以仕途一度非常顺利。据《全宋词》附录的小传可知,他先后出任过将作监丞,严州、台州等地知州,平江府以及京城临安府等地知府，任过刑部侍郎、户部侍郎，官至户部尚书，可谓经历广、资历深、背景厚。倘无意外，以其资历和背景，登台辅当宰相也不是没有可能。当时，朝野间也确实有人对这位将门之后寄予厚望，如思想家陈亮就曾在给辛弃疾的信中说："四海所系望者，东序惟元晦，西序惟公与子师耳。"意思是当时文武大臣，众望所归者，只有朱熹、辛弃疾和韩彦古三位而已。而韩彦古的门客、后来任过籍田令的王自中，甚至"伏阙上书"，向皇帝推荐他为宰相。

尽管"万事俱备"，然而，"东风"却始终未见踪影，因为韩彦古是一个扶不起的阿斗，无论在哪个岗位，总是要惹出一摊子稀奇古怪的荒唐事，让前途受阻。他任地方官时，就有人评价他："不晓民事，使之为郡，必致害民。"（《宋会要辑稿》）据《续资治通鉴》记载，乾道七年（1171），宋孝宗谈到首都临安的工作时，曾说："韩彦古在任时，盗贼屏迹；比其罢也，群盗如相呼而来。以此知治盗亦不可不严。惜乎彦古所以治民者，亦用治盗之术！治盗当严，治民当宽，难以一律。"由此可知，他任首都临安知府时，苛政严法，穷打猛治。但是，他打击盗贼严厉，治理百姓也同样严厉，结果"苛政猛于虎"，致使民不聊生。宋孝宗说得好，"治盗当严，治民当宽"，这"宽严"两条是并行不悖又不能张冠李戴的。只有宽严有别、松紧有度，才能使地方有发展，百姓安居乐业。而像韩彦古这样，惩盗严，理民亦苛，即使盗贼销声匿迹，但伤民亦深，往往得不偿失。从他在临安府任职一年都不到的履历中，也可以看出他的确无法堪当大任。

韩彦古的症结在于，方法简单，脾气粗暴。淳熙二年（1175），他任平江府（今江苏苏州）知府时，有个老太太带着自己的儿子，来府衙告丈夫前妻之子。韩彦古听了案情后，虽说也感觉"事体颇重"，但他却毫无担当，对老太太说，我把你丈夫前妻之子略加惩戒吧。老太太不同意，要对簿公堂，依法处理。韩彦古不耐繁巨，不满地说，如果一定要告，必然要经过一段复杂的审讯过程，你年岁既老，诸多不便，倘硬要依法，我看暂且将你的亲生儿子关入狱中，待慢慢查证，再考虑如何判决吧。老太太一听，大惊失色，带着儿子拔腿就走，再也不敢前来告状了。

韩彦古还目中无人，狂妄自大。淳熙五年（1178），他任户部尚书时，合门寄班董珏在路上与韩彦古相遇，没按规定回避，韩彦古勃然大怒，竟然把董珏抓回家，脱去衣服，五花大绑于庭中，大肆凌辱，毒打一顿。朝野之间，舆论一片哗然。

韩彦古不仅行事荒诞，而且品格低劣，全无宋朝人崇尚的贤人君子之相。所以，自从入仕开始，皇帝案前关于弹劾韩彦古的奏折就未曾间断过。乾道间，御史弹劾他："凶悍险诈，逞恃唇吻，妄议人物，居家不检，恣横悖理"；淳熙间，同僚状告他贪污腐化，盘剥百姓，说："吏民小忤其意，亟置之狱，籍没家业，残刻险诈，无所不至"；又论他为人"不忠不孝，罪恶暴白"。几乎骂声一片。

韩彦古与家人关系的处理也一团糟，兄弟四人，他与兄长韩彦直、韩彦质向来不睦，前面说的其门客王自中，曾被人荐为监察御史，兄长们害怕王自中当上监察御史后，会为彦古说话，竟然从中作梗，致使荐举未获成功，可见韩彦古与家人关系之差。御史弹劾他"居家不检""不忠不孝"，说的就是他那些家事。

然而，尽管舆论强烈，物议沸腾，他照旧边腐边升，边骂边升。究其原因，除他是功臣之后、皇帝眷顾之外，还有个重要原因：他特别擅长行贿。其出手之大方、用心之细密、态度之执着、技艺之高超，几乎前无古人。

周密《癸辛杂识》中记载了韩彦古两件行贿之事。一件说他向范仲芑(字西叔)行贿。开始，宋孝宗的确特别信任他，安排他任临安知府，准备培养他任宰相。当时，范仲芑为谏议大夫，以韩彦古为人诡诈，准备上书弹劾他。不想隔墙有耳，这事让韩彦古听说了，他焦急万分，思来想去，决定贿以巨资，让范仲芑打消弹劾的念头。他用白玉打造了一小玉盒，在盒内放满异常珍贵的大北珠，密封好，再装入一个大盒子中。他知范门清峻，对亲属要求极严，便又以重金打点范府一看门老兵，让其寻机递进。不过，当老兵择机将盒子转呈范仲芑后，范仲芑大怒，把老兵好一顿臭骂，硬逼他自己退了回去。虽未行贿成功，但足见其出手大方。

二件说他向李焘行贿。宋代有三大最著名的史学家：一是北宋撰《资治通鉴》的司马光，二是撰《新五代史》的欧阳修，三是南宋撰《续资治通鉴长编》的李焘。李焘与韩彦古同朝为官，官至敷文阁学士兼侍读，他"恶其为人，弗与交"，也像范仲芑一样，对韩彦古极其厌恶，不与他来往。李焘廉洁奉公，素有清望，深得宋孝宗欣赏和信赖。被这样一位德高望重又深得皇帝信任的宿儒厌恶，是十分危险的事情。

为了摆平李焘，韩彦古故意放出话来，说他家里有一部本朝野史，为父亲韩世忠得于北方沦陷区，极为珍贵，秘不宣人。当时，李焘刚刚写完《续资治通鉴长编》，宋孝宗在催他赶快编辑抄正进呈，然而卷帙浩繁，李焘一筹莫展。

他听说韩彦古有如此珍贵文本，正好可以参照，便撕破老脸，亲自到韩彦古府上请求一示。

韩彦古见李焘中计，故意卖关子说："家所密藏，将即进呈，不可他示也。"意思是此书乃家传宝贝，将要进呈皇帝宋孝宗，不能轻易示人。韩彦古越是这样神神秘秘，李焘越是想先睹为快，又再三恳求。韩彦古说，要看可以，先陪我喝酒。李焘什么条件都满口答应。于是，李焘陪着自己最讨厌的人喝酒，还一杯一个"请"，让韩彦古开怀大笑。兴尽之后，韩彦古把李焘领到里屋，揭开书橱上的"牙签黄袱"说："开始是同您开玩笑的，我珍藏的就是您的《续资治通鉴长编》，我已用最好的纸张誊抄装帧好，献给您，您大可以此进呈皇上。"李焘看到装帧雅致、抄写工整的书籍，又惊又喜，惊的是韩彦古怎么会有自己刚刚写就的著作，喜的是这或许能解决自己的燃眉之急。

原来，为了博取李焘欢心，韩彦古收买了李焘的书吏，要求他为李焘抄写书稿时，多写一份，先送自己，再交李焘，每次酬谢书吏一千钱。所以，李焘书未成帙，而韩彦古却编辑抄正出了美观大方的全本。最后，李焘果然用韩彦古整理的这一套书上呈宋孝宗，宋孝宗龙颜大悦，赞扬他"无愧司马迁"。为此，李焘不但对韩彦古的印象为之一变，而且感激涕零，视为知己，在宋孝宗面前大力荐举也不是没有可能。

再清廉正直的人，也有爱好。张栻尝言："李仁甫（焘）如霜松雪柏。无嗜好，无姬侍，不殖产。平生生死文字间。"其实，"生死文字间"就是爱好，而且是刻骨的爱好。人一旦有爱好，又不能保持应有的警醒，就容易着招。别看一本书的抄写、编辑、装帧、印刷，韩彦古可是花了大价钱的。雅贿的隐蔽性在于，即便送者花了大价钱，受者或许还浑然不知，甚至心安理得。当然，把风雅当成遮羞布，行瞒天过海、贪赃枉法之实的更是大有人在。

官员与官妓

宋朝的官场，并不只有官员，还有成群的妓女。不要笑，这是真的，而且是公开合法的。北宋首都汴京，在御街东西的朱雀门外、下桥南北的两斜街等繁华地段，鳞次栉比一路排过去，竟然全都是妓馆。宋初翰林学士陶谷就曾专门做过统计，他说当时汴京的"鬻色户籍"总数逾万户。其从业人员之众和生意之兴隆，由此可见一斑。

而在这庞大的队伍中，竟然有很大一部分人专门为官员服务。她们由官府供养、为官员执役，凡官府聚宴、官员唱酬，皆请她们这类教坊在籍娼户去祗应，谓之"官妓"。官员与妓女，本是泾渭分明的两个群体，生活中并无交集，但朝廷的这种制度设置，使这两种地位悬殊的群体，有了最为紧密的接触，宋朝官场文人与官妓之间的交往，因而产生了许多有趣的故事。

欧阳修任洛阳推官时，就曾与某官妓缠绵悱恻，并为其填词《临江仙》曰："燕子飞来栖画栋，玉钩垂下帘旌，凉波不动簟纹平。水晶双枕，傍有堕钗横。"苏东坡一生与官妓多有交往，写下过许多诗词，其："东坡五载黄州住，何事无言及李宜。却似西川杜工部，海棠虽好不吟诗"，便是为黄州官妓李宜所作。当时的官场，特别是那些退休官员，甚至还经常以官妓为对象，举行类似于今天的"选秀"活动："评花榜"。通过官妓们表演琴棋书画或创作诗词歌赋，品评她们的雅俗高低，高中"花魁"者立刻身价百倍，成为名人雅士交赞和追捧的对象。

虽然官员与官妓交往密切，但历代对于官员狎妓，都有规定。而且，"妓"的本意也并非指性，训诂学对"妓"的注解是"女乐"，她们提供的只是歌舞、弹唱、曲艺等，而非皮肉生意。对此，宋朝在制度上也有明确规定，比如规定官员不能入随意出入青楼，如有所需，只能召官妓。妓女赴会，官员召妓，只限于表演才艺或酒宴陪侍之类的活动，不能发展成性关系，更不能结婚。明朝田汝成《西湖游览志余》记载："宋时，阃帅、郡守等官虽得以官妓歌舞佐酒，然不得私侍枕席。"说明即使是军政要员，也不得让官妓侍寝。而且，一旦发生这种现象，官员与官妓皆会受到严厉惩处，罪名唤作"逾滥"，属"赃私罪"。

南宋周密《齐东野语》记载，浙江台州官妓严蕊，善琴弈、歌舞、丝竹、书画，色艺皆佳，冠绝一时，尤擅作诗词，多有新意。四方之士，慕名前来者甚众。台州太守唐仲友十分欣赏严蕊，凡有雅集，必请严蕊赴会，唐仲友曾命她赋桃花，严蕊一阕《如梦令》援笔立成："道是梨花不是，道是杏花不是。白白与红红，别是东风情味。曾记，曾记，人在武陵微醉。"唐仲友阅后大喜，遂格外垂青严蕊。

朱熹与唐仲友虽为同僚，但二人在学术观点和政见上分歧很大，公开打过笔墨官司，为排斥异己，淳熙九年（1182），时任提举浙东常平茶盐公事的朱熹，借巡视之机，揭发唐仲友与严蕊有奸情，以此为由，向皇帝宋孝宗上章弹劾唐仲友。同时，朱熹还下令将严蕊逮捕，先后关押于台州和绍兴二地，威逼严蕊供出与唐仲友的私情，收监数月，百般拷打。可怜严蕊女身单薄，被打得皮开肉绽，死去活来，但她始终不承认与唐仲友有私，还信誓旦旦道："岂可妄言以污士大夫！虽死不可诬也。"严蕊一介娼妓，却威武不能屈，遂在士大夫间声名鹊起。

唐仲友并没有坐以待毙，他也向孝宗上章，自辩其污，还弹劾朱熹不明法纪，滥施酷刑。此事引起朝野震动，孝宗叫来宰相王淮，要听听他的看法，王淮轻描淡写道："此乃秀才争闲气耳。"孝宗以为然，遂将朱熹调离，另以岳飞之子岳霖代之。

岳霖到任，详察案情，怜惜严蕊病弱之身，受刑过甚，让她作词自陈归宿，严蕊作《卜算子》曰：

不是爱风尘，似被前缘误。花落花开自有时，总赖东君主。
去也终须去，住也如何住！若得山花插满头，莫问奴归处。

随后，岳霖将严蕊无罪释放，一场关于官员与官妓纠缠，并夹杂着文人争斗的案子，就此画上了句号。

头可取，乐不可闻

南宋自与金国议和以后，两国化干戈为玉帛，终于熄灭了燃烧近二十年的战火，二者之间甚至还十分难得地从此有了外交。只是，"弱国无外交"，对于南宋来说，外交场上屈辱的时候多，平等的时候少，南宋使臣在使金过程中，不但常常被金人随意羞辱，甚至无端杀戮的现象亦屡见不鲜。赴金如同赴死，也是那个时候的实情。因此，南宋外交官在使金过程中，只得忍辱负重，不得不低下高贵的头颅。不过，在此险境下，也有极少的人，宁用生命去捍卫国格尊严，京镗就是其中一位。

京镗，豫章（今江西南昌）人，绍兴二十七年（1157）进士，因宏器廊度、敢于直言而受到宋孝宗赏识，以一基层小小县令超次提拔为监察御史。淳熙十四年（1187）冬，太上皇赵构去世。去世不久，恰逢宋孝宗生辰，金人照例派遣贺生辰使前来祝贺，并拜见宋孝宗。宋孝宗居丧，不便接见，当时京镗作为礼仪官，代表宋孝宗对金使说，礼节已达，进见则免。婉拒了对方觐见皇帝的要求。金使又希望稍留杭州这个繁华之地玩乐几天，京镗拒绝道："信使前来，是为祝贺皇上生辰，如今礼毕，又有什么理由再留呢？"一句话，将金使打发回去了。

太上皇丧葬期间，金国也专门派出了使者前来吊唁。使者归国后，宋孝宗派京镗以报谢使出使金国。京镗到达开封后，下榻驿馆，稍作洗漱，随后去金国负责接待的郊劳使康元弼官署，当面表达谢意。按照金国旧例，宋使前来，金国当赐宴乐以慰劳。于是，康元弼代表金主，提出要宴请京镗。由于处于国丧期间，京镗请求免去饮宴。康元弼说这哪行呢，这是我大金国的规矩，必须开宴。

京镗知道金礼如此，便请求折中，他说："所谓'邻丧者舂不相，里殡者不巷歌'，今我奉命而来，本为感谢惠吊之情。贵朝遣郊劳之使，赐宴乐之仪，厚意慰劳，作为外朝臣工，心存感谢。然而，我朝国葬期间，宴饮听乐，于圣言则与礼有悖，于臣节则与义有违，尤其是国丧期间听乐，于国更是蒙羞大事，万一要开宴,还恳请撤销宴乐。"

康元弼在宋臣面前作威作福惯了,他坚持照例,然而,京镗也坚持撤乐,双方僵持不下。金朝上国的规矩,岂容一称臣之国的使者而改?而且,外交场上,宋人说不,就意味着金人的软弱,将来到金主面前复命,如何交差?所以,康元弼仍固执地要求按旧例办。京镗为此非常生气,干脆扭头回驿馆,拒绝赴宴。康元弼又安排金兵前去驿馆,态度蛮横地催促京镗赴宴,京镗仍说:"若不撤乐,恕难从命。"

金兵领命而来,见三番五次催促,京镗仍不赴宴,便打算胁迫京镗赴宴。京镗并非较弱好欺之人,他见对方动手,大怒道:"头可取,乐不可闻!"随即带领自己的下属走出驿馆,拂袖而去。金兵见京镗离开,竟然抽出刀剑来威胁。京镗死都不惧,何惧刀剑?他面对金兵,大声呵斥,金兵只好退下。

康元弼得报后,终于知道用威胁的手段,是无法让京镗屈从的,然而他又不敢擅自更改本国的规矩,只得安排专人,快马加鞭去向金主请示。金主听完陈述,没有雷霆震怒,反而不停地感叹道:"真可谓南朝直臣啊!"于是,金主特命免乐接待。京镗这才同意赴宴。

别看这种琐碎的细节,在外交场上,却常常是关乎礼仪规矩和国格尊严的大事。后来,宋孝宗听说京镗誓死不受宴乐的事迹后,惊喜地对身边的大臣说:"士大夫平时皆以节义自许,然而,有谁能够临危不惧如京镗呢?"从此,京镗以气节驰名中外。

京镗不仅有气节,而且敢言事,不怕事,一身正气,至老不衰。京镗曾出任过四川安抚制置使,刑部尚书。宋宁宗时,还一度出任宰相。有一次,宋宁宗拟任太监王德谦为节度使,甚至任命的制书都已草成。然而,太监出任掌军权的节度使,为历朝大忌,京镗闻之,怒不可遏,请求立即将制书撕毁。宋宁宗用商量的语气对京镗说:"就用王德谦一人,以后不再破例,好吗?"京镗非但没有因为皇帝低声下气的态度而改变自己的态度,反而义正词严地说:"此门万万不可开启,官拜节度使,以后必至三孤;三孤之后,必至三公。陛下当以祸国殃民的童贯为戒啊!"在京镗的极力反对下,王德谦的任命最终被取消。

京镗写过一首《定风波》,词中句曰:"万里西南天一角,骑气乘风,也作等闲游。莫道玉关人老矣,壮志凌云,依旧不惊秋。"其凛然之气,溢于言表。

辛弃疾：男儿到死心如铁

古之书剑合璧、文武双全至于高峰绝顶者，东汉曹操、曹丕可算一对，南宋岳飞、辛弃疾堪称一双，皆是千年难得一现的人物。曹氏父子起于乱世，手握雄兵，得天时地利之先，终成一代枭雄，奠基千秋霸业。与曹氏父子相比，岳、辛二人境遇却截然不同。岳飞在"直捣黄龙"的征途上折断了羽翼，成了自己人铡刀下的冤魂。辛弃疾少年勇武，胆识超绝，金戈铁马，挺剑杀贼，志在"了却君王天下事，赢得生前身后名"。不过，英雄不遇英主，昙花一现后再无用武之地，人在江湖放逐，剑在匣中生锈，最后"都将万字平戎策，换得东家种树书"。但即便如此，辛弃疾心头那报国杀敌、收复山河的理想之火，却始终在熊熊燃烧，醉里看剑，梦里杀贼，男儿到死心如铁！

一、金戈铁马，气吞万里如虎

辛弃疾，山东历城（今济南市历城区）人，出生于1140年，即南宋绍兴十年。这一年，岳飞率领他的岳家军北伐抗金，先后取得郾城、颍昌大捷，收复郑州、洛阳之地，离原北宋京城开封近在咫尺。然而，就在胜利的旗帜即将插到故国京都的欢欣时刻，形势却急转直下，岳飞被召回，解除兵权，投入监狱，年余后即被处死。同时，南宋与金签订《绍兴和议》，官方以正式的文件形式，确定了对金的屈辱外交。

辛弃疾出生的时候，北中国在金人的统治之下，沦陷区的老百姓沦为奴隶，不但受尽盘剥之苦，而且还没有起码的人格尊严。辛弃疾深切地感受到了亡国之痛，从小就树立起了恢复中原、报仇雪耻的鸿鹄之志。

1161年，金主完颜亮兵变被杀，金国发生内乱，沦陷区的遗民借机起事，一时间英雄辈出，豪杰纷起。同为济南人的耿京，集结山东、河北忠义军马，自称天平军节度使，率众起义，举起了抗金的大旗，成为沦陷区势力最大的抗金武装。当时，二十二岁的辛弃疾也拉起了一支两千人的队伍，加入了耿京的忠义军，被任命为掌书记。

辛弃疾有典型的山东汉子性情，豪爽侠义，浑身是胆，刀剑之术和马上功夫皆非常了得。他与僧人义端曾是朋友，在他的引荐下，义端率千余人投奔耿京。谁知，义端却见利忘义，某日竟然偷了耿京的帅印逃跑了。耿京获知后，迁怒于辛弃疾，要杀他抵罪。辛弃疾毫无惧色，自告奋勇去抓捕义端，说倘若抓不到，再杀不迟。耿京也并非真要杀他，不过气急之言，随即命他去抓捕义端，将功补过。辛弃疾料定义端是为利禄偷印向金人邀赏，飞身上马，沿路急追，三天后便提着义端的人头而归。从此，耿京对他更加信任。

山东义士毕竟不是"草头王"，他们有着自己的正义理想和复国追求，耿京与辛弃疾商议，决定率众南归，投奔南宋朝廷，派辛弃疾先行联系。1162年，辛弃疾带领一部分人到达建康（今江苏南京），受到了驻跸于此的宋高宗赵构的热情接见。宋高宗当面封辛弃疾承务郎、天平军节度掌书记。另册封耿京为天平军节度使、知东平府兼节制京东、河北路忠义军马，由他们当年的自称，改为朝廷任命，表示了朝廷的欢迎和接纳。同时，安排辛弃疾带着朝廷授予的节度使印信，去召耿京归朝。

就在去山东的路上，辛弃疾得到了耿京已被义军将领张安国、邵进暗杀的消息，而且，张、邵二人还率领部分义军将士投靠了金国。如今朝廷印信已授，人却被杀，就此而归如何交差？即便是草寇归附还要个"投名状"呢，何况是自己这希望建功立业、杀敌复国的志士？一不做，二不休，辛弃疾当即约与他一起去召耿京的南宋统制官王世隆和部分忠义军人马，直趋金营，开展了一次"锄奸行动"。

后来与辛弃疾同朝为官的洪迈，曾在《稼轩记》一文中对这次"锄奸行动"有过真切描述："余谓侯（辛弃疾）本以中州隽人，抱忠仗义，章显闻于南邦。齐虏巧负国，赤手领五十骑缚取于五万众中，如挟毚兔，束马衔枚，间关西奏淮，至通昼夜不粒食，壮声英概，儒士为之兴起，圣天子一见三叹息！"洪迈是辛弃疾的好朋友，他的话应该可信。

然而，辛弃疾仅凭五十轻骑，于集结五万之众的金营锄奸，其人数之悬殊、情势之危急、场面之惊险，可想而知。据说，当时张安国等正与金将喝酒庆贺，辛弃疾从金将的酒桌上将他生擒，还能全身而退，其机智、勇敢和高强的武艺不得不让人佩服，借关羽评价张飞语，可谓：于百万军中取上将之头，如探囊取物耳！

于是，辛弃疾将叛徒张安国抓捕至建康，斩于市曹，一时人心大快。受尽了金人欺凌的南宋臣民，终于从一个沦陷区英雄的壮举里，得到了复国的希望和抗敌的勇气，从此，辛弃疾在南宋朝野间声名鹊起。宋高宗仍授他节度掌书记、江阴佥判。这一年，他才刚刚二十三岁，真是英气逼人，气吞万里如虎，怪不得宋高宗见后也会再三赞叹。

二、醉里挑灯看剑，梦回吹角连营

辛弃疾南归之时，宋高宗已经当了三十六年皇帝，其间，除了间或与金人有过对峙和战争之外，其他大部分时间都以向金乞和为主。尤其是任用秦桧为宰相的近二十年中，对金国输金送币、俯首称臣，推行屈辱外交甚于有宋以来的任何一个时期，其政策遭到了许多仁人志士的诟病。1161年，金主完颜亮撕毁和约，率数十万大军再度南侵，结果却被一个朝廷派到前线督军的文官虞允文打得大败亏输。在朝廷为此欢欣鼓舞的同时，或许是宋高宗内心感到了惭愧，第二年，他就以"倦勤"为由，将皇位传于养子赵昚。

宋孝宗继位后，曾一度有志于恢复故国，积极准备北伐。继位的第二年，即隆兴元年（1163），他匆匆起用一直主战的老臣张浚为枢密使，都督长江沿线各路兵马十余万，分兵北伐，史称"隆兴北伐"。北伐之初，也确实收复了部分失地，但在后续战斗中，由于准备不充分，将领闹矛盾，部队不协同，最后导致在宿州符离（今安徽宿州）大败于金军，只得再次向金议和，史称"隆兴和议"。

辛弃疾之所以在"隆兴北伐"中没有作为，一者他是"归正人"（南宋称从沦陷区回归朝廷的人，即投归正统之人），不可能立即得到重用；二者正由于他目前资历还浅，不过一个小小佥判，也不可能在北伐中挑大梁。"隆兴和议"之后，朝廷又以乞和为对外政策，辛弃疾的将才没有展示的机会。但作为以抗金复国为人生志向的辛弃疾，归宋之后，一直在等待北伐的召唤，只要有一丝机会，他就会"醉里挑灯看剑，梦回吹角连营"。此后近二十年，他一直在各地任职，一方面尽力当好地方官，为民造福；另一方面积极建言，向朝廷献强军良策；

再者，最重要的是，他始终在为北伐做准备，只待一声令下，他随时能提剑上马，杀敌疆场。

1170年，宋孝宗在临安延和殿召见了时任建康府通判的辛弃疾。为了这次召见，辛弃疾挑灯夜战，做了充分的准备。召见时，他向宋孝宗上了《九议》《应问》《美芹十论》等一系列治国强军的良策。特别是《美芹十论》，简直是一部句句精辟的军事专著，从审势、察情、观衅、自治、守淮、屯田、致勇、防微、久任、详战等十个方面，阐述了南宋对金是否可战以及如何战胜的军事方略。其中许多观点，都是南宋历代名臣名将所从未提到过甚至还未曾想到过的，其识见的精当、准确、全面、深远，可以说当时无人能出其右。

举一个小例子。宋朝南渡后，几乎所有的南宋文武甚至皇帝本人在内，对于北伐的方略，皆是以恢复京（开封）、洛（洛阳）为主方向，包括当时岳飞的北伐，也是向着京、洛方向，以把战旗插到开封作为振奋人心的关键性胜利。但辛弃疾却不这么看，他认为全局的核心不在京、洛而在山东，"不得山东则河北不可取，不得河北则中原不可复"。为什么？因为这样就打破了惯性思维：南宋要攻就是这个方向，金人要阻击，也会沿着这个思维按照这个方向。但直取山东，便可取河北，取河北便可直击金人的中都（今北京），致其首尾不能应，这样才能从根本上稳扎稳打，确保恢复中原的最后胜利。这种意料之外而又让人恍然大悟的观点，之前确实无人提及，无人想到，而《美芹十论》中，此等精辟论断却比比皆是。

辛弃疾虽然提出了如此切合实际的战略，然而，宋金刚刚议和，时机不允许；宋孝宗刚刚因北伐毁掉了仅有的一点兵力优势，他心存犹豫和畏惧；加上宋高宗虽然退位了，但他还想保持安逸的现状，不想拿他太上皇的帽子去做赌注。所以，辛弃疾一腔热血、满身胆识，换来的只是一声叹息。

之后十数年，辛弃疾先后出任过滁州知州、隆兴知府兼江西安抚、湖北转运副使、潭州知州兼湖南安抚等职。在这些任上，辛弃疾作为地方官，薄征赋、招流民、教民兵、屯田地、平盗贼，所治之处，政绩不凡。可见，他不但是一位"乱世之英雄"，还是一位"治世之能臣"。

其实，在治理地方的过程中，他一直没有忘记自己内心深处的理想，一直在为北伐做着思想上和行动上的准备，一旦有机会，就拼命推动，百折不挠。其中，创建"湖南飞虎军"就是这种思想的急切反映。1180年,在湖南安抚使任上,辛弃疾以"湖南多盗"为由,开始白手起家创建军队。没钱,他多方筹措;没场地,他利用五代楚王马殷的营垒故基;营房无瓦,他号召长沙居民每户献瓦二十片,当场付款;无石,他发动囚徒到长沙城北采石,凡采石的囚徒按量适度减刑;他又派专人,到广西购买大量战马……

不久,一支二千五百人的"湖南飞虎军",便在他紧锣密鼓的措置下,组建成功。此军经过他的精心训练后,军纪严明,军备精良,军力强大,成为南宋地方武装中最著名的一支劲旅,《宋史》称其"雄镇一方,为江上诸军之冠"。而辛弃疾创建"湖南飞虎军",表面上是为维护地方治安,但按照他的最初筹划和训练安排来看,其真实目的是在建立抗金部队,为北伐做积极准备的。

然而,辛弃疾直率果断的性格和对于北伐百折不挠的精神,在对外胆怯、对内倾轧的政治氛围中,却成了别人眼中的"出头鸟",关于他"用钱如泥沙,杀人如草芥"的议论甚嚣尘上,一些人不满他的人开始在宋孝宗面前弹劾他,他旋即遭到罢官。

在为南宋连续服务的近二十年间,辛弃疾无论权力大小、官职高低,都像战场上的勇士一样冲锋在前,踏实苦干,而且善决断、有胆识、办事干练、雷厉风行,肯干事、会办事、能成事,是那个时代十分少见的能臣干吏。

三、我见青山多妩媚,料青山见我应如是

辛弃疾的人生可分为三个历史阶段:一是在山东沦陷区的抗金生涯,二是为南宋不间断服务的官宦生涯,三是罢官后偶有起用但绝大部分时间是在"稻花香里说丰年"的赋闲生涯。

从1181年冬天他遭到弹劾罢官到他去世的二十多年里,除了偶有三两年被起用到福建、浙东等地任安抚使外,其他时间基本都在江西上饶带湖边自己兴建的新家——"稼轩",过着"我见青山多妩媚,料青山见我应如是"的诗意栖居的生活。

诗意栖居,对于常人应该是一种美好,但对于辛弃疾,却是另外一番心境。辛弃疾并非天生的诗人,他天生是一个将士,对于一个手握宝剑时时准备跃马扬鞭上沙场的将士,有马不能驰骋疆场、有策不能行军布阵、有剑不能奋起杀敌、

有志不能报效国家，这才是人生最苦闷和最痛苦的事情。

此后二十年，朝朝暮暮，辛弃疾时刻都没有忘记北伐。"绕床饥鼠，蝙蝠翻灯舞。屋上松风吹急雨，破纸窗间自语。　平生塞北江南，归来华发苍颜。布被秋宵梦觉，眼前万里江山。"这首《清平乐·独宿博山王氏庵》，就是他赋闲期间苦闷心情的写照。如果说《鹧鸪天》中所谓"味无味处求吾乐，材不材间过此生"，还只是他的自嘲或牢骚的话，那么那首《贺新郎》中的"我最怜君中宵舞，道男儿、到死心如铁。看试手，补天裂"，则简直是他浓缩了悲痛和愤懑如晴天霹雳的呐喊！

辛弃疾是以诗词引起我们注意并带领我们进入他的精神世界的。不过，仅仅以一个诗人词人甚至一个有恢复之志的爱国志士去评价他，都是小瞧了他的表现。其实，辛弃疾是历史上最为博学通透、见解独到、思想深邃的学者之一，可以冠之思想家、军事家实不为过，从他一生军事论述的见地可以轻松得出这一结论。有趣的是，他还是一位天才的预言家。1172年，他在知滁州任上时，才三十三岁的他，通过对情况的调研、形势的分析，曾得出"仇虏六十年必亡，虏亡则中国之忧方大"的结论，并将此写入《论亡虏疏》，上奏宋孝宗。果然，六十二年后的1234年，金国为蒙古所灭，金亡45年后的1279年，南宋也唇亡齿寒地亡于蒙古。这样的战略远见和预言，当时却没有第二个人听得懂，遑论纳谏而应对了，从上至下，均将其当作了辛弃疾的自说自话。

在闲得浑身发痒的漫长岁月里，辛弃疾最后真的迎来了一次北伐的机会。宋宁宗嘉泰三年（1203），宰相韩侂胄开始起用主战派人士，辛弃疾也被任命为绍兴知府兼浙东安抚使，后又任为镇江知府，戍守江防要塞京口。1205年，韩侂胄发动了"开禧北伐"。对这次北伐，辛弃疾虽然精神上为之一振，但此时他已经六十六岁，年迈体衰，疾病缠身，不可能杀敌于疆场了。而更让他忧虑的是，韩侂胄这次北伐主观上是为自己身上贴金，军事准备又不够充分，胜算太少。辛弃疾还因此创作了《永遇乐·京口北固亭怀古》一词，其中"元嘉草草，封狼居胥，赢得仓皇北顾"，表达的便是对北伐的担心。"开禧北伐"最后果然以失败告终。辛弃疾志向是最明确的，然头脑也是最清醒的。

我总感觉，辛弃疾"众里寻他千百度"，表面写的是对意中人的寻找，而心底却是对国家恢复、民族振兴的追求，这才是让他魂牵梦绕"千百度"并不断去寻找的那个"他"。只是,他寻找的时间也太漫长了。正因为如此,怀抱金戈铁马、建功沙场英雄美梦的辛弃疾,才在九弃不用之后,如铁成钢地炼成了一个千古词家,印证了赵翼那句:"国家不幸诗家幸,赋到沧桑句便工。"但是,一个有着英雄追求、气度与本领的人,却让他在为国家呼号、为民族奔走、为理想不得实现而将栏杆拍遍后,成为一个乡野湖边吟风弄月的词人,则是一件多么令人叹息的事啊!这难道真的是诗家之幸吗?

  1207年,辛弃疾因病去世,临死口中还在大喊:"杀贼!杀贼!"

狂士陈亮

两宋三百余年间，人才辈出，群星灿烂。但纵观这些灿然于云表天际的群星，大都是习孔孟之道、为帝王代言而显于世、名于时的。循规蹈矩者多，棱角分明者少；谠言直论者多，狂放不羁者少。虽说少，但也不乏其人。而在这极少的狂人之中，被称为龙川先生的陈亮最引人注目，他以一介布衣之身，在朝堂之上和士大夫之间，掀起了巨大的议论风潮，以至"人不以为狂，则以为妄"，成为历史长河中一道别样的风景。

一、到底有多狂

陈亮到底有多狂呢？试举几例：

隆兴元年（1163），宋孝宗发动了反击金军的"隆兴北伐"，由于太上皇赵构的反对，以及各路抗金将领不和，北伐以失败告终。隆兴二年（1164）底，在赵构的干预下，朝廷再次向金乞和，达成和议，规定金宋两国皇帝再次以叔侄相称，南宋再次向金割地赔款，再次背上了耻辱的包袱。不过，朝野上下却有许多人为此而"欣然"，说"幸得苏息"。当时，陈亮以乡试第一被推荐到太学学习，他看到大家不以为耻、反以为幸时，气愤不过，冒着极大风险，以一介布衣之身向宋孝宗连上五章，即历史上著名的《中兴五论》。《中兴五论》一千八百多字，包括中兴论、开诚论、执要论、励臣论、正体论五章，是凝聚着陈亮心血和智慧的治道之论。但《中兴五论》呈宋孝宗阅后，却如泥牛入海，杳无音讯。陈亮见上上下下如此怯懦，即退学而归，以示愤慨。

淳熙五年（1178），三十五岁的陈亮，又以布衣之身连续三次向宋孝宗上书，批评自南宋初以来苟且偷安的国策、一蹶不振的士气，谈古论今，针砭时弊，纵谈国是，开出良方，建议迁行都于建康（今南京），置行宫于武昌，不要把长江当作防守的天险，而要将其当作北伐的跳板，打过长江，振作北伐。其设想之宏远、观点之新奇、议论之大胆，即便是执政大臣，也是从未有过的。而且，奏章中狂言狂语俯拾即是，什么："臣不佞，自少有驱驰四方之志，尝数至行都，人物如林，其论皆不足以起人意。"（《宋史·陈亮传》，下同）什么："今世之儒士自以为得正心诚意之学者，皆风痹不知痛痒之人也。举一世安于君父之仇，而方低头拱手以谈性命，不知何者谓之性命乎？"如此等等，狂放至极。宋孝宗收到奏章后，虽然为之"赫然震动"，甚至准备给陈亮封官，但对他的建议却依然不置可否，封官不过是博一礼贤下士之虚名而已。陈亮获悉，非但没有大喜过望，反而因皇帝不用建议、折中安抚的作为大失所望，哈哈一笑说："吾欲为社稷开数百年之基，宁用以博一官乎！"说完，拂袖而去，回乡授徒讲学去了。

淳熙十四年（1187），太上皇赵构去世，金人派来使者吊唁，使者傲慢无礼，朝野为此议论纷纷，陈亮再次上章，开篇即言："有非常之人，然后可以建非常之功，求非常之功，而用常才、出常计、举常事以应之者，不待智者而后知其不济也。……秦桧以和误国二十余年，而天下之气索然而无余矣……今者高宗皇帝既已祔庙，天下之英雄豪杰皆仰首以观陛下之举动，陛下其忍使二十年间所以作天下之气者，一旦而复索然乎？"他建议宋孝宗命令太子监军，驻节建康，锐意北伐、恢复中原。此论一出，朝野哗然，大臣们"在廷交怒，以为狂怪"。而此时的宋孝宗呢？他正忙着将皇位禅让给太子赵惇，打算休息去了，还会操心什么劳什子北伐？于是，疏入不报。

二、为什么这样狂

陈亮，字同父，婺州永康（今浙江永康）人，南宋高宗绍兴十三年（1143）出生于一个家境渐衰的地主家庭。陈亮少年聪慧，才气超迈，及长，好议论，喜谈兵，写起文章来洋洋洒洒，下笔千言立就。1161年，他根据自己多年深入研读的史籍，细致考察韩信、刘彻、曹操、诸葛亮等风云人物的成败得失，创作了《酌古论》一书，以文武互参的理念，得出了自己古为今用、指导实际的独特见解，使之成为"可以观，可以法，可以戒，大则兴王，小则临敌"的一部知往鉴今、别具一格的军事史著作。这一年，他才刚刚十八岁。

时任婺州（今浙江金华）知州的周葵读了《酌古论》后，对这位年轻人的才华识见惊叹不已，赞誉陈亮为"他日国士"，引为上宾。后来，周葵归朝出任参知政事（副宰相），携陈亮入京师，凡前来议事的朝臣大吏，周葵一一引见给陈亮，陈亮因此结交了许多名士豪杰，眼界进一步开阔。周葵希望陈亮研究正统学问，授他以《大学》《中庸》，陈亮跟随学习一段时期后，认为若要救世济时，这种"道德性命之学"究竟用处不大，后来便偏离了这一方向，朝着自己更感兴趣、于时更有益、与人生理想更契合的方向发展和掘进了。

还有一件反映出他对"道德性命之学"反对的例子，是后来他与陆九渊和朱熹的一系列的论战。他非常明确而坚定地认为，在国家内忧外患之际，陆氏闭门修学，只顾心性，"玩心于无形之表"，结果把人变成一个两耳不闻窗外事的"学究"，简直与"枯木死灰"的废物无异。而朱氏所谓理学，虽然"纵横妙用"，但"肆而不约，安知所谓文理密察之道"？他认为，无论陆氏朱氏，其"道"作为事物的法则，不能超越有形物之上，超越了，就如同空中楼阁，于国计民生，究竟用处不大。它认为，所谓学问，必须贯通于事物之间，必须有利于解决实际问题，"正欲搅金、银、铜、铁、锡作一器，要以实用为主耳"。"实用"，就是陈亮做学问的一贯态度。

而说到陈亮为什么这样狂，这与他自诩的信念是密不可分的。他曾在《中兴五论》中说自己："十八九岁时，慨然有经略四方之志。"他也曾在《甲辰答朱元晦书》中对朱熹说："推倒一世之智勇，开拓万古之心胸，自谓差有一日之长。"正是这种远大的理想抱负，让陈亮有了以学问发之于外的义薄云天的豪气，也正是这种豪气，在当时平庸内敛的士大夫中激起了反感，所谓："不以为狂，则以为妄。"

三、复仇自是平生志

那么，陈亮的人生理想是什么呢？

宋光宗绍熙四年（1193），五十一岁的陈亮参加了当年的礼部考试，一路过关斩将之后，被礼部以第三名的好成绩报到了宋光宗案头。宋光宗在殿试策论环节与陈亮的对谈中，因为在谈及"礼乐刑政之要"时，讲到了皇帝与太上皇之间如何处理父子关系的问题，深得宋光宗认同，便亲自将陈亮拔擢为第一，钦定为状元，还赐诗陈亮以示褒奖。

陈亮接受皇帝赐诗后，特作《及第谢恩和御赐诗韵》一诗，诗曰："云汉昭回俾锦章，烂然衣被九天光。已将德雨平分布，更把仁风与奉扬。治道修明当正宁，皇威震迭到遐方。复仇自是平生志，勿谓儒臣鬓发苍。"在这首献给皇帝的和诗中，陈亮慷慨激昂地表达了自己的人生理想，那就是"复仇自是平生志"。这时，离他去世已经时日不多，所以，这句诗即是他对自己一生理想追求的高度概括和表白。

而陈亮理想中的复仇，就是复金人的亡国之仇，他的一生事功，就是振兴国家、恢复中原。他是这么说的，更是这样做的，而且矢志不移，百折不挠。

南宋自高宗与金人达成《绍兴和议》之后，一直向金奉行赔钱、割地、俯首称臣的屈辱外交，南宋百姓在内忧外患中备受盘剥，边关将士在乞和政策下一蹶不振，士大夫在耻辱外交中情绪消沉，南宋朝野间弥漫着一股萎靡颓唐的氛围。宋孝宗继位后试图振作，曾发动著名的"隆兴北伐"，然而，匆匆出战，草草收兵，在失败的战局下，再次与金签订卖国的《隆兴和议》条约，在本来沮丧的士气上再添一份悲凉，南宋政权如风雨飘摇中一艘破败的帆船，随时都有被巨浪吞没的危险。

在这种悲歌四起的情况下，一批仁人志士不甘沉沦，他们忍无可忍，为抗金复国大声疾呼。岳飞怒吼："驾长车，踏破贺兰山缺，壮志饥餐胡虏肉，笑谈渴饮匈奴血。待从头，收拾旧山河，朝天阙！"辛弃疾大呼："把吴钩看了，栏杆拍遍"，还反复回忆抗金岁月："醉里挑灯看剑，梦回吹角连营。八百里分麾下炙，五十弦翻塞外声，沙场秋点兵。"陆游一片悲歌："僵卧孤村不自哀，尚思为国戍轮台。夜阑卧听风吹雨，铁马冰河入梦来。"就连柔弱的女流之辈李清照也说："生当作人杰，死亦为鬼雄。至今思项羽，不肯过江东。"

将这种志向化作系统思想而发出巨大吼声并直达天听的，非陈亮莫属。陈亮一生，曾经多次以布衣之身向宋孝宗上书，直陈抗金恢复之志，进献富国强兵之策。他在最初向宋孝宗提出的《中兴五论》中，对政治、经济、军事、财政、法制、风俗等方面，提出过许多有利于国家振兴的而且非常具体的改革意见。在淳熙年间的上书中，他又更为简洁、成熟而精练地提出了自己的建议，希望宋孝宗加快政治制度改革、人才制度改革，振作起来，鼓舞士气，凝聚人心，积极北伐。可以说，他一辈子都在为强国梦想、复仇理想、恢复大计鼓与呼，而且为此不怕打击，宁死不屈。

因为他的观点犀利，好发高论，在朝中上至宰相、下至末吏，得罪了一大批人。这些人把他视作"眼中钉"，一有机会，就往死里整，甚至没有机会还会创造机会整他，为此，他吃尽了苦头。其中，就包括三次莫名其妙的入狱经历。

第一次是1178年，他上书宋孝宗，在批评朝政的同时，还大肆批评朝廷大臣对外的苟且和对学问的空谈，遭到了很多人的忌恨，于是，"不以为狂，则以为妄"。孝宗欲封他官，他拂袖而归，经常与那些狂朋怪友胡吃海喝，喝醉了就口出狂言。当年陈亮参加科考，何澹任主考，曾黜落他，陈亮为此多次言语冲撞何澹。有个忌恨陈亮的人，便把他的醉后狂言向时任刑部侍郎的何澹告发，何澹为此将陈亮下狱，严刑拷打，以至体无完肤，斯文扫地。最后还是宋孝宗明白，他说："秀才醉后胡言乱语，何罪之有！"才放了。

第二次是上回宋孝宗赦他无罪不久，陈亮家童意外杀人。凑巧的是，被杀者曾经羞辱过他的父亲，死者家属便怀疑此事为陈亮指使，把陈亮告到了官府。官府将陈亮父亲关押于本州监狱，而将陈亮交大理寺严办。陈亮因此又蹲了一段时间的监狱，后在王淮（时任宰相）和辛弃疾的竭力营救下才脱罪。

第三次是1188年，也是在向宋孝宗上书之后，因批评朝官大臣们的语言更加耿直，又触怒了许多人。回乡后，在一次乡下喝喜酒的过程中，同桌某人喝完喜酒回去后忽然死了，其家人竟然状告陈亮下毒，陈亮又被下了大狱。第二年，大理寺少卿郑汝谐为陈亮向当时的皇帝宋光宗求情，才获赦免。

这三个案子，看似毫无关碍，实则有一定的内在联系，就是陈亮的狂，激怒了那些得过且过、于一隅偏安的士大夫们。正如前文所言，对于口出狂言的小小秀才陈亮，他们一有机会，就会往死里整，没有机会也会创造机会把他整，所以磨难连连，备受打击，为了自己的狂，陈亮吃尽了苦头，可谓九死一生。

然而，陈亮从未因此而软弱、顺从和苟且，他依然坚持自己的抗金理想，一辈子都在为振兴和统一大声疾呼，而且百折不回。然而，就在他状元及第的第二年，宋光宗授他签书建康府判官厅公事，人还未到任，便因病去世，年仅五十二岁。

值得一说的是，陈亮一生，朋友遍天下，但交情最好的人，是辛弃疾。据说，陈亮曾经在漫天大雪的天气，从自己的家乡永康出发，艰难跋涉数百公里，到江西上饶去看望辛弃疾，两人畅谈十余日，陈亮依依不舍地离去。陈亮走后，辛弃疾非常不舍，竟抄近道去追陈亮，希望把他追回继续交流，结果追了几天，还是没有追上。在路上，辛弃疾写下了那首著名的《贺新郎》，在词中，辛弃疾把陈亮比喻成诸葛亮，说他："风流酷似，卧龙诸葛。"辛弃疾另外一首著名的小令《破阵子》："醉里挑灯看剑，梦回吹角连营。八百里分麾下炙，五十弦翻塞外声，沙场秋点兵……"，也是同陈亮相互唱和中写就的，后来成为千古绝唱。

辛弃疾作为南宋出任过安抚使的封疆大吏，为什么如此看重一介布衣之身的陈亮呢？皆因二人性情相近，志趣相投。更重要的是，二人都是为振兴国家、恢复中原而奔走呼号的爱国者。而陈亮的所谓狂，归根结底是爱国家、爱民族的狂，是与投降、妥协者不屈斗争的狂。

陈亮曾写过《水调歌头·送章德茂大卿使虏》一词，词曰：

不见南师久，谩说北群空。当场只手，毕竟还我万夫雄。自笑堂堂汉使，得似洋洋河水，依旧只流东。且复穹庐拜，会向藁街逢。

尧之都，舜之壤，禹之封。于中应有，一个半个耻臣戎。万里腥膻如许，千古英灵安在，磅礴几时通。胡运何须问，赫日自当中。

一首写给为金世宗贺寿的使者赴"屈辱之行"的词，陈亮却写得气势磅礴、斗志昂扬，足见他内心的宽广和志气的高扬。因此，与其说他是一位不折不扣的狂士，毋宁说他是一位不屈不挠的斗士。

儒将赵方

南宋自宋高宗创立，历时一百五十余年，先有金国，后有蒙古，屡因落后而挨打，屡因军弱而受欺，卑躬屈膝，一隅偏安，大部分时间都在屈辱中度过。宋高宗饱尝了奔波之苦，受够了逃命的惊吓，但最后还是保住了卿卿性命，甚至还保住了半壁江山，这既有自己厚脸的哀求，也有武将拼死保卫的功劳。

南宋诸将中，除了初年的"中兴四将"曾因英勇抗金而闻名外，还有吴玠、吴璘兄弟因镇守西北和辛弃疾以短暂的军旅生涯而名垂后世，似乎再无多少名将为人熟知。不过，有一个儒将赵方，虽不太为后人所熟悉，但他坚守荆襄十年，以战为守，主动进攻，多次在抗金前线打败了金兵，取得了"绍兴和议"以来少有的胜利，不仅打击了金兵的嚣张气焰，还守住了江淮一线，保证了朝廷无京东之忧，是南宋在抗金战争中有名的儒将。

赵方，字彦直，祖籍浙江衢州，出生于衡山（今湖南衡山县）。赵方乃名门之后，他的爷爷赵抃是北宋与包拯齐名的"铁面御史"。其父赵棠，学富五车，与理学家张栻是至交，因了这层关系，赵方从小跟随张栻学习，是张栻的得意门生。

宋孝宗淳熙八年（1181），赵方顺利地考上了当年辛丑科进士，随即任蒲圻县（今湖北赤壁）县尉，后调大宁监（今重庆巫溪县）任教授，主管县学和教育。据说，赵方到大宁以前，由于地处偏远，风俗鄙陋，这相当于县的一监之地，竟然从来没考出过进士；赵方来后，大兴教育之风，择可教者悉心教导，山窝里终于飞出了金凤凰，考出了进士。

不久，赵方调青阳县（今四川彭州市北）任知县。在青阳，他主张轻徭薄赋，勤政爱民，曾反复告诫当时的郡守史弥远说："催科不扰，是催科中抚字；刑罚无差，是刑罚中教化。"意思是，作为父母官，催收租税时不扰民，就是体恤百姓；执行刑罚时没有错，就是对老百姓的教化。言简意深，一时被传诵为名言。可见，治理地方，赵方有理念、有方法、有决断、有政绩，是那个时代难得的基层能吏。

赵方本一文弱书生，但后来却成为威震金兵、扬名前线的儒将。他因在地方有政绩，先后被提拔为随州知州、湖北转运判官兼鄂州（今湖北武昌）知州、权江陵（今湖北荆州）府、主管湖北安抚司事兼权荆湖置司、京湖制置使兼知襄阳（今湖北襄阳）府等职。

宋金"绍兴和议"后的相当长时间里，南宋与金国有过和平，也有过战争，时战时和、时和时战，百姓本希望和谈后能够休养生息，但往往不能持久。而荆襄一带就作为宋金对峙的最前线，是为要冲，所受的压力更大。因此，朝廷部署在这些地区的，都是重臣宿将，当年，岳飞、吴拱等名将，都曾率军驻守于此。

赵方深知这一地区对于朝廷和百姓的重要性，一旦战争打响，首当其冲就是这一地区，而且，一旦荆襄告急，便可顺江而下，直逼苏杭，南宋半壁江山岌岌可危，作为守臣，责任重于泰山。赵方自从进入这一地区任地方官以来，无论随州、鄂州、江陵、襄阳，赵方都清醒地意识到自己除了民政责任，还有军政责任，因此在随州任职期间，尽管当时宋金讲和，边境无事，他却未雨绸缪，招兵择将，先后推荐孟宗政、扈再兴等豪杰之士补官，为抗金做人才准备（这些人后来果然成了抗金名将）。

赵方任江陵知府时，曾组织人力，增修"三海八匮"，即利用荆州城北一带的湖泊与河渠，修筑上、中、下三海，增强水险，以拒金兵。后来金兵蠢蠢欲动，准备南侵，赵方又在荆门东西两面的高山上，筑堡垒，增戍兵，扼守险要。

宋宁宗嘉定十年（1217），金朝丞相高琪、枢密使乌古伦庆寿，率军南侵，一路进犯光化、随州、信阳等地，赵方得战报，叫来两个儿子赵范、赵葵说："今朝廷是和是战未定，倘若我等待观望，定会贻误战机，我主意已定，唯有率兵迎敌，报效国家！"随即一边上书主张抗金，一边前往襄阳，坐镇指挥，调兵拒敌。

金兵急围枣阳（今湖北枣阳），赵方派孟宗政、扈再兴等部将支援枣阳。当时，枣阳守将赵观与金兵交战于城外，正打得难解难分之际，孟宗政与扈再兴援兵赶到，与赵观内外夹击，大败金兵，枣阳之围，迎刃而解。而这时，才迟迟接到朝廷主战的通知。倘若赵方等待观望，不主动出击，枣阳或许早就被金兵占领了。其决策的果断，让朝野为之叫好。

嘉定十一年（1218），金将完颜赛不率兵数万（号称十万）入侵，赵方从容调度，安排孟宗政驻守枣阳，刘世兴守随州。金兵进犯枣阳，被孟宗政打败于尚家川。犯随州，被刘世兴打败于磨子平。金兵不能夺城，又没有撤兵，继续将枣阳、随州二城包围，对峙达年余。后来，赵方派刘世兴、扈再兴、许国等驰援枣阳，命张兴、李雄韬驰援随州，先解了随州之围。不久，孟宗政在枣阳城东伏击金兵，金兵败走，迎面遇上扈再兴等率领的援军，两军夹击，金兵大败。随后，扈再兴与孟宗政合兵驻守枣阳，与金兵几乎无日不战，互有胜败，但金兵始终无法夺城。最后，各路援军相继而来，宋军还在交战中活捉完颜赛不的妻弟王丑汉，完颜赛不见捞不到任何好处，只好退兵。赵方因功升龙图阁待制，封长沙县男，并赐食邑。

当时，北方的蒙古也在加紧进攻金国，金宣宗迫于腹背受敌，向南宋提出议和，遭到了拒绝。为达到以战逼和的目的，嘉定十二年（1219）初，金人兵分三路南下侵宋，金将仆散安贞率东路军进攻淮南，巴土鲁安率西路军进攻陕西，完颜讹可率中路军进攻京湖。完颜讹可率军进攻枣阳，城未下，随即包围了枣阳。赵方知道金兵三路而下，有狗急跳墙之势，必然倾巢而来，因此想了一个"围魏救赵"的妙计，乘金国内部空虚之机，派兵捣其巢穴，金兵后院起火，自然回军，枣阳之围可解。

于是，赵方派许国率部进攻唐州（今河南唐河），命扈再兴率部进攻邓州（今河南邓州），牵制一部金兵回头去救援。同时，孟宗政坚守枣阳八十多天，双方交战多次，枣阳城依旧岿然不动。余下的金兵进不能进，退不好意思退，顿兵城下，无可奈何。赵方抓住敌疲心焦之机，急调扈再兴、许国两支军队，悍然回攻包围枣阳的金军，败金军于城南，孟宗政乘势出击，合击金军，杀死金兵三万多人，完颜讹可单骑逃跑，宋军大获全胜。

之后，金人还数次进犯荆襄，企图从中路撕开一个侵入南宋腹地的口子，但都一一被赵方果断化解。赵方以京湖制置使驻守荆襄十年，善用将才，以战为守，军纪严明，从容调度，在任期内使京西一带免受金人的洗劫和蹂躏，功不可没。《宋史》赞扬他道："许国之忠，应变之略，隐然有尊俎折冲之风。"喻他有运筹帷幄之中、决胜千里之外的儒将风范。

1221年，赵方因病去世，朝廷追赠他为太师，谥号忠肃。

你自归家我自归

有人把明清的思想禁锢归结于朱熹，认为他是思想禁锢的"思想源头"，尤其是他所说"学者须是革尽人欲，复尽天理，方始是学"（《朱子语类》）的理论。有人因此断言，自宋以后，民族的精神气象之所以一蹶不振，罪在朱熹。

上述观点对错暂且勿论，不过唐宋以前，个性张扬的人的确多，尤其是读书人，活泼浪漫、多姿多彩。而明清以后的人，中规中矩、慎言慎行。当然不是说唐宋前就无拘谨人，明清后就无浪漫者，只是相对多而已。

拿宋朝而论，不说咆哮朝堂的包拯、逼迫皇帝亲征的寇准这些政治上的愤青，单单是才子如欧阳修、柳永、秦少游等人那些风流韵事，就张扬到让人咋舌。欧阳修在西京洛阳任留守推官的时候，留守大人钱惟演命人召他出来谈话，他竟兀自与官妓缠绵，而且还在钱惟演明知他在卿卿我我的情况下，依然等到催促数次才依依不舍而来，这种自由的放肆，后代少之又少了。

还比如柳永，他如何调情？看看他的《西江月》："师师生得艳冶，香香于我情多……"这样的词若出现在明清，早被收了、禁了、焚了；这样的人若出现在明清，早被道学先生拖进牢房铐了、判了、关了，还容他填词？秦少游到扬州刘太尉家做客，竟然乘主人到里屋更衣、蜡烛被风吹灭之机，与倾慕于他的歌妓亲热起来。不是故意在此宣扬宋朝文人的放荡，只觉得这些事例可以让我们了解宋朝人性情恣肆的一面。

这些变化和区别当然有其时代性，不过，有些小事情也能看出这大转折的前奏来。比如，南宋有一位小官吏，叫谢直，曾随学于与朱熹"同植纲常，同扶名教"的理学家陆九渊。这位不很有名的小官吏却说过一句很有名的话："天地英灵之气，不钟于世之男子，而钟于妇人。"是不是忒眼熟？是的，与《红楼梦》中贾宝玉所说"女儿是水作的骨肉，男人是泥作的骨肉"异曲同工。

谢直生活于南宋孝宗、光宗时期，做过大理寺司直、奉议郎之类的小官，他并不沉迷官场,像柳永一样,喜欢游走于烟花柳巷,钟情于歌妓舞女。据宋人笔记《谈薮》一书载,有一段时间,谢直在杭州不务学业,专门与歌妓厮混,老师陆九渊得知后,责怪他说,读书人天天与"贱娼"同居,"独不愧于名教乎"?老师拿名教说事,理在他,谢直连连作揖,说往后不敢。

谁不敢?他日同居依旧。不独同居,他还为相好的建了一座鸳鸯楼。陆九渊又来责怪他,谢直这回没遮掩,高调回答说,我不但建了楼,而且还写了一篇楼记。老师喜欢学生的文章,不禁脱口而出问道:"记文说了些什么?"谢直随口而出说:"自逊、抗、机、云之死,而天地英灵之气,不钟于世之男子,而钟于妇人。"意思是,自从陆逊、陆抗、陆机、陆云(均为陆九渊先祖)死了之后,天地英灵之气则不再集中于世间男子,而集中于女子了。学生绕着弯子骂了老师一顿,气得老师直翻白眼,摇头叹息。这师生关系,估计从此黄了。

谢直风神萧散,特立独行,虽风流多情,却也来去无牵挂。他在歌妓家同居久了,便起归意,想回去了,遂不辞而别。歌妓得知后,快步追至江边,眼泪汪汪,恋恋不舍,希望谢直留下。谢直随手取下领巾,索来笔墨,挥笔在领巾上写下《卜算子·赠妓》一词:

双桨浪花平,夹岸青山锁。你自归家我自归,说着如何过。
我断不思量,你莫思量我。将你从前与我心,付与他人可!

词通俗,人潇洒,与徐志摩"悄悄的我走了,正如我悄悄的来;我挥一挥衣袖,不带走一片云彩"的诗句也有异曲同工之妙。

然而,人虽潇洒,但老师们已经开始拿"名教"说事了,这意味着,潇洒的时间不多了。

"奸臣谱"上的北伐宰相

自"靖康之变"导致北宋灭亡以来,北伐金国、恢复中原,就成了南宋君臣间一个讨论和争执得最多的话题,诤臣冒死谏言、文人诗词呐喊、百姓热切盼望,无不高度集中于这一永恒的主题,辛弃疾"醉里挑灯看剑,梦回吹角连营",范成大"州桥南北是天街,父老年年等驾回",陆游"遗民泪尽胡尘里,南望王师又一年"等等皆是。可以说,北伐是南宋朝野军民和沦陷区老百姓最集中、最迫切、最响亮的呼吁。当然,南宋一百五十余年间,确也有过几次大张旗鼓的北伐,如"隆兴北伐"和"开禧北伐",不过两次北伐均以失败告终。然而,同是宰相,推动"隆兴北伐"的张浚成了皇帝褒奖、百姓景仰、后代歌颂的大英雄,富贵善终,而推动"开禧北伐"的韩侂胄却上了"奸臣谱",载入《宋史·奸臣传》,不但身首异处,而且被钉上了历史的耻辱柱,遭到时人的围剿和后人的唾弃。那么,韩侂胄这个响应时代号召、奋力北伐的宰相,真是一个十恶不赦的大奸臣吗?

一、定策功臣

韩侂胄(1152—1207),字节夫,出身于宋朝名门望族,其曾祖父是任过多年宰相、死后追赠魏郡王、有着"两朝顾命,定策元勋"之誉的北宋名相韩琦。他的父亲韩诚,官至宝宁军承宣使。他的母亲,是宋高宗皇后吴氏的妹妹。所以,韩侂胄既为名相之后,又是外戚世家,这注定了他一出生,身上就闪烁着异于常人的耀眼光环。

宋朝重文章,出人头地靠"拼文",很多读书人如杨亿、欧阳修、苏东坡等,无不是因应试时一篇文章而名满天下、考中进士而走上仕途的。但同时,也有很多人靠"拼爹",即通过享受"恩荫"入仕。宋朝的"恩荫制度",是科举之外另一种入仕途径,中高级文武官员的子弟、亲属等享受此特权,机会包括:圣节荫补(每年逢皇帝诞辰时),大礼荫补(每三年逢郊祀时),致仕荫补(官员告老退休时），遗表荫补（官员死后上遗表时）。凡遇这种大节庆期，皇帝都会施恩一定级别官员的子孙，特许他们入国学读书，并入仕。韩侂胄虽是文人的"粉丝"，陆游、杨万里都是他仰慕的对象，但他自己的文章却不入流，很难"过五关，斩六将"，最后以"恩荫"享受特权入仕。入仕后，他历任阁门祗候、宣赞舍人、带御器械等武职。宋孝宗淳熙（1174—1189）末年，又以汝州防御使知阁门事（阁门司长官，掌供奉乘舆、朝会、游幸等礼仪事）。

就在同一年，宋孝宗禅位于太子赵惇，是为宋光宗。当了二十七年皇帝的宋孝宗，自号太上皇帝，提前退休了。宋光宗虽以四十三岁盛年继位，但他却似乎是位隐藏很深的精神病患者，继位前对宋孝宗毕恭毕敬，继位后却敬而远之，每月四次例行请安都借故回避了，躲在深宫之中，神龙见首不见尾，既无孝道，又不理朝政，宋孝宗伤心不已，百官也惶惑不安。绍熙五年（1194）六月，宋孝宗去世，作为儿子的宋光宗竟然称疾，让灵柩摆在宽大而清冷的殿堂之中，不着丧服、不执丧礼，朝野为之震惊。这种行为在以孝治天下的当时，堪称大逆不道。于是，群情鼎沸，中外汹汹。

太上皇去世，皇帝不执丧，谁敢越俎代庖？大臣们屡屡请示，宋光宗要么不接见，要么不搭理。结果，宋孝宗六月九日去世，至七月二日，停尸近一月，无法成礼，气得左丞相留正当即称病辞官，拂袖而去。而朝中百官更是人心浮动，无所适从。同时，关于拥立宋光宗次子、嘉王赵扩的议论一时甚嚣尘上。在这种情况下，身为宗室子弟、时任知枢密院事的赵汝愚与掌管禁军的殿帅郭杲、工部尚书赵彦逾、参知政事陈骙、同知枢密院事余端礼、临安知府徐谊等密议，准备请太皇太后吴氏出面，设法使宋光宗禅位于嘉王赵扩。但问题是，谁去将这个等同于"宫廷政变"的建议向太皇太后提出来呢？与议者都没这个胆子，于是，他们想到了韩侂胄。

韩侂胄时任知阁门事，虽管朝仪，但不过一小小五品官，按品级，无论如何没有资格参与这种"惊天阴谋"。然而不要忘了，韩侂胄是太皇太后吴氏的外甥，朝中大臣，再也没有谁与吴太后这么亲近，加上平日吴太后对这个外甥亦颇为眷顾，好说话。赵汝愚们打下如意算盘：办砸了，罪归韩侂胄；办好了，功归设谋者。于是，赵汝愚召来韩侂胄，委托这重要机密事。而韩侂胄呢，正因为官小、人亲，反而无所顾忌，慨然应允。

韩侂胄领命后，赶到吴太后居住的慈福宫外，找到自己的好友、慈福宫内侍张宗尹，托他就此动议报告太后。张宗尹进去报告，结果遭拒。第二日，韩侂胄又去，依然遭拒。正要悻悻而退，恰巧重华宫提举关礼路过，问何故。韩侂胄毫无城府，立即如实相告。关礼曾是宋孝宗时代太监中的红人，为人通达，办事干练，深得宋孝宗赏识。他听后，马上进入慈福宫，面见吴太后，将赵汝愚、韩侂胄所议，悉数告之。而且，关礼泪水长流，痛心疾首地说，光宗不治丧，宰相留正已辞官而去，知枢密院事赵汝愚也准备步其后尘，百官惶惶，人心离散，如果不果断处置，后果不堪设想。吴太后这才感觉到事态的严峻，稍作沉吟，便同意了此议。韩侂胄快步流星报告赵汝愚，赵大喜，马上召来陈骙、余端礼等商议，着郭杲分兵把守大内，着关礼连夜赶制黄袍。

绍熙五年（1194）七月五日，太皇太后吴氏在宋孝宗梓宫前垂帘，传旨时年二十七岁的赵扩即皇帝位，是为宋宁宗。随即，宋宁宗下皇帝诏，尊父亲宋光宗为太上皇帝，母亲为太上皇后，并册立韩侂胄的侄孙女崇国夫人韩氏为皇后。这时，深居后宫的宋光宗还在蒙在鼓里，当他得到消息后，才知道自己已经"被禅位"，但也无可奈何，不几年，就病怏怏去世了。

于是，韩侂胄因扶助宋宁宗上位而成为"定策功臣"。

二、擢为显要

宋宁宗继位后，大赏功臣。升赵汝愚为右丞相，陈骙为知枢密院事，余端礼为参知政事，郭杲加"节钺"，为武康军节度使，赵彦逾以端明殿学士出任四川制置使兼成都知府。据《宋史·赵汝愚传》记载，当宋宁宗提出要拜自己为相时，赵汝愚以"同姓之卿，不幸处君臣之变，敢言功乎"推辞，并请求宋宁宗召还留正，仍居相位。赵汝愚还做韩侂胄的思想工作说："吾宗臣也，汝外戚也，何可以言功？"（《宋史·韩侂胄传》）赵汝愚的意思极明白，我是宗室，你是外戚，同是皇族一家人，不应争功求赏。因此，韩侂胄仅加宜州观察使，略加待遇而已，却仍只是个五品官。

赵汝愚这番措置，一方面说明他胸怀大度，而另一方面，又说明他气量狭小。何以出此矛盾之言？因为，在他自己这方，主动推辞，当然是大度，但韩侂胄自诩为"定策功臣"，指望着加"节钺"、当封疆大吏。而观其当时冒死向吴太后进言的风险和推宋宁宗上位的功劳，也并非过分要求，如今一官未升，仅加待遇，可见赵汝愚在这个问题的处理上有失公允，也太小气了。而且，失措还不止此，赵汝愚请辞右丞相后，宋宁宗改升他枢密使（枢密院最高长官，佐皇帝，执兵政）一职，赵汝愚却坦然接受。这怎么看都似"以小人之心度君子之腹"，所以，韩侂胄大失所望，从此心生怨恨。

韩侂胄虽仅一侍从小官，但由于帮助宋宁宗继位，功劳大、名声显，遂经常主动过问朝政，让宰执们颇为不悦。有一次，韩侂胄又在政事堂指指点点说东道西，归来后仍为左丞相的留正竟然派小吏对他说："都堂公事，非韩知阁往来之地。"从此，韩、留之间，亦生嫌隙。

其实，无论是留正还是赵汝愚，他们无一例外地忽视了韩侂胄在朝中的背景和影响。他的姨妈是扶持宋宁宗上位的吴太后，他的侄孙女是宋宁宗的皇后，这亲上加亲的关系，随时可以成为左右皇帝陟罚臧否的筹码。再说，韩侂胄后来又兼任枢密都承旨，手掌承接、传宣机要密命，负责向皇帝汇报、取旨，与皇帝接触频繁，有"私聊"或"聊私"的机会，可无形中影响皇帝的取舍。当时，宋宁宗下诏召回留正后，就有御史论留正"擅去相位"之罪。他复相后，做事说话也多不合宋宁宗胃口，加上韩侂胄推波助澜，宋宁宗随即将他罢相，让他以观文殿大学士出任建康知府，差不多是贬出京城了。留正七月归朝，八月即罢相，这就是后来朱熹所谓"陛下即位未能旬月，而进退宰执"（《宋史·赵汝愚传》）一说的来由。

随着留正的快速去位，赵汝愚顺理成章上位，被宋宁宗拜为右丞相。赵汝愚力辞，宁宗不许，随即就职。此时，在政府周围，大都是赵汝愚推荐提拔之人，他们唯其马首是瞻，赵汝愚的权势和威望，如日中天。然而，赵汝愚在主持推赏"定策功臣"时，还得罪了另外一个功臣，那就是同为宗室的赵彦逾。赵彦逾参与"定策"，当然也有盼望，但赵汝愚却也对他说："我辈宗臣，不当言功。"（《宋史·赵彦逾传》）让他出京，平调为四川制置使兼成都知府，与对待韩侂胄几乎如出一辙，甚至还有点不升反贬的味道，令赵彦逾非常不爽。为此，赵彦逾在向宋宁宗辞行之时，便列了一长串新进者的姓名，皆指为赵汝愚朋党，宋宁宗疑心顿起。

宋朝台谏言官制度颇健全，台谏官员可"风闻言事"，用道听途说的传闻弹劾，且常常以论罢宰执重臣为荣，倘若台谏官员求进太切，则往往望风承旨，上书不断。庆元元年（1195），将作监李沐因韩侂胄的助力而升右正言，亲韩侂胄而恶赵汝愚的他，觉察到宋宁宗已对赵汝愚起疑，便乘机上奏说："汝愚以同姓居相位，将不利于社稷，乞罢其政。"（《宋史·赵汝愚传》）

确实，宋朝对宗室任官有所限制，包括："宗室不得为执政，宗子不得为将官"等等。而且，赵汝愚在宋光宗绍熙四年（1193）三月拜同知枢密院事、晋升宰执行列时，监察御史汪义端，就曾以"此国朝典故所未尝有"为由上章弹劾过他。不过，一则祖宗成法早已执行不力，二则这也确实不算什么过失，故宋光宗置之不理。后又提拔赵汝愚为知枢密院事，独掌全国兵柄，手握军权。

然而，此时弹劾赵汝愚，乃是宋宁宗生了疑心之时，正中宋宁宗下怀。于是，一些察言观色的大臣更是投皇帝所好，纷纷添油加醋，落井下石，以所谓"唱引伪徒，谋为不轨"等罪名弹劾赵汝愚。庆元元年二月，赵汝愚罢相，出知福州。不久，再贬宁远军节度副使、永州（今湖南永州）安置。庆元二年（1196）正月，忧愤难当的赵汝愚暴毙于贬途之中的衡州（今湖南衡阳），一代"定策功臣"，就这样被大臣们的"唾沫"给淹死了。

赵汝愚绍熙五年（1194）八月拜相，至庆元元年二月，不过半年时间，就匆匆罢去，对照留正复用一月后即罢相，可见宋宁宗的心机和手段，他到底不放心能随意"进退皇帝"的宰相们。试想，赵汝愚既能以一知枢密院事随意"进退皇帝"，如今身居宰相，追随者又如此之众，再加上一个宗室的身份，作为刚刚登基的宋宁宗，想想都会汗出。所以，与其说赵汝愚是被大臣们的"唾沫"给淹死的，毋宁说是给宋宁宗的"暗箭"给射死的。

随着赵汝愚的去朝，坐收渔翁之利的，自然是韩侂胄。庆元元年六月，宋宁宗提拔韩侂胄为保宁军节度使、提举万寿观，年余又重用为开府仪同三司、万寿观使，后加少傅、少师，封平原郡王，连连加官晋爵，权重一时，过于宰相。

三、大兴党禁

韩侂胄之所以怨恨赵汝愚，有两个方面的原因：一是赵对自己的排挤，二是赵对朱熹及其门徒的重用提拔。清人毕沅《续资治通鉴》载："赵汝愚首裁抑侥幸，收召四方知名之士，中外引领望治。""裁抑侥幸"，非常明显是指韩侂胄；"四方知名之士",则是指朱熹及其门徒。赵汝愚扶持宋宁宗刚一上位,就保举朱熹任焕章阁待制兼侍讲,为宁宗讲道学。其间,还大力推荐道学之士入朝为官,力擢显要。

然而,这些人上台后,与吏部侍郎彭龟年、国子司业叶适等朝中大臣遥相呼应,纷纷对外戚出身的韩侂胄大肆攻诘。朱熹多次向赵汝愚建议对韩侂胄采取"厚赏酬劳,勿使预政"的策略,又向宋宁宗上书"恐主威下移,求治反乱"来影射韩侂胄。彭龟年更是弹劾韩侂胄"窃弄威福,为中外所附"。因而,韩、赵矛盾开始由私怨渐渐演变成了朋党争斗、路线倾轧,随即便开启了"庆元党禁"。

当然,"庆元党禁"的开启,自有宋宁宗的主导作用,他若不主导,韩侂胄纵然口诛笔伐,也不可能推动这起惊动朝野、牵连广泛的权力斗争的,这一点,读史者不可因一叶而障目。宋宁宗为什么要主导"庆元党禁"呢?一者,宋宁宗本人很不喜欢道学,从绍熙五年(1194)八月,赵汝愚推荐朱熹任焕章阁待制兼侍讲,给宋宁宗讲授道学,至当年十月,两月不到,宋宁宗便罢朱熹之官,让他卷铺盖走人,足见他是多么讨厌道学或说朱熹了。二者,道学在朝中影响太巨,上至宰相,下至百官,许多人对道学如痴如醉,这是令最高统治者最害怕的舆情。三者,宋宁宗年纪轻轻,也希望有一番作为,也就是说,他有北伐中原、恢复山河之念想,从后来他支持韩侂胄发动北伐就是明证。而道学提倡正心诚意、格物致知,过分强调内心修为,这种自我的、内敛的取向,与挥鞭北伐、跃马疆场的张扬外向是背道而驰的。四者,新皇继位、根基尚浅,此时提高向心力是关键,不可能容许过多的杂音,更不可能容许赵宋皇帝之外还立一个"道学尊神"。五者,赵汝愚及其"朋党"与道学人士有着千丝万缕的关系,打击道学,对于清除赵汝愚和依附于他这一派官员的影响,自然有着不可忽视的作用。

至于说韩侂胄挟公器以报私怨推动党禁,在宋宁宗看来,则是再正常、正确不过的事情了。有韩侂胄参与,胜算更大,清除更彻底;无韩侂胄参与,"庆元党禁"也照常会开启无误。归根到底,"庆元党禁"不过是宋宁宗为反朋党、巩固权位而采取的一项主要措施而已。

于是,朝廷自上而下,斥道学为"伪学",禁道学专著,科举考试、荐举改官之中,都赫然规定勿用"伪学"之人。庆元三年(1197)十二月,宋宁宗下诏,置"伪学逆党籍",入籍者上自曾任宰执大臣的赵汝愚、留正、周必大、王蔺等四人,中自待制官以上如朱熹、徐谊、彭龟年等十三人,下自刘光祖、叶适、吕祖俭等四十二人,共计五十九人,对他们或罢官,或远谪,或逮捕,或充军,一律做不同程度的处罚,史称"庆元党禁"。

《宋史》及诸多野史把开启"庆元党禁"作为韩侂胄的罪状大肆渲染,以韩侂胄报赵汝愚私仇为开启党禁之因,而综上所述,真有点张冠李戴之嫌。倒是后来为道学平反昭雪,却反而得益于韩侂胄。嘉泰二年(1202)初,韩侂胄准备北定中原、恢复故土,需要团结一切可以团结的力量,遂指示侍御史林采等人上书,说道学先生们已经"人之趋向,一归于正"。于是,宋宁宗特下诏旨:弛伪学、伪党之禁。接着,对于死去的赵汝愚追复资政殿学士,后追赠少保,朱熹追复焕章阁待制,对于在世的徐谊、刘光祖、叶适等人,先后复官自便。一场吵吵闹闹七八年的反道学运动,终于随着对北伐战争的积极筹划,落下了帷幕,其间人上人下、人入人逐、人死人活,让人颇有白云苍狗之叹。

四、推动北伐

赵汝愚庆元元年(1195)罢相,从彼时到嘉泰四年(1204)这八九年间,余端礼、京镗、谢深甫、陈自强等人先后或同时任左、右丞相,成为政府首脑。韩侂胄一再升官加爵,不过,由于他比宗室更加为人所忌讳的外戚身份,始终没能登上宰相之位。所以,对于政府的大事,他只能幕后施加影响,不能于前台直接操盘,于他,乃是遗憾。

不过,以韩侂胄的功劳和权势,任相是迟早的事情,因为不断加官的他,其显要和权重早已过于宰相而无不及了,任相,也不过是在他多得不可计数的高帽子上再顺势扣上一顶而已。开禧元年(1205)七月,宋宁宗诏韩侂胄以太师、永兴军节度使充万寿观使、平原郡王拜平章军国事。这个平章军国事的官儿,是宋宁宗专为韩侂胄增加的新官名,之前宋朝只有平章军国重事、同平章军国事,是皇帝优待元老重臣的加官,施宰相之权而位在其他宰相之上。宋宁宗授韩侂胄平章军国事,亦有待之以元老、擢为首相的意思。

从此,韩侂胄"三省印并纳其第",立班丞相之上,三日一朝,赴政事堂治事,一切政务处置,都开始名正言顺起来。自然,他梦寐以求的北伐,也已然进入实际操作程序,这是宋宁宗倚他为元老重臣、授他以宰相实权的根本原因,正如前文所述，宋宁宗亦有"北伐中原、恢复山河之念想"，君臣同心，自然加重权柄。

韩侂胄最感骄傲的事，莫过于他的先祖韩琦。当年，北宋与西夏作战，曾有两位名将威震西北前线，民谣说："军中有一韩，西贼闻之心骨寒；军中有一范，西贼闻之惊破胆。""范"是范仲淹，而"韩"，即韩侂胄的曾祖韩琦。其曾祖既为名相，又是名将，朝野传颂，百年不衰，这无上的荣光如同韩家的金字招牌，让他们代代自豪。不过，韩家的后代虽承祖荫庇护，朝廷关爱，有爵有禄，但子孙中争气的不多，荣光不继，韩侂胄如今高居相位，手下有那么多拥护他的将领，宋宁宗又是大力倡导者和极力支持者，韩侂胄便萌生了渡江北伐的想法。加上，从庆元到嘉泰这十年间，政局相对平稳，江南风调雨顺，国家财力渐厚，一大批主战人士先后入朝，北伐遂随着文人们的诗篇和大臣们的奏章，俨然集聚成一股疾风一样的诉求，可谓同仇敌忾。鉴于此，北伐便成了他响应时代号召、树立个人威望、提振民族信心、光大韩家门楣等于公于私皆一举数得的好抓手。

在看似万事俱备的情况下，宋宁宗和韩侂胄未雨绸缪，起用大批主战人士进入江淮沿线重镇执掌兵权，其中，以张岩、程松、丘崈、辛弃疾、李奕等，分任淮东、淮西、明州、浙东、襄阳等地主帅。宋宁宗还下诏，要求"沿江、四川军帅简练军实"，命令所有长江沿线以及四川的部队加紧练兵备战。又创建国用司，以韩侂胄兼国用使，手掌兵马，广积钱粮，积极准备北伐，将朝野内外的北伐呼唤，转化为自上而下的官方行动。

与此同时，加强舆论引导。嘉泰四年（1204），在韩侂胄等人的提议下，朝廷追封岳飞为鄂王，追封"中兴四将"之一的刘光世为鄜王，赠曾刺杀金主、在金国英勇牺牲的宇文虚中为少保，立韩世忠庙于镇江，大力弘扬抗金志士的爱国主义精神。后又以"秦桧首倡和议"之罪，削去秦桧王爵，改谥号为谬丑，斥为奸佞。从此，秦桧正式被官方确定为误国奸臣。

当时，金国所面临的形势亦有利于南宋北伐。金人统治北方，严刑酷法，横征暴敛，沦陷区的老百姓生不如死，反金起义此起彼伏。再有，蒙古崛起于漠北，对金国构成威胁，时人曾上言："金为北鄙鞑靼等部所扰，无岁不兴师讨伐，兵连祸结，士卒涂炭，府库空匮，国势日弱，群盗蜂起，民不堪命。"（明人陈邦瞻《宋史纪事本末》）使臣邓友龙使金归来，向宋宁宗汇报说："金为蒙古所困，饥馑连年，民不聊生，王师若来，势如拉朽。"同年，六十五岁的辛弃疾被宋宁宗召见时也信誓旦旦地说："金国必乱必亡，愿属元老大臣预为应变计。"这些大臣的言语，既代表了当时士大夫的呼声，也增加了宋宁宗的信心。开禧元年（1205），新科进士毛自知殿试对策，言"当乘机以定中原"，被宋宁宗钦定为进士第一，高中状元。这表明，宋宁宗已对北定中原踌躇满志。

开禧二年（1206）五月，宋宁宗正式下诏伐金，史称"开禧北伐"。之前，宋宁宗曾召辛弃疾出任绍兴知府兼两浙东路安抚使，但此时辛弃疾已六十七岁高龄，"廉颇老矣"，又疾病缠身，无法赴任，更遑论渡江杀敌。于是，以程松为四川宣抚使，以信王吴璘之孙吴曦为副使兼陕西、河东路招抚使，从四川出击；以殿前副都指挥使郭倪兼山东、京、洛招抚使，挥师渡淮；鄂州都统赵淳兼京西北路招抚使，皇甫斌兼京西北路招抚副使，北向取唐州、邓州。总体部署是以江淮兵马和四川兵马两路出击，至金胜利会师。开始，江淮郭倪部进展顺利，成功攻取泗州。随即，又迅速拿下新息县、褒信县、虹县等地，官军节节胜利，一路凯歌，大有当年岳飞"直抵黄龙府，与诸君痛饮尔"的豪气！

然而，开局的胜利并没有持续多久。这边江淮兵马大肆北伐之前，部署在四川的吴曦却以向金求封蜀王为条件而变节投敌了。金军既无西顾之忧，自然全力以赴对付江淮宋军，因此，北伐宋军接连遭到金兵重创。随后，金人兵分九路反攻南宋，连陷枣阳、江陵、信阳、襄阳、随州、和州、滁州、真州，淮西重镇，尽归金人所有。至此，南宋的北伐，已经演变成金兵的南侵，形势急转直下。开禧二年底，金左副元帅布萨揆在取得阶段性胜利的形势下，特派使者与南宋佥书枢密院事、督视江淮军马丘崈接洽，密议讲和，而提出的条件是，让南宋："称臣、割地、献首谋之臣。""首谋之臣"指谁？当然是宰相韩侂胄。韩侂胄得知后，大怒，自捐家财二十万为军资，打算做最后的反攻。然而，四川吴曦投敌之时，已经注定了这次北伐的失败，如今大势已去，韩侂胄哪怕倾其所有，也终究无法挽回颓势和败局。后经过一段时期的交战后，"开禧北伐"以兵败求和告终。

有人评价，"开禧北伐"政治上准备充分，军事上准备草率，将北伐失败的原因归结于军备不足。其实，这只说对了一半，还有一半的原因是南宋君臣内部不和，吴曦叛变就是一例。兵败后，宋宁宗在朝会上对大臣们说："恢复岂非美事，但不量力尔。"其终始参差、苍黄反复的态度可见一斑。皇帝如此，其他百官可知。

五、身败名裂

对于韩侂胄来说，北伐的失败，是他人生的关键转折点。战前，他是功臣、宰相，一人之下、万民拥戴；战败后，他是首谋、罪魁，成了众矢之的、百官唾弃。尤其重要的是，战争失败了，就要向金求和。当时，南宋派萧山丞方信孺以假朝奉郎、充枢密院参谋官赴金打探金人议和条件，金人提出五条：一是割两淮之地，二是增岁币，三是斥资犒军，四是索取北方归正人（指从金国沦陷区回归南宋的人），五是将韩侂胄"函首以献"。可见，除了索国土、增岁币之外，金人还将当年杀岳飞作为宋高宗议和条件的故事如法炮制，逼迫南宋"函首以献"，要韩侂胄的脑袋，并且威胁说："五事不从，兵即南下。"

对于一个国家而言，按照敌国的要求斩杀本国的大臣，是比割地、赔款更加屈辱的事情，当年宋高宗向金人求和，冤杀了岳飞，早已成为南宋军民心中一块擦也擦不去且时时作痛的旧伤疤。如今，金人又要斩杀韩侂胄"函首以献"，这更是奇耻大辱。然而，南宋君臣就有这般"奇葩"，"奇葩"到为了求和，什么耻辱都能接受，且接受得面无惭色，淡定自如。

说到南宋"函首以献"这桩奇葩事儿，不能不说到一个关键人物，她就是宋宁宗的第二任皇后杨氏。庆元三年（1197），太皇太后吴氏去世，庆元六年（1200），宋宁宗皇后韩氏去世。多年来，韩侂胄之所以要风得风，要雨得雨，不断加官晋爵，与他姨妈吴太后、侄孙女韩皇后位居后宫不无关系。

在帝制时代，皇帝一句话可断人贵贱和生死，谁经常在皇帝身边，讲话又能起到作用，是极其重要的。所以，最紧要的，倒不是姨妈和侄孙女的去世，而是取而代之的人，与韩侂胄的关系如何。然而，恰恰是这个继之为皇后的人，对韩侂胄恨之入骨。为什么？韩皇后去世，朝议皇后人选，身为贵妃的杨氏是候选者之一，对于杨氏，韩侂胄却极力反对。但他极力反对的杨贵妃，却于嘉泰二年（1202）冬被宋宁宗立为皇后，加上杨皇后为人精明，善于算计，记仇记恨，睚眦必报，最后，她为报复韩侂胄，竟然动了杀机。

开禧三年（1207）十月，在急于向金求和、金人又多次要求杀韩侂胄的情况下，杨皇后联合其兄杨次山和主张妥协投降的礼部侍郎史弥远，通过反复做宋宁宗的思想工作，在宋宁宗的默许下，命令主管殿前司公事的夏震，带兵埋伏在韩侂胄上朝的必经路上，待韩出现，士兵们一拥而上，将韩侂胄挟持到玉津园夹墙内，将他暗杀致死。嘉定元年（1208）五月，南宋应金人要求，命临安府"斫棺取首"，将韩侂胄的头颅割下，派专使王楠送至金国。随后，向金称伯，增岁币为三十万，赔款三百万两。于是，金人撤军，"和议"达成。而这位顺应朝野呼声、捐献家财锐意北伐的宰相韩侂胄，没有死在敌人的刀枪之下，却死在了自己人的阴谋诡计之中，可怜、可惜、可叹！

可以查证一下朝廷杀害韩侂胄的理由，或者说杀害韩侂胄的人总结出来的罪状，看看他是否死有余辜。先前，杨皇后、杨次山、史弥远，还包括后立为太子当时为荣王的赵询，他们向宋宁宗建议杀掉韩侂胄的理由是："侂胄再启兵端，将不利于社稷。"这个理由成立吗？肯定不成立。为何？因为即便"启兵端"有罪，但"启兵端"的真正决策者是宋宁宗自己，韩侂胄北伐，是宋宁宗主导的，北伐的诏书是宋宁宗自己下达的，倘以此作为杀韩侂胄的罪名，那么置皇帝宋宁宗于何地？何况，因北伐失败而斩大臣以取媚金人，这本身就是一件自取其辱，并且是逆时流、背民意、亲者痛、仇者快而招人耻笑的事情。

随着韩侂胄被暗杀，密谋杀害他的史弥远由礼部侍郎官立升礼部尚书，第二年又骤然拜相，任相期间，为秦桧平反，恢复秦桧谥号"忠献"。此后，这位靠出卖同僚起家、以出卖国土上位的宰相，独相擅权近二十年，成了南宋末期的一大"官蠹"。而他上位的方式以及生前、死后的经历，与秦桧何其相似乃尔！卖国求荣的史弥远未上奸臣谱，倾力北伐的韩侂胄却上了奸臣谱，值得深思。史弥远逝后，与秦桧一样被当朝赠谥号"忠献"，同样值得深思。

六、忠于其国

说到韩侂胄，我常常会莫名其妙地想到一句话："出身害死人。"确实，韩侂胄外戚出身，又未曾通过科举上位，这让他在以读书人为主的士大夫集团中成了异类，直不起身子，挺不起腰杆。同时，韩侂胄因助宋宁宗兴党禁，得罪了以朱熹为首的众多读书人，当时和后世的文人们更是将那些本来是宋宁宗或其他人所做的恶毒事，全部栽赃到了他的头上，他因此进了《宋史·奸臣传》。清人袁枚在《随园诗话》中说："韩侂胄伐金而败，与张魏公（张浚）之伐金而败，一也。后人责韩不责张，以韩得罪朱子（朱熹）故耳。"可谓一针见血。

自韩侂胄去世后，朝廷上自宋宁宗，下至史弥远，为了"漂白"杀害韩侂胄的罪过，亲自组织编修国史的官员们对韩侂胄事迹进行改写。嘉定元年（1208）二月，宋宁宗下诏史官："自绍熙以来侂胄事迹，悉从改正。"于是，给韩侂胄正式定罪，其罪状主要有两条：一说韩侂胄与吴曦串通谋反；二说韩侂胄家藏器物僭越，有篡位之心。不仅如此，那些读书人甚至还杜撰可笑的故事来丑化韩侂胄。比如，元人脱脱所著《宋史》及南宋李心传《建炎以来朝野杂记》之中，就载入了很多这种可笑故事，如"赵师睪犬吠""许及之屈膝"之类，说士大夫为了巴结韩侂胄升官，躲在草丛中学狗叫，参加他的生日宴会钻狗洞等等。

就其罪状来说，与吴曦串通谋反，并无实据可查；器物僭越，真正有心篡位的人，又何必于器物上僭越，做"此地无银三百两"的昭示？至于《宋史》及《建炎以来朝野杂记》之类的记载，明眼人一看便知是假。南宋周密《在齐东野语》"诛韩本末"一条中就说："至如许及之屈膝、费士寅狗窦，亦皆不得志抱私仇者撰造丑诋。所谓僭逆之类，悉无其实。"这说明，南宋末年的史学家，不仅对国史所谓韩侂胄谋反、篡位之说不信，就是对韩侂胄与那些朝臣间荒诞不经的交游故事亦不信，认为不过是为报私仇者的杜撰和丑化而已。其实，如果说韩侂胄当权和北伐期间真有什么不可原谅的过错的话，那就是不该命吴曦守蜀，错在用人不当，而这一条，错不至死，亦不够背上"谋反"骂名，贴上"奸臣"标签。可见，朝廷给韩侂胄所定罪状和那些所谓的民间传说，皆为"欲加之罪"。

所以，"函首以献"后，一群太学生作了一首诗曰："自古和戎有大权，未闻函首可安边。生灵肝脑空涂地，祖父冤仇共戴天。晁错已诛终叛汉，於期未遭尚存燕。庙堂自谓万全策，却恐防边未必然。"晁错已应叛乱者要求诛杀了，但叛乱者依然叛乱；太子丹将樊於期的头送给了秦王，燕国也没改变为秦所灭的结局，对"函首以献"这种可耻的行为予以了极大的讽刺。

物必先腐，而后虫生。斩良将，函首于敌国的行为，带来的不单单是国耻民辱，还有士气的低迷和节操的沦丧，更是加速了国家的灭亡。当时，百官集议韩侂胄的"脑袋问题"，吏部尚书楼钥说："和议重事，待此而决，奸宄已毙之首，又何足惜！"（毕沅《续资治通鉴》）权兵部尚书倪思说："有伤国体。"楼钥竟然大言不惭地说："与其亡国，宁若辱国。"那些峨冠博带的大臣们竟然纷纷附和。太子侍讲王介实在忍不住，抗声道："今日敌要韩首不足惜，明日敌要吾辈首亦不足惜耶！"其语意深远，掷地有声。然而，大家都赞同满足金人的要求，倪、王孤掌难鸣，遂"函首以献"。从此，偏安一隅的南宋小朝廷骨气尽失，对内互相倾轧，不断内耗，对外卑躬屈膝，进退失据，后来采取"联蒙灭金"的策略，结果"送走一只狼，迎来一只虎"，不久即走向了灭亡，宋朝数百年基业，毁于一旦。因而，从南宋处置韩侂胄的荒唐举措当中，可以窥一斑而知全豹地看到国家灭亡的必然。

有趣的是，韩侂胄的脑袋送到金人手里，金主召集群臣商议韩侂胄的谥号，金臣竟然异口同声地说韩侂胄"忠于其国，缪于其身"，即善于谋国，不善谋身，是南宋的大忠臣。于是，金人封韩侂胄为忠缪侯，并将他的首级安葬于其祖韩琦墓旁。可见，对于韩侂胄，金人反倒更客观、更公允。

清朝史学家钱大昕曾在河南安阳韩琦墓前凭吊韩侂胄，有感而发，写下《过安阳有感韩平原事四首》（钱大昕《潜研堂诗续集》）：

其一

十年富贵老平原，
一著残棋一局翻。
毕竟未忘青盖辱，
九京不愧魏公孙。

其二

胸无成算掷千钧，
壮志区区那得伸？
一样北征师挫衄，
符离未戮主谋人。

其三

匆匆函首议和亲，
昭雪何心及老秦。
朝局是非堪齿冷，
千秋公论在金人。

其四

成败论人亦可嗤，
谁持秦镜照须眉。
如何一卷奸臣传，
却漏吞舟史太师。

好一句"朝局是非堪齿冷，千秋公论在金人"！钱大昕在诗题下的注中说："相传金人得韩侂胄首，葬之安阳祖墓，谥曰忠缪，谓其忠于谋国，缪于谋身也。"作为大史学家，钱大昕认为金人对韩侂胄的评价"忠于谋国，缪于谋身"乃"千秋公论"。然而，这"千秋公论"非特不是出自于熟读孔孟文章、倡导仁义礼智信的南宋当局和士大夫，反而出自于一再索要韩侂胄头颅的敌国君臣，后人读史，真有难抑悲愤、齿冷心寒之感。

刘克庄为何饱受争议

南宋的著名诗人中,刘克庄名头很大,争议也颇多。

刘克庄(1187—1269),字潜夫,号后村居士,兴化军莆田(今福建莆田市)人。宋宁宗嘉定二年(1209),以恩荫入仕,历任将仕郎、真州录事参军、知建阳县、枢密院编修官、秘书少监兼中书舍人、知漳州、工部尚书、侍读等职,以龙图阁学士致仕。刘克庄与姜夔、刘过、戴复古等人意气相投,交往甚密,经常在一起诗酒唱酬,表达向往江湖、鄙薄仕宦的情绪,后结集为《江湖集》,因其诗歌主旨相近、气味相似,在当时诗坛产生了一定的影响,故称"江湖派"。

那么,刘克庄到底有什么争议呢?一则,诗评家对他的诗歌常给予"差评",却又在每一个宋朝诗歌选本中选他的诗,而且所选数量还不少;二则,刘克庄爱国爱民,性格孤高,在诗词里一再控诉时政之弊、奢靡之恶、民生之苦,晚年却以文词献媚"蟋蟀宰相"贾似道。这样的事情集中在同一个人身上,实在是颇为矛盾的。

于第一点,我翻阅过一些宋诗选本,确实有"差评",而且意见相近而集中,尤其以钱钟书的《宋诗选注》最具代表性。钱先生在书中说,刘克庄是南宋"江湖派"("永嘉四灵"后兴起的一个诗派,因《江湖集》而得名)里最大的诗人,受过"永嘉四灵"(浙江永嘉诗人徐照、徐玑、翁卷、赵师秀合称)的影响,曾效法姚合、贾岛,又学晚唐王建、张籍,模仿过李贺,推崇过陆游,有好对偶、堆砌典故和成语的毛病,经常事先把搜集的典故成语分门别类作好了对偶,题目一到,马上拼凑成篇,钱先生因此批评刘克庄的作品:"滑溜得有点机械,现成得似乎店底的宿货。"堆砌、拼凑,这就是钱钟书对刘克庄诗歌的批评。

其他如金性尧先生的《宋诗三百首》中,也是持与钱先生相近的观点,认为刘克庄的诗:"粗而滥,贪多而不肯惜墨……率意敷衍,不诗不文。"

然而,钱钟书先生却依然选了刘克庄的诗,而且《宋诗选注》中选了刘克庄诗歌七首,在这个惜"选"如金的选本中,每位著名诗人大多只选一二首、二三首,开一代诗风的"江西诗派"祖师爷黄庭坚都只选三首,相对来说,刘克庄反而是选者钱钟书虽责之略有不足却又独独青睐的。而金性尧在《宋诗三百首》中,选刘克庄的诗歌也达六首之多。这说明,在钱、金二位挑剔的眼光中,刘克庄的诗尽管部分有瑕疵或不足,但还是一个值得多选的诗人,不乏好诗,用钱先生的话说,则是:"颇有些灵活流动的作品。"

关于第二点,爱国却谄媚贾似道的问题,其实也不矛盾。宋理宗宝祐、开庆年间,蒙古大汗蒙哥和弟弟忽必烈挥师南下,侵略南宋,后包围了鄂州(今湖北武昌),时任宰相贾似道积极组织南宋军队,顽强抵抗,坚守鄂州近半年,虽然最后蒙古军队是因为蒙哥突然去世而退兵,但贾似道毕竟率领宋军进行了顽强的抵抗、拼命的坚守,暂时保住了鄂州,也确保了京西广大领土和行在临安的安全。以此,对于当时的南宋来说,贾似道是功臣和英雄,这样的英雄得到舆论和诗人的赞扬,是再正常不过的事情了,不能因此就断言刘克庄人品低下、人格低劣。何况,歌颂捍卫国家主权和领土完整的行为,也体现了刘克庄自己的民族精神和爱国情操,反而是志节高尚的表现。

我们可以用一首简单的诗,来了解一下刘克庄的思想。刘克庄的《戊辰即事》一诗,是钱、金二位先生的选本以及李梦生《宋诗三百首全解》都选了的,有代表性,诗曰:

诗人安得有青衫?今岁和戎百万缣!
从此西湖休插柳,剩裁桑树养吴蚕。

宋宁宗开禧二年(1206)五月,在宰相韩侂胄和宋宁宗的推动下,南宋北伐金国,史称"开禧北伐"。北伐终因准备不足、将帅不和、大将投敌等原因失败,败了只得求和,求和就得赔款,嘉定元年(1208,戊辰年),南宋求和成功,但代价是当即赔偿金兵犒赏银三百万两,同时,每年还向金国缴纳"岁币":白银三十万两、细绢三十万匹。然而,这些赔款,都是对老百姓敲骨吸髓盘剥而来。刘克庄对此义愤填膺,因此写下《戊辰即事》诗,一方面揭露统治者的剥削,另一方面奉劝他们不要继续文恬武嬉,多花点时间让老百姓休养生息,发展生产。

诗中可以看出，刘克庄是一个爱国爱民的诗人，国家统一和人民幸福是其矢志不移的理想。事实也是如此，刘克庄位卑未敢忘忧国，很早开始，便以诗歌为武器，指斥时弊，关心人民，讥讽朝政，而且，诗中还多有针对国土沦丧的讽喻和感叹，表达了对统治者屈辱偏安和奢靡享乐态度的强烈愤慨，比如，诸多选本都选录的《军中乐》也表达了这种思想感情，诗曰：

行营面面设刁斗，帐门深深万人守。
将军贵重不据鞍，夜夜发兵防隘口。
自言虏畏不敢犯，射糜捕鹿来行酒。
更阑酒醒山月落，彩缣百段支女乐。
谁知营中血战人，无钱得合金疮药！

士兵们奋斗杀敌，但血战受伤后连买金疮药的钱都没有，而将军们却马不上鞍，甲不上身，深躲于军营之中，夜夜美酒佳肴，莺歌燕舞。刘克庄在诗中狠狠批评了将军们的骄奢淫逸和胆小如鼠，深刻揭露了南宋军队的腐败和黑暗。然而，作为南宋千万官员中的一位，不唱赞歌，反讲怪话，偏又多有讽刺之诗，刘克庄因此受到了不公正待遇，尤其是被小人算计，被权臣报复，以至仕途坎坷，屡遭贬谪。下面举一个具体的例子：

宋宁宗嘉定十七年（1224），刘克庄知建阳县时，曾写《落梅》一诗，诗曰：

一片能教一断肠，可堪平砌更堆墙。
飘如迁客来过岭，坠似骚人去赴湘。
乱点莓苔多莫数，偶粘衣袖久犹香。
东风谬掌花权柄，却忌孤高不主张。

这本是写梅花落后的景象，表达一种怀才不遇的心情，但当时权臣史弥远任相，监察御史李知孝、梁成大等为攀附宰相，便以此诗呈史弥远，说这在讥讽他是"谬掌权柄"的"东风"，史弥远也越读越像那么回事，便以"讪谤当国"之罪，将印《江湖集》的书商陈起流配，将刘克庄治罪，贬官为潮州（今广东潮州市）

通判，随即又被解职，投闲置散达十年之久，这就是历史上有名的"落梅诗案"。

宋理宗绍定六年（1233），史弥远去世后，朝廷才起用刘克庄为吉州（今江西吉安市）通判，刘克庄遂作《病后访梅》一诗讽世自嘲，诗曰：

> 梦得因桃却左迁，长源为柳忤当权。
> 幸然不识桃并柳，也被梅花累十年。

诗中大意说，刘禹锡因作《戏赠看花诸君子》咏桃被贬，李泌作《咏柳》，杨国忠说指"柳"骂"杨"，罢其官，我还暗自庆幸，却不料重蹈覆辙，因咏梅被放逐十年。

可见，他喜欢以诗讥讽的性格依旧。但性格依旧，命运也依旧，后来，刘克庄两次入朝做官，又两次被弹劾罢官，于宋度宗咸淳五年（1269）去世。

虽然命运坎坷，饱受争议，但刘克庄的诗歌成就仍然为当时和后世所重。同时代的著名诗人吴泳、叶适、戴复古等皆对他敬佩有加，赞不绝口，称他的诗作："力能笔走风雷。"清人叶矫然在《龙性堂诗话》中评价说："南宋诗人，放翁、诚斋、后村三家相当。"无异于说陆游、杨万里、刘克庄乃南宋诗坛并驾齐驱的"三驾马车"，巍峨耸立的三座高峰。清人张谦宜甚至在《絸斋诗谈》中说："刘克庄诗，乃南渡之翘首，读之忘倦。"更是被追慕为一代诗宗。

刘克庄去世后仅十年，南宋即被元朝灭亡，这对于"直把杭州作汴州"的南宋统治者来说，不啻另一种讽刺。

"蟋蟀"玩垮了南宋最后半壁江山

南宋宰相贾似道对玩蟋蟀痴迷到什么程度呢？有两个例子：一是蒙古入侵，襄阳危急，作为宰相的贾似道，却在和他那些三妻四妾们大斗其蟋蟀，还戏称斗蟋蟀为"军国重事"，何其可笑；二是国难当头之际，贾似道还悠闲地写出了一部《促织经》，对养蟋蟀、玩蟋蟀进行了详尽的论述，是世界上研究蟋蟀最深入

贾似道

而系统的专著，何其荒唐！对蟋蟀感情如此"深厚"的贾似道，在精神层面又何尝不是一只贪玩的蟋蟀呢？国家交给这类人管理，其责任担当简直比一条看家犬还不如。如果说宋徽宗因爱好奇石、珍宝、书画、女人而玩垮了北宋王朝，那么贾似道同样是因纵情声色犬马而葬送了南宋最后半壁江山。

一、无操之人却"鸡犬飞升"

在宋朝三百多年的历史中，外戚干政或主政的例子十分鲜见，这是因为宋朝立朝之初就有了规避外戚干政风险的"规矩"。据《宋史·仁宗本纪》载，宋仁宗曾下诏说："后妃之家毋得除二府职任。"明确规定外戚不得在二府（中书门下与枢密院）任职，二府长官如：同中书门下平章事、参知政事、枢密使、枢密副使等是宰执大臣，连在这个部门任职都禁止，干政、主政当然更不可能了。另据清代毕沅《续资治通鉴》载，宋高宗时期的谏议大夫卫肤敏还曾在奏章中说："本朝后族、戚里，祖宗以来例不得任文资。"外戚连文官都不能当，宋朝又重文轻武，自然更不可能居要职。然而，到了南宋末期，朝纲废弛，"规矩"打破，先后出现了韩侂胄、史弥远、贾似道等外戚高官，他们依靠裙带关系，一路飞升，不但混上了"文资"，而且还成了宰相，权力如日中天，尤其是贾似道，三朝任相，

一手遮天二十余年。

贾似道（1213—1275），字师宪，台州（今浙江天台）人，出身于官宦世家，父亲贾涉官至京湖制置使。贾涉才入中年就过早地去世了，从此家道中落，这一年，贾似道才十一岁。一个少年失怙的孩子，父爱缺失，疏于管教，整日在社会上厮混，性格在成长中难免沾染一些江湖习气，吃喝玩乐，不事操行。幸亏是一个"官二代"，成年后，他因父荫被朝廷任为嘉兴司仓，一个主管仓库的小吏，有了收入，解决了温饱。

不过即便如此，假如天上真的不掉馅饼，按照这种趋势发展，贾似道再努力工作，三年一调动，五年一升迁，也最多发展成为一个州县小官，然后守着祖上的光环荣耀，领着朝廷按期下发的微薄俸禄，养儿育女，艰难度日，最后悄然终老。巧就巧在，天下常常会意外地发生掉馅饼的怪事儿。不久，姐姐贾氏因为姿色绝佳而被当朝皇帝宋理宗选入宫中。皇帝成了自己的姐夫，对于贾似道来说，这当然比天上掉馅饼还让人兴奋。而且，他姐姐很快就被封为地位仅次于皇后的贵妃，宋理宗甚至一度要立她为皇后，因为杨太后反对才未成功，足可见贾氏在宋理宗心目中的地位。

姐姐既然备受皇帝宠幸，贾似道作为皇帝的小舅子，也就是国舅爷，其地位自然随之升高，他的命运从此改变。宋理宗按惯例召见了他，一番对谈，爱屋及乌地留下了极好的印象，随即官升太常丞、军器监。宋理宗也是个爱玩的主，对同样颇爱飞鹰走狗吃喝玩乐的贾似道有些知音相惜的喜爱。《宋史·贾似道传》载，贾似道在京任职后，因经常出入于烟花柳巷而知名于都城临安（今浙江杭州），宋理宗有时夜登宫中高楼，赏西湖夜景，看到湖中某处灯火异常通明，往往会对左右说："此必（贾）似道也。"这可不是责怪的口气，而是关注的眼神。随后，宋理宗连连将贾似道提拔重用为澧州知州、湖广总领、户部侍郎、沿江制置副使、知江州兼江西路安抚使、京湖安抚制置大使，这时，贾似道还不到四十岁。宝祐二年（1254），又加同知枢密院事、临海郡开国公。宝祐四年（1256），加参知政事（副宰相）。宝祐五年（1257），加知枢密院事（最高军事长官）。宝祐六年（1258），改两淮宣抚大使。出道以来短短十余年间，贾似道已由一个看守仓库的小官，华丽转身为封疆大吏和国家重臣。

二、一生引以为豪的鄂州保卫战

十二世纪以来,南宋困于金国侵扰与威胁的过程中,北方的另一个民族——蒙古族,也正日渐发展壮大,而且金国日衰,蒙古日强。他们西征南拓,不断侵吞金国的土地,对虽然只有半壁江山但依然繁华的南宋也垂涎三尺,早有侵伐的野心。

十三世纪二三十年代,蒙古主动联合南宋,希望采取远交近攻的策略消灭金国。南宋当局没有全面而深刻地总结北宋徽宗当年"联金灭辽"(海上之盟)的教训,与蒙古结盟,一起夹击并灭亡了金国,结果唇亡齿寒,重蹈引狼入室的覆辙,蒙古铁骑随之而来。宋理宗宝祐六年(1258),蒙古大汗、成吉思汗之孙蒙哥吹响了全面侵宋的冲锋号,他们兵分三路:一路由蒙哥自己率领,从西进攻四川;一路由他的弟弟忽必烈率领,南下进犯荆襄地区;一路由大将兀良合台率领,从云南入两广、湖南。三路大军相约会师于临安。

开庆元年(1259)九月,忽必烈包围鄂州(今湖北武昌)。鄂州地处长江中游,"西可以援蜀,东可以援淮,北可以镇荆湖"(史璟卿语),而再往东,就是京畿江浙地区了,鄂州安,则江浙稳;鄂州急,则江浙危。可见,鄂州军事地理意义之重要。在这万分紧急的情况下,宋理宗派赵葵进驻信州(今江西上饶),抵御兀良合台军,命令贾似道进驻汉阳,支援鄂州。为了确保鄂州的安全,宋理宗甚至还在军中拜贾似道为右丞相,军中拜相,既见宋理宗对贾似道的信任,又见他对鄂州的重视。军令如山,四十七岁的贾似道没有犹豫,赶快由汉阳赶往鄂州,从十月到达鄂州开始,他全力以赴地指挥了这场鄂州保卫战。

就宋朝几百年间频频侵扰的外族来看,蒙古兵是比西夏、辽、金等国更加善战更加残忍的军队,蒙古铁蹄踏过之处,常常人绝迹,木凋零,生灵涂炭,赤地千里。忽必烈包围鄂州后,每日督军攻城,蒙古兵一方面挖地道,想出其不意,结果被打退。又挑选勇士组成敢死队,直面攻城,还一度将城东南隅攻破,宋军全力阻击,打退了蒙古兵的一次又一次进攻,敌人一退,又赶快修城。在贾似道的督导下,鄂州广大将士坚守一月余而城未破。随后,各地军队相继赶来支援鄂州,尤其是名将吕文德于十一月初抵达鄂州,给鄂州增添了力量,增强了信心。忽必烈见攻城不下,南宋援军又相继赶来,攻城更急,宋军受到前所未有的压力,死伤一度达到一万三千余人，守将张胜也在城头作战时死于蒙古人的刀箭之下，战斗异常惨烈。

战争的残酷，让贾似道到底有些害怕，他瞒着宋理宗，擅自派宋京与忽必烈议和，希望通过割地、赔款、称臣，来买蒙古退兵。忽必烈战斗受挫，心头有气，起初没有答应贾似道的请求，继续疯狂攻城，宋军依然顽强抵抗。就在僵持不下之时，传来了蒙哥在四川钓鱼城去世的消息。贾似道知道蒙哥去世，蒙古汗位之争马上就会拉开战幕，忽必烈可能会退兵，因此，他又派宋京去谈议和之事。忽必烈开始还想把鄂州这块硬骨头啃下来，但他随后接到了妻子察必的来信，让他赶快回去争夺汗位。于是，忽必烈顺势接受了贾似道的和议建议，留下一小部分军队等待湖南方向来的蒙军，自己则率军力北归争夺汗位去了。

第二年正月，由湖南来的蒙军到达，与先前留下的蒙军合军北去，贾似道乘机攻断浮桥，杀死蒙军殿后兵士一百七十人，然后上表报功，说蒙古兵已经被肃清。宋理宗接报大喜，认为贾似道对国家有"再造之功"，便以少傅、右丞相的身份召他入朝，派文武百官到郊外迎接，十分隆重。贾似道回京后以功臣自居，绝口不提擅自议和之事，得到了宋理宗的充分信任，成为南宋一手遮天的权臣。

三、作威作福到让朝野侧目

贾似道入朝前，分别由吴潜、丁大全担任左、右丞相，随着贾似道的入朝，本来对吴、丁不满的宋理宗先后将他们驱逐出朝，形成了贾似道一人独相的局面。当时，由于连年战争，国库已经非常空虚，面对越来越紧的战事，如何加大税收、提供军需成了当务之急。在这种情况下，贾似道急宋理宗之所急，一方面在平江（今江苏苏州）、嘉兴等六郡推行"公田法"改革，确定一个官户私田标准，将官户私田超过标准部分抽出三分之一，由国家回购为官田，再租赁出去，收取租米，以此增加收入；同时，他又在武将中实行了"打算法"，核实军费开销，打击武将虚报开支和吃空饷的行为。这两项措施施行了一段时间，对缓解当时的财政危机和军费压力，确实起到了一定的作用，但由于"公田法"实际是"等于没收一部分富人的资产去充军食"（黄仁宇语），让私人为国家战争买单，乃病急乱投医的做法，确非治本之策，同时，"打算法"又断了武官的一条财路，故两法遭到了许多既得利益者的反对，改革无果而终。

平心而论，贾似道在鄂州保卫战中的功劳虽不如宋理宗褒扬的那么"高大上"，但作为贾似道本人，也的确是做过一番努力，冒了一定风险的。包括他一生，也非完全一无是处，在主观上，他也是希望这个国家能够振兴并曾经为之奋斗过的。只不过，这个人政治上非常自大，作威作福，生活中又过于奢靡，腐化堕落，与作为一个宰相的应有担当可谓云泥之别，他之所以被《宋史》列入奸臣序列，这些或是主因。

景定五年（1264），宋理宗赵昀去世，因他唯一的儿子早夭，由侄子赵禥继位，是为宋度宗。此时，贾似道权威日盛，而宋度宗又是他一手扶上帝位的，他在朝中便俨然以"帝王师"自居。他每次朝见，宋度宗都对他回拜，称他"师臣"而不称其名字，同僚则恭敬地称他"周公"。他经常有事无事打辞职报告，直到太后和宋度宗再三挽留后才罢。他被重用为太师、平章军国事要职，皇帝允许他三天一上朝，入朝不行拜礼，后来又让他十日一上朝，每每退朝，宋度宗还要站起，目送他离开后才坐下。

宋理宗在世时，曾"以魏国公贾似道有再造功，命有司建第宅家庙"，准备给贾似道建豪宅、家庙，贾似道推辞了，宋理宗便将宋高宗当年营建的皇家园林"集芳园"赏赐给他。据南宋李密《齐东野语》载，集芳园"前揖孤山，后据葛岭。两桥映带，一水横穿"，位置极佳。而且，此园"架廊叠磴，幽眇逶迤，极其营度之巧……飞楼层台，凉亭燠馆，华邃精妙"，如同神仙洞府。后来，贾似道又花巨款，继续扩建，使集芳园比一般的皇家园林更加庞大更加奢华。贾似道醉心于集芳园中，不去官衙办公，遇到朝中大事，大小官吏只得经常抱着文书到集芳园请他签署，他则命门客、堂吏们代劳。因此，国家大小事，均由他的门客廖莹中、堂吏翁应龙等人裁决，而朝中其他宰执大臣则如同摆设一般。

贾似道在集芳园里深居简出，不过，朝中官员弹劾、人事调整、京畿漕运等事，不向他请示并得到许可便不敢施行；朝官一旦违背他的意愿，轻则斥责，重则贬去，终身不录用，李芾、文天祥、陈文龙等名臣都受到排挤，郁郁不得志。正人君子遭到排斥，小人便乘虚而入，贾似道任相的那些年，朝廷上下，货赂公行，贪风大肆，买官卖官者不绝于途。

四、国家危亡而兀自逍遥

忽必烈夺得汗位后,不久即称帝,改国号"大元",并决定从荆襄地区南侵南宋。南宋咸淳三年(1267),忽必烈挥师南下,进攻襄阳,襄阳告急。

而作为宰相,贾似道在襄阳的告急文书雪片一般飞来的时候在做什么呢?《宋史·贾似道传》载:"时襄阳围已急,似道日坐葛岭,起楼阁亭榭,取宫人娼尼有美色者为妾,日淫乐其中。"襄阳军民在与蒙古兵苦战,他却在集芳园中环抱妻妾,狎玩美女,充耳不闻窗外事,兀自逍遥。不仅如此,他还痴迷于斗蟋蟀赌博,认认真真撰写《促织经》。一次,他与妻妾和赌友们蹲在地上斗蟋蟀,其中一位赌友甚至还拍拍他的肩膀笑着说:"这就是平章大人的军国重事吧。"于是,贾似道成了有名的"蟋蟀宰相"。

咸淳九年(1273)初,元兵通过"围点打援"的战术,阻击各路前来救援的宋军,使襄阳成了一个孤城。襄阳军民在顽强坚守六年之后,弹尽粮绝,只好投降。咸淳十年(1274),鄂州又为元兵攻破。同年,宋度宗因过度纵欲,终于一命呜呼,时年三十五岁。随后,由他那年仅四岁的儿子赵㬎继位,是为宋恭帝,由谢太皇太后和全太后垂帘听政。

元军攻占鄂州后,伐宋军最高统帅、左丞相伯颜率军十多万,以宋降将吕文焕为先锋,沿长江东进,直逼临安。随着元军的推进,朝中关于要求贾似道率军出征的呼声高涨。在太后们的提议下,贾似道率军十三万、战船二千五百艘出征,抵抗元军。德祐元年(1275),宋、元两军在丁家洲(今安徽铜陵北)对峙,伯颜因自己兵少,计取宋军,宋军人心不齐,临阵脱逃者甚众,于是大败,十三万水陆兵马几乎全军覆没,贾似道乘舟仓皇逃往扬州,举国震惊。

丁家洲一战,南宋丧失了最后仅存的军事实力,国家灭亡,已经是迟早的事情,对此,贾似道罪责难逃。在舆论的压力下,太后们只好将贾似道革职,贬为高州团练使,循州安置。德祐元年八月,押解至漳州木棉庵时,贾似道被监押官、会稽县尉郑虎臣杀死,终年六十三岁。贾似道死后仅仅四年,南宋灭亡。

贾似道在朝中不但作威作福,而且毫无担当,个人生活又奢侈到了极点,国家由这样的宰相决事,不灭亡才真是咄咄怪事。然而,将南宋灭亡的罪责全加于贾似道一人,又恐怕有失公允。如果说贾似道因为贪玩而成了"蟋蟀宰相",

而只顾享乐的宋理宗、宋度宗们又何尝不是"蟋蟀皇帝"？贾似道所历三代皇帝，除了宋恭帝赵㬎年幼无知外，宋理宗、宋度宗二帝在享乐上可谓长江后浪推前浪，一个更比一个强。

比如宋理宗，他贪图享乐，耽于女色，晚年尤甚，后宫三千都不能填满他的欲壑，还把一双色眼投向了歌妓舞女。据明代田汝成《西湖游览志余》一书载，某年元宵节，宋理宗将一群杭州名妓召入禁内，其中唐安安以才、色俱佳而被宋理宗夜夜专房，旦旦而伐。皇帝召妓，堪称天下奇闻，朝野议论纷纷，许多人上书劝诫，起居郎牟子才不好直接指责皇帝荒淫，因具体操办此事的是宦官董宋臣，便上奏说："这是董宋臣这个小人的引诱，坏了陛下三十年的自修之操！"又作《高力士脱靴图》，将宋理宗、唐安安、董宋臣分别喻为唐玄宗、杨贵妃、高力士，欲讽其改邪归正。董宋臣知道后大怒，后来，他拿着这张图在宋理宗面前打小报告说："牟某人这是在骂陛下啊。"宋理宗看了看图，竟然嬉皮笑脸地回答说："这是骂你，而非骂我呀。"可见这位皇帝不但无德，而且无耻。

又比如宋度宗，他当上皇帝以后，其操行更恶于其伯父宋理宗，床上功夫也更甚于伯父。宋朝皇宫有个旧例，倘若皇帝召幸了宫妃，宫妃次日清晨必须到宫殿侧门谢皇帝的宠幸之恩，主管宦官还会登记宫妃的姓名和召幸日期。《续资治通鉴》载，宋度宗继位之后，有一天早上到门前谢恩的宫妃有三十余人，也就是说，他头晚召幸的宫妃多达三十余人，简直荒淫到了极致。

上行下效，有了荒淫无耻的皇帝，自然就有荒淫无耻的宰相，正是他们的醉生梦死，加速了这个国家的衰败。最后，南宋的半壁江山就被这群贪玩享乐荒淫无耻的"蟋蟀"们玩垮了。